U0330519

工 程 管 理 前 沿 论 丛

建筑市场经济学

研 究

王孟钧　戴若林　著

中国建筑工业出版社

图书在版编目（CIP）数据

建筑市场经济学研究／王孟钧，戴若林著.—北京：
中国建筑工业出版社，2015.11
（工程管理前沿论丛）
ISBN 978-7-112-18640-2

Ⅰ.①建…　Ⅱ.①王…②戴…　Ⅲ.①建筑经济学–研
究　Ⅳ.①F407.9

中国版本图书馆CIP数据核字（2015）第262227号

　　建筑市场不同于一般商品市场，其交易方式、运行机制和管理模式均有特殊性，需要进行系统而深入的研究。建筑市场经济学是一门新兴的学科，它以建筑市场经济关系及运行规律为研究对象，以政府主管部门、建设单位（业主）、勘察设计单位、施工单位、监理单位、材料设备供应商、中介服务机构等诸多市场主体的行为和活动为研究内容。

　　本书是在作者多年研究和教学基础上形成的，是关于建筑市场经济学的深入思考和探索，提出了建筑市场经济学的理论框架，包括：建筑市场体系与运行机制、建筑市场供需与价格、建筑市场结构、建筑市场行为与绩效、建筑市场交易与交易制度、建筑市场信用与信用制度、建筑市场监管等。

责任编辑：赵晓菲　朱晓瑜
责任校对：刘　钰　赵　颖

工程管理前沿论丛
建筑市场经济学研究
王孟钧　戴若林　著
＊
中国建筑工业出版社出版、发行（北京西郊百万庄）
各地新华书店、建筑书店经销
北京锋尚制版有限公司制版
北京中科印刷有限公司印刷
＊
开本：787×1092毫米　1/16　印张：19¼　字数：288千字
2016年3月第一版　2016年3月第一次印刷
定价：50.00元
ISBN 978-7-112-18640-2
（27920）

前　言 | Preface

改革开放以来，我国建筑市场从无到有，从小到大，逐渐发展壮大。建筑市场的完善与效率，直接影响建筑业作为国民经济支柱产业作用的发挥，影响投资效益，更影响工程质量和全社会经济的发展，必须给予重视。

由于建筑市场不同于一般商品市场，其交易方式、运行机制和管理模式均有特殊性，需要进行系统而深入的研究，从理论高度探求建筑市场的本质和运行规律，把实践经验上升为理论并指导实践。本书是在作者多年教学和科研基础上形成的，是阶段成果，也是一些思考和探索。感谢国家自然科学基金委、住房和城乡建设部、湖南省科技厅、住房和城乡建设厅的项目资助，感谢团队成员陈辉华、王青娥、张彦春、李香花等老师和历届博士、硕士研究生贡献的知识和智慧，特别是在数据整理、图表校订等方面，得到他们的大力帮助，在此一并致谢！

由于作者的学术水平与实践经验有限，本书不妥之处在所难免，敬请各位读者批评指正，我们将在以后的修订工作中，不断充实完善。

在本书的编写过程中，参考了许多国内外专家学者的论文、专著、教材和资料，在此谨向他们表示衷心的感谢！

目　录 | Contents

1 绪论

1.1 建筑市场经济学的研究背景

建筑市场是社会主义市场体系的重要组成部分，与国民经济各部门关系密切，建筑市场的健康稳定直接影响我国国民经济和社会主义建设事业的发展。经过多年的培育和发展，我国建筑市场经历了从无到有、从小到大、从无序到有序的发展过程，在国民经济中已占有举足轻重的地位。伴随着国民经济发展进入"新常态"，我国建筑业仍保持平稳增长态势，2014年建筑业总产值17.67万亿元，同比增长10.2%，占国内生产总值27.8%。

长期以来，我国政府高度重视建筑市场的有序发展，每年《政府工作报告》中都有关于建筑市场规范管理方面的内容。近年来，各级建设主管部门持续开展整顿建筑市场秩序工作，许多研究机构及专家学者也对建筑市场展开大量的理论研究，推动了我国建筑市场的健康发展。

然而，建筑市场仍存在一些缺陷和不足，新现象、新问题和新矛盾不断出现；同时，建筑市场与其他产业市场相比，既具有一般市场经济运行规律的共性，也有自身的客观规律和特有的运行机制。这就要求人们认真的观察、思考和分析，寻求并运用分析问题的新理论与新方法，揭示建筑市场的内在规律性，以获得一个对问题更清晰和更透彻的认识，最终解决问题。建筑市场经济学作为一门新兴学科，其产生与发展是适应一定时期社会经济发展的客观需要，这就是建筑市场经济学形成的客观依据和背景。

1.2 建筑市场经济学的研究对象

建筑市场经济学是一门新兴学科，它以建筑市场经济关系及运行规律为研究对象，以政府主管部门、建设单位（业主）、勘察设计单位、施工单位、监理单位、材料设备供应商、中介服务机构等诸多市场主体的行为和活动为研究内容。通过对建筑市场经济学的研究，力求界定建筑市场的内涵与构成，分析建筑市场结构，用经济学原理解释建筑市场现象，分析建筑市场问题，探求经济活动与市场运行的规律；分析建筑市场主体行为，评价建筑市场绩效，揭示高效有序的建筑市场的本质。在此基础上，落脚于建筑市场监管与运行，提出一些见解与对策，体现出学科的实践性和操作性。

1.3　建筑市场经济学的性质与范围

建筑市场经济学的学科性质，可以理解为三层涵义。它是一门新兴的应用经济学，研究经济学在建筑领域的应用，强调其应用性和实践指导意义；它属于部门经济学，以建筑市场为研究对象，具有明显的行业特征；它是一门综合性学科，以经济学为理论基础和研究手段，综合运用管理、法律、社会等诸多学科，共同探索建筑市场本质与发展规律，以指导我国建筑市场监管与运行。

当前，我国建筑市场运行中出现的许多问题，既有其深层次的原因，又是多方面的因素交互作用的结果。因此，我们不能就现象谈现象，就管理谈管理，头痛医头，脚痛医脚，而应该高屋建瓴地构建一个完整的建筑市场体系，把建筑市场作为一个整体，完整地、系统地进行研究；同时，在建筑市场经济学的理论框架下，深入探讨建筑市场主体、客体、供需、价格、交易、信用等方面的研究内容。

1.4　建筑市场经济学的理论体系

建筑市场不同于一般商品市场，其交易、生产、流通、管理模式、运行机制均有特殊性，需要进行全面而深入的研究，从经济学理论的高度探求建筑市场的运行规律，把实践探索上升为理论，并由理论指导实践。

建筑市场经济学的基础学科包括：政治经济学、西方经济学、管理学、市场学等，相关学科有投资学、价格学、工程经济学、建筑经济学、项目管理学、建筑企业管理学、房地产经济学等，它与这些学科不仅关系密切，而且在内容上有所交叉。根据建筑市场的特殊性，在相关研究基础上，大体上形成建筑市场经济学的理论框架，包括：建筑市场体系与运行机制、建筑市场供需与价格、建筑市场结构、建筑市场行为与绩效、建筑市场交易与交易制度、建筑市场信用与信用制度、建筑市场监管等章节。

2 建筑市场体系与运行机制

问题与讨论

1. 建筑市场、建设市场、房地产市场三者之间是什么关系？建筑市场有哪些细分市场？建筑市场与建筑业之间有何异同？

2. 建筑市场经济学的基础理论和相关理论分别有哪些？

3. 西方经济学的主要理论学派以及与建筑市场经济学研究的关系？

4. 建筑市场经济学的研究背景和研究内容是什么？建筑市场经济与建筑市场管理的联系与区别有哪些？

5. 健全完善的建筑市场体系和有效的市场运行机制是什么样的？如何看待计划机制与市场机制的关系？建筑市场的各单项机制之间是如何相互影响的？

6. 市场化进程的标志是什么？

建筑市场围绕着市场主体的各种交易活动展开，只有建立完善的建筑市场体系，才能有效发挥市场机制的作用。研究建筑市场体系构成及其运行机制，有助于理解和把握建筑市场本质，为建筑市场价格、结构、行为和绩效研究打下基础。

2.1 建筑市场概述

2.1.1 建筑市场的涵义

建筑市场有狭义和广义之分。狭义的建筑市场是指建筑产品交易的场所；而通常所研究的建筑市场，是一个广义的概念，并不仅仅局限于建筑产品交易的场所，而是建筑经营活动中各种经济关系的总和，换句话说，涵盖了建筑产品生产、销售、购买等活动中所有潜在的买方和卖方之间的相互作用。

建筑市场是我国社会主义市场经济体系的重要组成部分，既是消费品市场的一部分，也是生产资料市场的一部分。一般地，对于个人而言，建筑产品是满足"衣食住行"基本需求必不可少的消费品；而对于政府、企事业单位而言，建筑产品是固定资产投资，是用于满足社会利益需要、社会化大生产和扩大再生产的生产资料。因此，与一般的消费品市场相比，建筑市场具有其特殊性。

同时，建筑市场是建筑行业与房地产行业交织在一起，以建筑产品为对象，形成具有特殊交易形式、相对独立的市场。一方面，从传统的行业分类来看，房地产行业带有经营与服务的性质，主要在流通领域活动，属于第三产业；而建筑行业主要在物质生产领域，属于第二产业。另一方面，在建筑市场中，建筑行业和房地产行业又是相互渗透和交叉的，这是因为它们开发建设的对象都是建筑产品，共同构成建筑产品生产、流通和消费的体系。

2.1.2 建筑市场的特殊性

由于建筑产品和生产过程的特殊性，建筑市场在许多方面不同于其他的商品市场，主要体现在以下几个方面。

1. 建筑市场生产与交易的交叉性

从建设项目的前期策划、设计、施工、竣工验收、交付使用的整个生产过程中，贯穿着发包方与承包方进行的各种交易活动，如信息收集、招标投标、合同谈判、合同签订、合同监督、合同结算等活动。通常情况下，建筑市场的交易活动早于生产活动开始；在整个项目建设过程中，交易行为和生产活动始终交织在一起；到项目建成之后，交易活动还没有结束。建筑市场的特殊性就在于它是建筑产品生产和交易的总和，必须考虑生产和交易的统一性。

2. 建筑市场的社会性

建筑产品生产和交易影响面广，涉及国土资源、城市规划和环境保护，关系到人民生命财产安全、国家经济发展以及社会公众利益，具有社会性。因此，必须加强对建筑市场的监管，加强对建筑产品的规划、设计、开工、建造、竣工、验收和投入使用的各环节管理，确保工程质量和安全。

3. 建筑市场承包方式的特殊性

建筑产品的整体性和分部分项工程的相对独立性，决定了建筑市场的总包和分包相结合的特殊承包形式。建筑产品是一个不可分割的整体，需要从整体出发，来考虑它的布局、设计、施工。但随着社会经济的发展和建筑技术的进步，施工生产的专业性越来越强，在施工生产中，由各种专业施工企业分别承担工程的土建、安装、装饰分包，有利于施工生产技术和效益的提高。因此，既需要发展工程总承包，加强总承包管理，又需要发展专业化的分包队伍，提高专业化分包的水平。

4. 建筑市场的不确定性

一般建筑产品的生产周期需要几个月到几年，有的甚至长达十几年，在这样一个较长的周期内，建筑市场在招投标和履约过程中存在很大的不确定性。例如，建筑产品的生产环境（气候、地质等条件）、市场环境（材料、设备、劳务的价格变化）和政府政策法规等都可能发生较大变化，对建筑产品的价格和交易造成很大影响。这也决定了建筑市场中合同管理的重要作用和特殊要求，要求合同条款尽可能全面、详尽、准确、严密，对可能出现的情况约定各自的责任和权利，约定解决原则和方法，以降低客观不确定性的影响。同时，必须建立健全工程保险与担保制度，加强信用体系建设，降低主观不确定性的影响。

5. 建筑市场管理的特殊性

建筑产品具有不可逆转性，难以返工和重新制作。因此，对工程质量有非常严格的要求。设计、施工必须按照国家规范和标准进行，必须使用合格的材料，必须遵守规定的程序，特别是隐蔽工程，必须按规定检查验收，方可进入下一道工序的施工。这个特点决定了建筑生产中必须加强政府对建筑市场的监管，推行建设监理和质量安全监管等特殊的管理方式。

6. 建筑市场交易的阶段性

建筑产品在不同阶段具有不同的形态。在前期论证阶段，它可以是咨询机构提供的可行性研究报告或其他咨询论证材料；在勘察设计阶段，它可以是勘察报告或设计方案、设计图纸；在施工阶段，它可以是生产厂家提供的建筑材料、预制构件等；而施工企业提供的一般是最终产品，如一幢建筑物、一条公路或工业建筑群等。

这些决定了建筑市场交易具有阶段性的特征，必须按严格的程序要求进行管理。只有在可行性研究报告等批准后，才可以进入工程实施阶段；只有在施工图设计完成并取得施工许可证后，才可以进行施工；只有在竣工验收通过之后，才可以投入使用。

7. 建筑市场与房地产市场的交融性

建筑市场与房地产市场有着密不可分的关系，工程建设是房地产开发的一个必要环节，房地产市场则承担部分建筑产品（商品化房屋）的交易和流通。这一特点决定了建筑企业经营房地产开发的可能性和必要性。建筑企业经营房地产，可以在生产利润之外得到一定的经营利润和风险利润，增强企业发展基础和抵御风险的能力。房地产业由于建筑企业的进入，减少了经营环节，改善了经营机制，降低了经营成本，有助于它的繁荣和发展。

8. 建筑市场价格与支付形式的特殊性

建筑市场价格形成的特殊性在于每一件产品都需要根据其特定的情况，由交易双方协商确定产品价格。确定产品价格必须考虑生产过程中的环境变化、市场价格风险和各种难以预料的情况，按照事先约定的调价方法、风险系数来预测价格。

建筑产品投资大，少则几百万元，多则几千万元、上亿元，甚至几十亿元。产品价格根据工程的具体情况，可以采用单价形式、总价形式或成本加酬金等多种形式进行计价；可以根据合同的约定和实际发生的情况进行调整，也可以按照合同的约定不作调整；可以预付一定数量工程款，然后按工程进度支付工程款，也可以在工程竣工后一次支付和结算。

2.1.3 建筑市场发展与变化趋势

当前我国经济发展呈现"新常态"，城镇化加速推进，建筑市场产生了新的变化。建筑市场的发展与变化趋势体现在以下方面。

1. 建筑市场国际化进程加快

随着全球经济一体化进程的加快，建筑市场的国际化越来越明显。建筑市场国际化，不仅为国内建筑市场带来了激烈的竞争，同时也为我国建筑企业提供了进入国际建筑市场的通道。建筑企业参与激烈的国际竞争，必须具备专业能力、人才与知识结构，还要懂得国际竞争的"游戏规则"，也就是国际惯例。例如，国际咨询工程师联合会（FIDIC）针对不同的项目类型和合同类型编写的一套合同条件，美国建筑师协会（AIA）出版的工程承包合同范本，英国土木工程师协会（ICE）出版的土木工程施工合同条件和"新工程合同（NEC）"等，都是国际上多年来业已形成惯例的、行之有效的一整套合同管理方法。通过对国际惯例的学习与实践，有助于增强我国建筑企业的国际竞争能力，也能有效地规范我国建筑市场的竞争秩序。

2. 基础设施项目投资和建设方式的变化

随着民营、社会资本越来越多地参与到工程投资，尤其是基础设施建设项目，引起项目投资和建设方式的变化，PPP、BOT、PFI等新模式发展起来。

PPP模式（Public-Private Partnership，公私合作），是政府公共部门与私人部门为提供公共物品，满足公共需要，通过契约关系建立起来的风险分担、利益共享的长期合作伙伴关系。BOT模式（Build-Operate-Transfer，建设－运营－转让）是基础设施投资、建设和经营的一种特许经营方式。PFI模式（Private-Finance-Initiation，私人融资）是指在项目开发经营过程中，私营企业或机构资本进入基础设施和公共事业项目，在合同期限内集产权、建设与经营三权为一体，使项目运作更具效率。这些新型的投资建设管理模式不但拓宽了私有资金的投资领域、缓解了政府在基础设施建设投资上捉襟见肘的局面，也为建筑企业拓宽经营范围、进入利润空间更大的前期资本运作和后期运营管理提供了机会和途径。

3. 建筑业承发包模式的多样化

建筑市场竞争激烈，已经成为一个买方市场。作为买方的业主（包括政府和国有企业投资的业主以及私有企业、私人投资的业主）对建筑企业的要求和期望越来越高，希望建筑产品的成本逐步降低、质量逐步提高，这将促进市场的变革和发展。

为了适应业主方需求的变化，产生了多种新颖的承发包模式，如D+B模式（Design+Build），即设计和施工；D+B+FM（Design+Build +Facility Management），即设计+施工+物业管理；F+P+D+B+FM（Finance+Procure+Design+Build +Facility Management），即融资+采购+设计+施工+物业管理。这些承发包模式的出现，将促使我国建筑企业的功能、能力和资源组合的改变。

4. 工程项目管理的集成化

集成化管理（Integrated Management）是现代工程项目管理的发展方向。传统的工程项目管理（Project Management，PM）是指项目实施阶段的管理，包括设计准备阶段、设计阶段、施工阶段、保修阶段。其工作内容包括组织协调、投资控制、进度控制、质量控制、合同管理、信息管理、风险管理等。目前，工程项目管理已经延伸到项目的决策阶段（Decision Phase），这就是项目的开发管理（Development Management，DM）。DM的主要工作内容是项目环境调查与分析、项目定义、项目管理策划、融资策划、风险分析等。由于大部分建筑的经营费用往往比建设成本要高，越来越多的投资者更加关注项目的经营，希望项目使用寿命尽可能长，能够获得更大的收益，使用户满意，提高经营的效率，实现物业的现代化。这些内容就是物业管理（Facility Management，FM）。DM、PM和FM是整个项目过程中的三种不同的管理工具，这三种管理工具应该且可以集成为一个整体——集成化管理（Integrated Management），并构成工程项目全寿命管理系统（Lifecycle Management System For Construction Project）。DM、PM和FM的集成，使得管理者可以站在全局的角度，论证项目的可行性，考虑项目的设计、施工、经营等各方面的问题，从而促进项目更好地建成，最大限度地发挥项目的效益。

5. 建筑市场组织形式发生深刻变化

在国际竞争环境下，组建工程联合体形式参与投标竞争尤为重要。例如在国际工程承包中，外国承包企业与工程所在国企业联合经营，有助于对当地国情民俗、法规条例的了解，方便办理各种手续，而且往往能享受到所在国的一些优惠政策。工程联合体形式可以是设计、施工联合体，也可以是一种横向联合，具有相同或相近经营业务的企业联合。通过这种联合，使他们由彼此的竞争关系变为合作关系，并创造一种融洽的气氛。

由于工程项目参与方的目标、利益各不相同，导致项目建设过程中产生许多矛盾和争议，甚至引起诉讼。因此，一种将传统的项目建设中彼此敌对、对抗的各方参与者转变为一个项目上的利益共同体，从而避免或者减少争议和索赔的新型模式——Partnering模式发展起来。Partnering模式是业主与项目参与各方之间为了取得最大的资源效益，在相互信任、资源共享的基础上达成的一种短期或长期的相互协定。这种协定突破了传统的组织界限，在充分考虑参与各方利益的基础上通过确定共同的目标，建立工作小组，及时地沟通以避免争议和诉讼的发生，培育相互合作的良好工作关系，共同解决项目中的问题，共同分担风险和成本，以促使在实现项目目标的同时也保证参与各方目标和利益的实现。相对于传统的承发包模式，Partnering模式有利于业主控制目标，改善项目的环境和参与方的关系，减少索赔和诉讼的发生，并提高承包商的利润。

6. 信息化对建筑市场产生重大影响

信息化正在席卷全球，从工业经济到信息经济，从工业社会到信息社会，信息化逐步上升为推进世界经济和社会全面发展的关键因素。BIM技术，即建筑信息模型（Building Information Modeling）正在引发建筑行业一次重大的变革，住房和城乡建设部在2011年发布的《建筑业"十二五"发展规划》中明确提出，要推进BIM协同工作等技术应用，普及可视化、参数化、三维模型设计，实现从设计、采购、建造、投产到运行的全过程集成运用。BIM技术的广泛运用将提升项目生产效率、提高工程质量、缩短工期、降低建造成本，使建筑业的生产方式发生重要转变，加快建筑业的工业化和自动化进程，建筑市场将进入海量数据应用的"大数据"时代。

随着互联网金融的兴起，建筑市场的项目融资将进一步创新。2014年10月，中国第一家服务于建筑行业的互联网金融平台——班汇通正式在上海上线运营，由此拉开了我国建筑业互联网金融服务时代的序幕。班汇通主要服务于建筑业，通过整合施工、法律、金融及互联网运营等资源，打造出一个信息透明的投融资平台，实现优质工程项目、优秀项目经理与建筑业内人士投资的直接对接。随着互联网技术的发展和"互联网+"的政策趋势，互联网融资将成为建筑市场一种新的融资渠道，提升建筑企业筹资募资的能力。

7. 建筑企业更加重视创新

大众创业、万众创新被视作中国"新常态"下经济发展"双引擎"之一。建筑业的创新不仅是技术创新，更包括体制机制创新、管理创新、模式创新。目前，建筑市场同质竞争现象严重，企业之间技术水平档次差距不大，特色不明显。对建筑企业来说，通过降低材料和劳动力成本来提高建筑产品竞争力的发展空间在逐渐缩小。强化技术和管理创新，才能提高核心竞争力，形成独具特色的竞争优势，提高建筑生产的附加值。创新已经成为建筑企业持续发展的必然选择。

8. 民营建筑经济逐渐崛起

在当今建筑市场上，施工主体、投资主体、融资模式都呈现多元化发展特征。民营建筑经济不同于计划经济条件下的集体经济，而是与社会主义市场经济相适应的新型非国营经济形式。它包括通过产权制度改革而形成的民营经济，也包括混合所有制中由公有不控股的股份制经济和广大职工投资入股的股份合作经济。它是劳动者自筹资金、自愿结合、自主经营、自负盈亏的一种民营经济。经过多年的发展壮大，建筑业的民营经济无论在完成建筑总产值、促进劳动就业，还是在创造经济效益方面，均发挥了巨大作用。与国有建筑企业相比，民营建筑企业市场占有份额不断扩大，总产值和工程收入及利润大幅增加。

9. 城市地下空间利用给建筑市场带来新的契机

城市地下空间是一种宝贵的自然资源，城市地下铁路、大型地下商场、城市隧道、地下车库、各种公共管道设施、地下供配电站等工程，适应了现代化城市的高密度化和生活方式的高水准化，并使地下空间资源得到了合理的利用。据中国城市轨道交通协会发布的数据显示，截至2014年末，我国累计有22个城市建成投运城轨线路101条，运营线路长度3155km，比上年同期增长24.3%。我国许多大城市在朝着国际化大都市迈进的过程中都开始利用地下空间资源，并对其关键技术进行研究，把发展地下空间和保护自然生态结合起来，使现代城市建设走可持续发展的道路。地下空间的开发利用开始朝大深度和多方面方向发展，这一趋势必将影响建筑市场投资方向，为建筑企业拓展市场提供新的发展机遇。

10. 更加关注环境保护和资源节约

为实现人类可持续发展，环境保护和资源节约对建筑市场提出更高要求。在项目设计阶段，必须考虑到建筑物的室内环境控制和室外环境保护的要求，进行建筑与环境文脉的整合设计，做好环境影响评价。在施工阶段，尽可能减少施工生产对环境的影响，做好环境保护工作。为应对全球气候变化、资源能源短缺、生态环境恶化的挑战，我国正在以低碳为导向，发展循环经济，推广普及低碳绿色建筑。2013年实施的《绿色建筑行动方案》对新建建筑和既有建筑节能改造提出了明确目标，要求城镇新建建筑严格落实强制性节能标准，"十二五"期间，预计完成新建绿色建筑10m²；到2015年末，20%的城镇新建建筑将达到绿色建筑标准要求。重视研究和开发新的建筑技术、先进的施工工艺和新型建筑材料，发展低碳绿色建筑是我国建筑市场的发展趋势。

2.2 建筑市场体系

2.2.1 建筑市场体系的构成

建筑市场是我国社会主义市场经济体系的有机组成部分，属于行业市场，由于其在交易、生产、流通方式、管理模式、运行机制等方面的特殊性，建筑市场体系的构成与一般市场体系也有所不同。建筑市场体系是与建筑市场交易相关的各要素和政府宏观调控的有机结合体，包括：由业主、承包商和为工程建设提供咨询服务的中介服务机构组成的市场主体，不同形式的建筑产品组成的市场客体，与工程建设相关的生产要素，维护建筑市场秩序的市场规则等。建筑市场体系构成如图2-1所示。

建筑市场运行围绕建筑市场各主体在市场上的各种交易活动展开，需要完善的市场体系。要形成统一开放、竞争有序的市场体系，必须加强以下几方面的基础工作：

（1）引导市场主体充分竞争，特别是以招标投标为主要竞争方式，打破地方保护和行业垄断，使竞争充分体现公开、公平、公正；

（2）建立全国性的生产要素市场，使各种要素能自由流通并能得到充分利用，

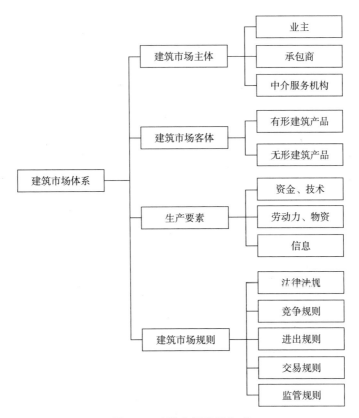

图2-1 建筑市场体系构成

同时，与国际市场建立紧密联系，以保证建筑市场的开放性；

（3）建立一套完整的市场规则，以规范市场主体的行为，使市场主体能自觉遵守法律法规，依法经营，确保市场有序运行；

（4）充分发挥建筑产品价格对建筑市场的引导和调节作用，价格形成以市场调节为主，以宏观调控为辅，充分发挥市场的自组织性。

2.2.2 建筑市场主体

建筑市场主体指参与建筑产品交易过程的各方，主要包括业主、承包商以及中介服务机构。

1. 业主

在我国，建筑产品的需求者一般称为建设单位或甲方，在国际工程中称为业主。业主是指既有进行某个工程项目建设的需求，又具有工程项目建设相应的资金和各种准建手续，在建筑市场中发包工程咨询、设计、施工任务，并最终得到产品所有权的政府部门、企事业单位、机构以及个人。业主可划分为政府部门和民间部门。政府部门一直是最大的业主，其工程采购量决定着建筑市场需求关系的变化；民间部门的业主来自企事业单位和居民，企事业单位是仅次于政府的第二大业主。业主既是工程项目的所有者，又是投资者、决策者，对建设项目的策划、投资、设计、建设实施直至生产经营、归还贷款等全面负责。业主在工程项目的可行性研究阶段，确定工程的规模和建设内容；在招标投标阶段，择优选定承包商。

按照国家计委（现国家发改委）颁发的《关于实行建设项目法人责任制的暂行规定》，国有单位经营性基本建设大、中型项目在建设阶段必须组建项目法人，实行项目法人责任制，由项目法人对项目的策划、资金筹措、建设实施、生产经营、债务偿还和资产的保值增值，实行全过程负责。推行项目法人责任制，有利于规范业主行为，提高投资效益。

2. 承包商

在我国，建筑产品的供给者一般称为建筑企业或乙方，在国际工程中称为承包商。

承包商是指具备一定生产能力、技术、资金，具有承包工程建设各阶段工程任务的营业资格和资质，能够提供符合业主要求的建筑产品，并最终得到相应工程价款的企业。根据不同的分类标准承包商可以分为多种类型，按生产形式，可分为勘察设计单位、施工单位、机械设备供应或租赁商、建材供应商以及劳务分包商；按照提供的建筑产品类型，可分为不同的专业公司，如水电、铁路、公路、冶金、市政工程等专业公司；按照承包方式，可分为总承包企业、专业施工企业和劳务分包企业。承包商是在竞争性招标中中标而成为工程项目承包单位，必须严格履行工程合同，并负责保修期内的维修工作。

建筑产品生产周期长，一个产品从设想构思到建成最终交付，需多方共同努力。因此，承包商之间也存在多重的、复杂的交易关系，例如，工程总承包公司将建设项目的勘测、设计工作委托给勘察设计单位；把项目的施工任务发包给施工承包公司；施工承包单位从施工租赁公司那里租用施工机具等。市场内部交易在建筑市场全部交易中的比重反映了建筑市场分工和专业化程度，该比重越大，分工和专业化程度越高。

3. 中介服务机构

建筑市场中介服务机构是指具有相应的专业服务能力，为业主或承包商提供咨询服务、检测鉴定、评估认证等智力型服务，并获得相应费用的中介组织。中介服务机构按工作内容和作用可以分为四大类：

（1）为建筑行业提供服务的社会中介机构，如会计师事务所、审计师事务所、律师事务所、保险公司、资产和资信评估机构、公证机构等；

（2）为建筑行业提供服务的行业中介机构，如工程咨询公司、招标代理公司、建设监理公司、造价咨询公司、信息服务机构等；

（3）为建筑行业提供服务的检查认证机构，如质量体系认证机构，计量、检验、检测机构，鉴定机构等；

（4）为建筑行业提供服务的其他组织，如建筑行业协会、各类学术团体和科研机构等。

中介服务机构既是建筑市场发展的需要，又是市场体系成熟的标志。目前，我国的中介服务机构还不能满足建筑市场发展的要求，有待政府引导以及企事业单位和专业人士的积极参与，进一步促进我国建筑市场的中介服务机构的发展壮大。

2.2.3 建筑市场客体

建筑市场客体是指建筑市场的供需双方交换的对象，即合同标的物，包括有形建筑产品和无形建筑产品。客体凝聚着承包商和中介服务机构的劳动成果，在不同阶段有不同的形态，包括建筑产品、半成品、各类咨询服务以及其他合同标的物。根据不同的生产交易阶段把建筑市场客体分为以下几种形态：

（1）策划阶段，包括项目策划书、建议书、可行性研究报告等；

（2）勘测设计阶段，包括勘察报告、设计方案、施工图设计文件等形式；

（3）招标投标阶段，包括资格预审报告、招标书、投标书以及合同文件等形式；

（4）施工阶段，包括建材、机械设备、预制构件，以及各类建筑物、构筑物等。

2.2.4 生产要素

建筑生产过程中涉及的生产要素包括资金、技术、劳动力、物资、信息等。

1. 资金

资金分短期资金和长期资金，短期资金主要用作项目建设的流动资金和周转资金，长期资金主要用于企业的扩大再生产。由于建筑生产大多在现场进行，并不需要很大的固定生产场所，大型机械设备也可通过租赁市场租用，不会长期占用资金。因此，建筑企业的短期资金压力比长期资金压力大。

2. 技术

建筑技术包括专业技术和管理技术。以房屋建筑工程为例，专业技术分为：建筑设计、建筑结构、建筑施工、装饰装修、给水排水、采暖通风、建筑电气、园林景观、环保工程等；管理技术包括质量管理技术、进度管理技术、成本管理技术、合同管理技术、HSE管理技术、信息化管理技术等。

3. 劳动力

劳动力包括两类：一类是管理人员，如项目经理、技术员、施工员、质监员、安全员等；另一类是操作人员，包括瓦工、木工、钢筋工等各专业工种。目前，我国建筑企业的操作人员中大多是农民工，具有专业执业资格认证的技术工人较少，因此，经培训的农民工是我国建筑市场的主要劳动力。

4. 物资

建筑市场物资包括工程用料、临时工程用料、施工机具设备及维修备件、施工用料、工程所需的机电设备、构成永久工程部分的机电设备、其他辅助生活、办公设施和试验设备等。其中，工程用料是指构成永久工程部分的各种建材；临时工程用料，如现场的临时用房、水电及生产加工设施的用料等；施工机具设备及维修备件，如各种土方机械、打桩机、起重机及其维修备件等；施工用料，如模板、安全防护网、炸药、焊条等；工程所需的机电设备，如施工外用电梯、空调、备用电机等。

5. 信息

信息是指有关建筑市场供求状况、价格变动、用户意向、竞争态势等方面的情报、报表、数据以及图纸资料等。随着信息技术的广泛应用，信息成为重要的生产要素和战略资源，信息技术成为优化资源配置、推动传统产业不断升级和提高社会劳动生产率的新动力。

在建筑生产过程中，应大力发展各生产要素市场，按照建筑生产的内在规律和市场化要求对生产要素进行动态管理，以达到节约资源、提高市场效益的目的。

2.2.5 建筑市场规则

建筑市场主体与主体之间、主体与客体之间的关系以及生产要素在建筑市场主体之间的流动，是通过一系列市场规则来明确的。建筑市场规则是依靠政府力量，按照市场运行机制的客观要求所制定的建筑市场主体必须遵守的规范性文件，主要包括法律法规、竞争规则和交易规则、建筑市场进出规则和市场监管规则。市场规则以法律为基础，具有严谨性和强制性的特点，使得建筑市场运行程序化、规范化、制度化、法治化。建筑市场的有序运行和完善，需要市场规则的保障，也离不开政府的监管和调控。

1. 法律法规

建筑市场法律法规主要指建设工程法律法规体系。建设工程法律法规体系是根据《中华人民共和国立法法》的规定，制定和公布实行的有关建设工程的各项法律、行政法规、地方性法规、部门规章和地方政府规章的总称。

建设工程法律是指由全国人民代表大会及其常务委员会通过的规范工程建设活动的法律规范，如《中华人民共和国建筑法》、《中华人民共和国招标投标法》、《中华人民共和国合同法》、《中华人民共和国城市规划法》、《中华人民共和国土地管理法》、《中华人民共和国环境保护法》等。

建设工程行政法规是指由国务院根据宪法和法律制定的规范工程建设活动的各项法规，如《建设工程质量管理条例》、《建设工程勘察设计管理条例》、《建筑工程安全生产管理条例》等。

建设工程部门规章是指由住房和城乡建设部按照国务院规定的职权范围，独立或同其他国务院有关部门根据法律和国务院的行政法规，制定的规范工程建设活动的各项规章，如《建筑工程施工许可管理办法》、《实施工程建设强制性标准监督规定》、《建筑业企业资质标准》等。

2. 建筑市场竞争规则

建筑市场竞争规则是指建筑市场主体在市场竞争中应当遵守的行为准则。市场经济的动力源泉来自于公平竞争，公平竞争是市场有序运行的基本前提，优胜劣汰是市场新陈代谢的必然结果，优胜造就了市场竞争的内在动力，劣汰构成了市场竞争的潜在威胁，形成了竞争的压力。因此，市场竞争促使建筑市场主体依靠自己的生产技术和管理能力，来提高效率和节约成本，获取竞争收益。

建筑市场竞争规则的建立有利于打破地区封锁和行业垄断，突破条块分割的局面，规范建筑市场主体的竞争行为，同时，又能反映市场主体之间机会均等、公平竞争的客观需要，其公平性体现在：建筑市场主体能够机会均等地进入建筑市场并取得生产要素，能够自主定价和交易。

3. 建筑市场进出规则

建筑市场进出规则是建筑市场主体进入和退出的评判标准。制定建筑市场进出规则，既能将不够资格的建筑市场主体拒之门外，又能把违反规则的建筑市场主体扫地出门。市场进出规则主要功能表现为：规范建筑市场主体进入市场的资格；规范市场主体的权利、义务；规范市场主体退出市场的门槛。

建立健全市场进出规则是维护市场有效运行的基础，有利于净化建筑市场的竞争环境，保障施工质量及施工人员的安全，促使市场体系走向成熟。另外，建立严格的市场进出制度能够约束从业组织和从业人员的市场行为，有利于建立层次清晰、分工协作、布局合理的建筑市场结构，使建筑市场步入良性发展的轨道。

4. 建筑市场交易规则

建筑市场交易规则是建筑市场主体进行生产经营活动的准则与规范，它表明市场主体在市场交易中应遵守的原则和行为规范。建筑市场交易规则的职能包括：规范市场交易方式，如保障招标投标的公平、公开、公正化；规范交易行为，确保交易双方平等自愿进行交易活动；规范交易价格，对建筑产品定价原则、定价方法、审价结算等做出明确的规定。

5. 市场监管规则

建筑市场监管一般是指政府有关部门，还包括一些非政府组织，如行业自律组织（行业协会、学会等），以制定法律法规、制度、行业标准、技术标准等为主要手段对建筑市场进行监管和调控。市场监管规则主要是通过明确政府在建筑市场中的定位，界定监管边界，确保发挥政府"看得见的手"的作用，减少市场失灵。由于建筑市场的负外部性问题、公平竞争问题、失信问题大量存在，因此，加强建筑市场监管具有重要意义。

2.3 建筑市场运行机制

市场运行机制指的是通过市场建立起来的经济活动各要素之间内在的有机联系。有效的市场运行机制应是公开、公平，且有利于追求效率和效益的。建筑市场的运行机制应建立在统一、开放、竞争的基础之上。统一是指建筑市场机制的运行要建立在统一的建筑法规、条例、标准、规范的平台之上；开放是指建筑市场中的各方主体可不受国家、地区、部门、行业的限制，进行建筑产品的生产和交换；竞争是指建筑生产的各个环节都要引进竞争机制，如招标投标、设计方案竞赛、建议书及陈述谈判等竞争方式。竞争有利于促进建筑产品的生产效率，但要加强有效的监督管理，防止不平等、不正当地竞争及行业垄断。

2.3.1 建筑市场运行机制的构成

建筑市场生产与交易的统一性、交易的阶段性与长期性、价格与支付形式的特殊性以及建筑市场的社会性等决定了建筑市场的运行机制与一般市场有所不同，但构成框架基本一致。建筑市场运行是通过政府综合调控和市场机制本身两个维度来实现的。因此，建筑市场运行机制包括综合机制和单项机制两部分，如图2-2所示。

2.3.2 建筑市场综合机制

建筑市场综合机制是由计划机制和市场机制"化合"而成的经济运行协调机制，而不是二者的混合机制。市场机制和计划机制共同构成的综合机制是辩证的统一体。具体表现为：

（1）计划机制的调节作用表现在宏观上，市场机制的调节作用表现在微观上；

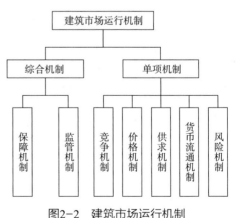

图2-2 建筑市场运行机制

（2）计划机制的调节作用表现在市场活动之前，市场机制的调节作用表现在市场活动以后；

（3）计划机制通过计划的事前引导使企业行为合理化，市场机制则作为一种反馈机制，在不平衡出现之后才发挥作用；

（4）计划机制的调节作用是自觉进行的，市场机制的调节作用是自发进行的，计划机制是人们对经济规律的自觉运用，市场机制作为一种利己的力量，自发地调节市场的运行。

在综合机制的作用下，能够在全社会范围内集中大量的人力、物力和财力进行重点项目建设；对建筑市场的走向进行预测，制定建筑行业的整体发展战略；在宏观上统筹规划市场经济的总量、经济结构和生产力布局；合理调节建筑市场的投资分配，兼顾经济、社会和环境并使之协调发展。

建筑市场综合机制可分为保障机制和监管机制。

1. 保障机制

保障机制是从宏观角度出发，为了保障建筑市场有序运行所采取的措施和手段，站在国家层面对建筑市场的运行予以规范和保障。

（1）法规保障机制

法规体系的建立是综合机制正常运行的基础。我国建筑市场法律主要包括《建筑法》、《合同法》、《招标投标法》等，《建设工程质量管理条例》、《建设工程勘察设计管理条例》、《建设工程勘察设计企业资质管理规定》、《建筑业企业资质管理规定》等条例、规定的出台是对我国建筑市场法规体系的补充和完善。

（2）信用保障机制

市场经济是信用经济，需要信用保障。建筑市场信用问题突出，信用体系建设任务繁重。从信用形成机理来看，要加强信息传导机制和激励约束机制，建立信用公示制度、联合征信制度、信用评级制度等。

通过信用信息的透明共享和广泛使用，形成一处失信，处处受制的联动机制，让失信者难以在市场竞争中立足。对于诚信经营的市场主体，则给予相应的政策优惠和支持，做到奖惩分明，引导市场主体信用意识和文化的形成。

2. 监管机制

（1）政府主导监管

市场监管是建筑市场经济条件下政府职能的重要内容。实行社会主义市场经济体制，并不意味着政府市场监管职能的弱化和放弃，而是政府在建筑市场监管机制中发挥作用的领域和方式发生变化，政府直接的行政监管将明显减少，运用经济、法律等相关手段进行的监管增加。在我国社会主义市场经济体制建立和完善的进程中，在建筑市场机制尚未健全、市场主体发育水平不高、市场环境不尽合理的条件下，政府在建筑市场监管机制中的地位及所发挥的作用，在相当时期内必将是主导性的。政府主导作用的发挥要通过经济、政策、法律、信息、环境及必要的行政手段实现。

（2）多主体参与监管

建立和完善建筑市场监管机制，最重要的就是改变单一监管主体的状况，由政府单一主体向政府、行业、企业、舆论、公众等多元主体的监管体系转变，发挥多元主体监管市场的整体效能，不断提高市场监管效果。

2.3.3　建筑市场单项机制

单项机制是市场本身固有的机制，是人类社会发展的产物，也是一种分散决策、自愿合作、自愿交换产品和服务的经济体制。在市场经济中，生产要素的流动、生产的进行、产品和服务的交换、流通与分配等，都由价值规律自发调节。产品和服务的价值量取决于社会必要劳动时间，产品和服务都按照价值量相等的原则进行交换。拥有生产要素者按照市场发出的信号独立做出决策，生产者仅生产他们预期能够卖得出的产品。生产要素在各种经济活动之间的调配由价格决定，而价格则是由生产要素的供求关系进行调节。劳动力是重要的生产要素，其流动由工资进行调节，而工资则是由劳动力的供求关系进行调节。按劳分配和价值规律是市场经济中两只相辅相成的"看不见的手"。

建筑市场单项机制是建筑市场运行的实现机制，是市场经济成长过程中的重要驱动因素，在现代市场经济中，市场机制是经济内在本体的机制，对资源配置和经济运行起着重要的调节作用。建筑市场单项机制包括价格机制、竞争机制、供求机制、货币流通机制、风险机制等。

1. 价格机制

价格机制是指在竞争过程中，与供求关系相互联系、相互制约的市场价格的形成和运行机制，包括价格形成机制和价格调节机制，是建筑市场机制中的核心机制。

建筑产品价格反映价值，基于建筑产品价值形成的投标报价是建筑产品价格的基础，承包商依据自身实力提出其优势报价。而建筑产品价格围绕其价值上下波动，波动幅度反映了市场供求关系和市场竞争的影响程度，同时，价格机制也影响市场供需和竞争状况。

价格机制能传递市场信号，调节资源配置，促进竞争，决定和调节建筑市场交易的收益分配。但是，由于我国市场体系不够健全，建筑产品价格存在"失真"现象，对市场供需和竞争的调整作用有限，价格机制的功能难以真正发挥。

2. 竞争机制

竞争机制是市场经济的关键机制，是建筑市场机制中的动力要素，是推动社会进步的基本动力。竞争机制是指建筑产品生产者之间、购买者之间、生产者与购买者之间，随着供求关系的变动而展开的竞争。竞争不仅给建筑产品生产者以动力，也给购买者以导向。

建筑市场竞争机制分为非价格竞争机制和价格竞争机制两方面。非价格竞争机制主要指建筑交易活动中各市场主体的资质、信誉、形象、技术水平、管理水平等方面的竞争。价格竞争机制主要指交易主体通过价格的竞争赢得订单、合同，如建筑工程承发包活动中投标价格的竞争等。

市场竞争的结果是优胜劣汰，实现资源的最优配置和生产要素的优化组合，从而为市场准入退出制度的建立提供可能。因此，竞争机制又成为企业追求利润最大化的动力机制。

3. 供求机制

供求机制是建筑市场机制的内在动因，它通过价格自动调节供求之间的矛盾，使供求之间由不平衡转换为平衡。供求机制体现的是以建筑市场为导向，调整和平衡建筑市场供求关系的各种方式的总和。

供求机制离不开其他机制的作用，它以竞争机制为催化剂，以货币流通机制为调节手段，以价格机制为动力和反馈信号，与其他机制共同调节着建筑市场的供求关系。供求机制能否发挥作用取决于市场格局，在现行建筑市场格局条件下，由于供大于求，过度竞争，导致价格、利率等市场信号扭曲，结果供求机制难以完全发挥作用。

4. 货币流通机制

货币是商品交换的媒介，作为货币流通规律实现形式的货币流通机制是市场运行机制中的媒介机制和调节机制。它通过对市场上货币流通量的增减制约市场价格，调节市场供求。货币流通机制的调节作用是由货币在市场上的特殊地位决定的，货币本身的供应和需求同商品的供应和需求呈现不同的变化趋势，货币的供应造成对商品的需求，货币的需求则是商品供应的结果。货币供应不足会影响经济的发展，而供应过量又会引起价格上涨。因此，流通中的货币量直接影响到市场的价格和供求关系。

研究建筑市场货币流通机制，应将货币流通和建筑产品生产过程结合起来，考察货币在经济部门间的流通运动。例如从银行往外贷款（货币创造），建设单位生产消费（货币流通），再到贷款归还（货币消失），这几个阶段反映货币的流通过程和路线，如图2-3所示。在当前我国建筑市场环境下，常因工程款拖欠而影响工程进度和质量，导致货币流通不畅，货币流通机制的功能受到影响。

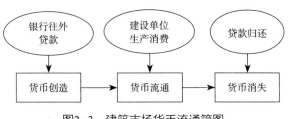

图2-3　建筑市场货币流通简图

5. 风险机制

风险机制是市场机制的基础机制之一。风险机制通过价格机制和供求机制影响建筑市场，规范企业内部市场主体的行为，从而使其能够在正常的轨道上运行。市场主体作为建筑产品的生产者和经营者，以追求利益和财产的增加为目标，同时以承担相应的商业风险和责任风险为代价。

建筑市场正逐步推行投标担保、工程履约担保、业主支付担保、保修担保等制度，愈加重视企业职工意外伤害保险、勘察设计、工程监理及其他工程咨询单位的职业责任保险等，不断建立健全建筑市场风险机制。

建筑市场运行机制涉及面广，是一项系统工程，具有长期性、艰巨性和复杂性，需要政府和各方主体的配合和努力，共同营造良好的建筑市场运行环境。随着中国经济发展进入"新常态"和建筑市场的全面深入发展，建筑市场的运行机制有待进一步的完善和创新。

3 建筑市场供需与价格

?

问题与讨论

1. 由于建筑市场的特殊性，建筑市场非均衡是一种常态，处于均衡状态的建筑市场应该是什么样的？实现建筑市场均衡的必要条件有哪些？如何在政府宏观调控和市场机制的共同作用下实现建筑市场均衡？

2. 建筑市场价格问题是经济学研究的核心问题，价格机制是如何发挥作用的？在目前我国建筑市场现状下，价格机制的作用发挥如何？

3. 试述建筑产品价格的形成机制和调节机制。

4. 政府对建筑产品价格管理的宏观改革如何进行？如何权衡政府不作为与过多干预建筑市场价格行为的利弊？其可操作性和有效性如何评价？

5. 怎样理解建筑市场价格失真问题？主要影响因素及其危害有哪些？试举例说明。

市场上买卖双方达成的交易价格，不仅由价值规律决定，还受供求关系的影响。建筑市场产品的价格，是通过建筑市场供求双方之间的讨价还价和博弈而达成的。价格是主要市场信号，对建筑市场正常运行影响很大，价格失真将导致市场失灵，效率低下。研究建筑产品价格，首先要分析建筑市场供需、价格与供需的关系，进而探讨价格形成和价格管理改革。

3.1 建筑市场需求

3.1.1 需求分析

建筑市场由于交易和支付方式的特殊性，需求种类十分复杂，建筑产品或服务的主要需求方（买方）是：政府、国有企业、国有事业单位、民营企业、其他社会组织、个人等。其中，房地产开发公司具有双重身份，对承包商来说是需求方，对住户来说是供给方。

建筑市场的需求与投资密切相关，建筑市场的社会总需求主要取决于固定资产投资中的建筑安装工程投资，它表明投资者愿意并且有能力投入到建筑市场的资金。建筑产品（不动产）的需求可以视为一种长期投资需求，因为建筑物一旦建成，收益和使用效益即可发挥，而且均可持续几十年、上百年。下面主要从有效需求和派生需求两个方面来探讨建筑市场需求。

1. 有效需求

有效需求是指需求方在一定时期内按给定的价格，愿意并且有能力购买的产品或服务的数量。建筑市场的有效需求对应的是业主方希望并有能力购买的建筑产品及相关服务的数量。

在建筑市场上，有效需求以需求方可以支配的购买力为后盾，若投资不到位，就不是有效需求；若买方的需求受到市场上的数量限制（总供给量不足或总需求量过大），难以满足其需求，也不能称之为有效需求。目前建筑市场存在的工程款拖欠、房地产闲置、投资项目因不配套而效率低下，都与有效需求不足有关。

一些公款投资项目，由于在项目审查、资金使用和管理上存在着许多缺陷，导致投资不到位，拖欠工程款的数额和时间达到了惊人的程度，这些都不是有效需求。

2. 派生需求

派生需求是指对一种生产要素的需求来自（派生自）对另一种产品的需求。在建筑市场中，建筑产品或服务的需求大多属于派生需求。对厂房、办公楼、交通设施等产品的需求，是由最终产品或用途派生出来的。例如，对小汽车、电脑、服装、商业贸易的需求，派生出对厂房、商业建筑的需求；对教育、学校的需求派生出对校舍、办公楼的需求；对交通便利的需求，派生出高速公路、高速铁路、地铁、城市轻轨的需求。明确派生关系，有利于企业寻找目标市场，预测未来市场份额和前景。

3.1.2 建筑市场需求的影响因素

影响有效需求的主观因素是购买者的意愿，客观因素是有意愿购买者的数量以及购买者的能力。影响购买意愿的主要因素有经济发展水平、偏好、预期等，影响购买能力的有国民经济和社会发展规划、财政政策、信贷政策、社会经济发展水平、价格、收入、人口等。以上影响因素可归类为政策、经济、社会三大因素，如图3-1所示。

1. 政策因素

（1）国民经济和社会发展规划

我国国民经济和社会发展规划是国家宏观调控的重要手段，也是政府履行经济调节、市场监管、社会管理以及公共服务职责的重要依据。国民经济和社会发展规划可分为总体规划、专项规划、区域规划。

如果总体规划中经济速度增长较快，相应的社会总需求的增速也会加快；如果专项规划中基础设施所占比重很大，则会迅速地增加建筑产品的需求。

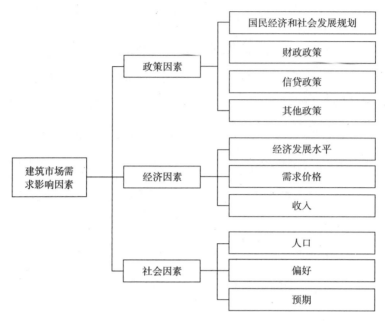

图3-1 建筑市场需求的影响因素

（2）财政政策

1）税收政策

税收是政府的主要收入来源，可分为定额税和比例税。如果政府减少定额税（如个人所得税）的收取，会增加居民可支配收入，从而增加所有商品（包括建筑产品）的需求；而如果政府直接对建筑产品的购买者减少比例税的收取，如为鼓励居民买房，降低契税税率，则可直接增加其对建筑产品的需求。

2）政府支出政策

扩大政府支出，包括增加公共工程开支、政府购买、转移支付等，以增加居民消费，促使企业投资，可以提高总需求，克服经济的不景气。

例如2008年，为应对国际金融危机对世界经济的严重冲击，中国政府制定出台4万亿元的刺激经济方案，拉开了大规模投资建设的序幕。其中，保障性安居工程、农村基础设施建设、铁路、公路和机场等重大基础设施的建设，直接且迅速加大了建筑市场需求。

（3）信贷政策

目前来看，建筑产品或服务的支付能力大部分来自政府投资和贷款，所以中央政府和各家商业及政策性银行规定的信贷政策，对建筑产品的需求影响十分明显。在银行信贷政策中对建筑产品影响最大的是利率和放贷准入门槛。

1）利率

如果利率水平较低，企业的融资成本相应较低，进行投资会获得较丰厚的利润，企业愿意加大投资，无疑会带动各行各业对建筑产品的需求。

2）放贷准入门槛

如果银行提高某行业放贷准入门槛，则该行业企业融资难度加大，对建筑产品的有效需求就会减少；相反，如果银行放低某行业放贷准入门槛，则该行业企业融资难度降低，那么该行业对建筑产品的有效需求就会增加。

例如，银行对工程项目的贷款，必须要求投资者达到国家规定的资本金比例，并要求提供配套的担保；为控制房地产行业的投机及泡沫，政府提高了第二套房的购房贷款首付比例和停发第三套房及以上的购房贷款。这些政策都影响建筑产品的有效需求。

2009年，《国务院关于调整固定资产投资项目资本金比例的通知》（国发[2009]27号文）规定了各行业投资项目要求的最低资本金比例，见表3-1。

项目资本金占项目总投资的比例 表3-1

序号	投资行业	项目资本金占项目总投资的比例
1	钢铁、电解铝	40%以上
2	水泥	35%以上
3	煤炭、电石、铁合金、烧碱、焦炭、黄磷、玉米深加工、机场、港口、沿海及内河航运、其他房地产项目	30%以上
4	铁路、公路、城市轨道交通、化肥（钾肥除外）	25%
5	保障性住房和普通商品住房、其他项目	20%

2. 经济因素

（1）经济发展水平

经济发展水平是支撑建筑市场健康发展的一个重要因素，国内生产总值（GDP）是衡量国民经济发展的总体指标，也是影响建筑市场发展的主要因素。正常情况下，GDP与建筑产品需求呈正相关关系，即社会经济发展水平高，社会对各种基础设施、工厂、办公室、商场、住宅和各种娱乐设施等的需求就会增加，从而导致建筑市场需求增加。

但经济发展到一定水平，随着土地储量的减少、土地价格的升高、环境保护要求的提高、建筑垃圾处理要求的提高，都会抑制社会对建筑产品的需求。

（2）需求价格

在一定时期内，买方对一定量产品或服务愿意支付的最高价格，称为需求价格。需求价格是由一定量的产品或服务对买方的边际效用所决定的。根据产品或服务的边际效用递减规律可知，产品或服务对消费者的边际效用一般随着产品或服务数量的增加而减少，所以买主愿意支付的价格也随之减少。虽然不同产品或服务的需求价格不同，但某种产品数量越多，该种产品需求价格会越低是普遍规律。

建筑产品具有一般产品的属性，其需求价格是影响建筑产品需求量的重要因素。根据需求法则，假定其他因素不变，价格越高，需求量越小；价格越低，需求量越大。

但建筑产品需求是受多种影响因素共同作用的结果，建筑产品销售价格与需求的关系并不总是按照上述规律发展，特别是存在派生需求的情况下。

（3）收入

有效需求取决于支付能力，而支付能力又依赖于收入。在建筑产品的需求分析中，消费者的可支配收入是一个非常重要的因素。建筑产品作为高值耐用品，需要消费者支付的资金额较大，因此，要求其必须具有良好的收入水平。消费者可支配收入的高低，直接决定购买力的大小，从而也就决定了建筑产品市场有效需求的大小。

如政府财政收入的多少（包括发行国债融资）直接影响政府投资，也直接影响政府对建筑产品的需求量。而房地产市场有效需求受到消费者实际购买力的限制。消费者实际购买力主要体现在居民人均可支配收入与居民储蓄存款两方面。居民人均可支配收入决定了房地产的有效需求，当居民人均可支配收入减少时，市场对房屋的有效需求就会减少；相反，当人均可支配收入增加时，市场对房屋的有效需求就会增加。居民储蓄存款与房地产市场需求呈正相关关系。如果一个城市的居民储蓄存款的数量增长，那么购买住房的资金就会增加，从而会导致房地产市场需求量的增加；反之，需求量会减少。

3. 社会因素

（1）人口

随着人口的自然增长和我国城市化进程的加快，城市规模不断扩大，大量农业人口向城市聚集，城市人口不断膨胀，必然导致住房需求的增加。由于建筑物一般预期寿命都超过50年，所以在考虑建设项目的长期经济性时，应当考虑不同地区和区域范围内将来人口的变化。

（2）偏好

偏好是指人们对某一建筑产品的喜爱程度。在价格不变的情况下，对某类建筑产品的偏好的上升会增加该建筑产品的需求。偏好既与消费者的个人兴趣爱好、宗教信仰、个性特征、消费观念等有关，也与整个社会风俗、文化传统、时尚风气等有关。

（3）预期

对建筑产品需求产生影响的是社会的群体预期，而无论这种预期正确与否。如果人们普遍预期某一类型的建筑产品未来价格会显著上涨，则会增加现时对建筑产品的消费和需求。预期效用有时会带来价格越高、需求越大的反常信息，这是因为人们普遍有"买涨不买跌"的心理。

3.1.3 需求弹性

1. 需求价格弹性

需求价格弹性（Price Elasticity of Demand）简称为需求弹性，它表示在其他因素不变的情况下，价格的相对变化所引起的需求量的相对变化的程度。换句话说，需求弹性度量了用百分数表示的需求变动对用百分数表示的价格变动的敏感程度。

$$需求价格弹性E_d = \frac{需求量变动的百分比}{价格变动的百分比} = \frac{\dfrac{\Delta Q}{Q}}{\dfrac{\Delta P}{P}} = \frac{\Delta Q}{\Delta P} \cdot \frac{P}{Q} \qquad (3-1)$$

$$若取绝对值，|E_d| = -\frac{\Delta Q}{\Delta P} \cdot \frac{P}{Q} \quad 或 \quad |E_d| = -\frac{dQ}{dP} \cdot \frac{P}{Q} \qquad (3-2)$$

不同商品的需求弹性相差很大，按照弹性值的大小，我们可以作以下划分：

（1）$|E_d|>1$，称为需求富于弹性；

（2）$|E_d|=1$，称为单元弹性；

（3）$0<|E_d|<1$，称为需求缺乏弹性；

（4）$|E_d|=0$，称为需求完全缺乏弹性。完全无弹性是一条垂直线，表示无论价格高低，需求量都不会变化；

（5）$|E_d| \to \infty$，称为需求完全富于弹性。完全弹性的需求曲线是一条水平线，表示价格在现行水平上稍微提高一点点（哪怕是无限小的变化），需求量会立刻下降到零。

2. 需求弹性的影响因素

（1）产品的可替代性

产品的可替代品越多，相近程度越高，该产品的需求价格弹性往往就越大；反之弹性就小。建筑产品是人类一切活动的物质基础和载体，是整个社会经济活动中最基本、最重要的构成要素之一，具有不可替代性，因此需求弹性较小。

（2）产品的必要程度

生活必需品的需求价格弹性较小，非必需品的价格弹性较大。住房属于生活必需品，从这个意义上来说，建筑产品是生活中的重要产品，其弹性较小。

（3）产品类别的大小

需求弹性的大小，与考察对象的类别的大小很相关。如果考察的是某一大类商品，如住宅产品、写字楼产品，那么它们的替代品很少，需求弹性很小；而如果考察的是大类商品中的某一种，如某开发商品牌的住宅产品，那么它们的需求弹性会较大。

（4）产品的消费支出在消费者预算总支出中所占的比重

消费者在某产品上的消费支出在预算总支出中所占的比重越大，该产品的价格弹性可能越大。

因此，以住宅为例，一般情况下住宅的需求价格弹性小于1，属于缺乏弹性。因为住宅是生活必需品，且没有其他替代品，无论价格多高都无法不消费它，是一种刚性需求。

3. 需求价格弹性对企业收入的影响

需求弹性对于企业而言也是一个需要考虑的重要因素，因为它决定了企业收入变动对价格的反应。设P、Q和TR分别为价格、需求量和企业收入，且需求量是价格的函数，则有：

$$TR = P \cdot Q(P) \tag{3-3}$$

现假定企业想降低价格以增加需求量，那么，降价能否增加收入呢？计算收入对价格的一阶导数为：

$$\frac{\mathrm{d}TR}{\mathrm{d}P} = Q + P\frac{\mathrm{d}Q}{\mathrm{d}P} = Q\left(1 + \frac{\mathrm{d}Q}{\mathrm{d}P}\frac{P}{Q}\right) = Q(1 - |E_d|) \tag{3-4}$$

显而易见，当$|E_d| > 1$，即需求富于弹性时，企业收入与价格负相关，这时企业才能以降低价格的方式来增加收入；而$|E_d| < 1$，即需求缺乏弹性时，企业收入与价格正相关，这时企业提高价格反而可以提高收入。因此，在考虑企业的价格策

略时，应分析产品的需求弹性，并分别采取不同的策略。

4. 需求收入弹性和需求交叉弹性

（1）需求的收入弹性（Income Elasticity of Demand）

需求的收入弹性是需求的相对变动与收入的相对变动的比值，用来表示一种产品的需求量对消费者收入变动的反应程度或敏感程度。

$$需求收入弹性E_I = \frac{需求量变动的百分比}{收入变动的百分比} = \frac{\Delta Q/Q}{\Delta I/I} = \frac{\Delta Q}{\Delta I} \cdot \frac{I}{Q} \tag{3-5}$$

根据收入弹性值，将商品分为：

1）$E_I > 1$，即需求量增加幅度超过收入增加幅度的商品，称之为奢侈品；

2）$0 < E_I < 1$，即需求量增加幅度低于收入增加幅度的商品，称之为必需品；

3）$E_I < 0$，即收入上升需求量反而下降的商品，称之为劣质商品。

（2）需求的交叉弹性（Cross Elasticity of Demand）

需求的交叉弹性是指一种产品的需求量对另一种产品价格变动的反应程度或敏感程度。对于X、Y两种产品，产品X对产品Y的交叉弹性为：

$$需求交叉弹性E_{XY} = \frac{产品X需求量变动的百分比}{产品Y价格变动的百分比} = \frac{\Delta Q_X/Q_X}{\Delta P_Y/I_Y} = \frac{\Delta Q_X}{\Delta P_Y} \cdot \frac{P_Y}{Q_X} \tag{3-6}$$

根据交叉弹性值，将商品分为：

1）$E_{XY} > 0$，产品X与产品Y互为替代品，即在消费中可相互代替的商品；

2）$E_{XY} < 0$，产品X与产品Y互为互补品，即常常放在一起消费的商品；

3）$E_{XY} = 0$，即产品X与产品Y几乎毫不相关。

3.2 建筑市场供给

3.2.1 供给分析

建筑市场供给主体是指建筑产品的生产者或服务提供者，其中，建筑产品的生产者一般指设计单位和施工单位，而服务的提供者则为中介服务机构。为研究方便，侧重于从建筑产品的角度研究建筑市场供给，主要分析建筑市场的有效供给和潜在供给。

1. 有效供给

有效供给是指生产者或服务提供者在一定时期内在各种可能的价格下，愿意而且能够提供该产品或服务的数量。在建筑市场中，建筑产品或服务的有效供给是指建筑产品的生产者或服务提供者在某一时间内和一定价格水平下，愿意并且有能力提供的建筑产品或服务的数量。

有效供给包括品质与价格两个方面。好产品但价格太高，会发生"过剩"，不算作有效供给；反之，产品价格低但质量差，同样会发生过剩，这也不算有效供给。

有学者（胡培兆，2004）将供给活动与行为列举如下：（1）广告供给；（2）推销供给；（3）招徕供给；（4）价格供给；（5）产品供给；（6）售后供给；（7）信誉供给；（8）安全供给；（9）就业供给。不难看出，这都是围绕品种品质与价格两方面的供给活动。广告的基础是产品在品种品质或价格上有优势，否则广告就名不符实。同样，推销、招徕、价格、产品、售后服务、信誉、安全等，无不与产品的品质及价格两方面直接相关。就业供给也是产品供给的一个方面，因为就业的有效供给实际上是劳动力的有效供给。

2. 潜在供给

潜在供给是指一定时期内，在正常的生产强度和现有的经济资源得到充分有效利用的情况下，建筑市场各供给主体提供建筑产品的总体能力。潜在供给可以按照从事建筑业的人数、建筑企业的个数、一定时期内能够设计或施工的建筑面积等来测算。

建筑市场中供求关系的不平衡，表现在体现需求总量的投资额与体现供给总量的生产能力之间的不平衡，此处的生产能力即为建筑市场的潜在供给。市场机制也是针对体现供给总量的生产能力进行调节，即通过潜在供给的调节，改变供求不平衡的现状。

3. 建筑市场供给现状

目前我国建筑市场竞争激烈，供大于求，潜在供给大于现实供给，然而更为重要的是，有效供给不足，表面的供不应求掩盖了实质的有效供给不足，主要体现在：

（1）咨询、设计、施工人员的素质和企业管理水平有待提高；

（2）建筑企业不能为业主提供所需的产品和服务，工程总承包、PPP项目等供给不足，缺乏真正意义上的总承包企业；

（3）在国际市场上，我国建筑企业大多限于施工承包，甚至限于劳务分包，在咨询和设计市场、工程总承包市场上缺乏竞争力；

（4）企业不能适应市场需求，调整经营结构，如近年来，铁路、公路等基础性设施的需求增加，企业要及时转行，灵活地调整供给结构。

3.2.2 建筑市场供给的影响因素

1. 供给价格

供给价格是指供给者为提供一定量建筑产品或服务所愿意接受的最低价格（合同价格、成交价格），它由生产一定量建筑产品所需支付的边际成本决定，在一般的条件下产品的边际生产成本是随着生产量增加而递增的。因此，其他所有因素不变时，产品或服务的供给价格越高，供给量就越大；供给价格越低，供给量就越小，上述规律称之为供给法则。

2. 生产成本

在产品或服务价格不变的条件下，生产成本的提高会减少利润，从而使得生产者不愿意生产，从而减少供给。建筑企业的成本包括材料费、人工费、施工机械使用费、管理费、税金、财务费用等。一般情况下，在建筑产品或服务市场价格不变时，生产成本越高，生产者得到的收益越小，其愿意提供的建筑产品或服务就越少；相反，生产成本越低，生产者获得的收益越大，其愿意并且能够提供的建筑产品和服务就越多。

3. 建筑技术

建筑技术水平直接影响建筑企业的供给能力。一般而言，技术水平的提高可以降低生产成本，增加生产者的利润，生产者愿意提供更多的产品；而建筑技术水平越低，生产者愿意和能够提供的建筑产品和服务就越少。

4. 企业数目

建筑市场能力相仿的企业越多，建筑产品或服务的供给就越大，反之则越小。生产能力相仿的建筑企业越多，它们之间的竞争就越激烈，进而促进其改进技术，降低成本增加供给。

5. 企业发展目标

有些建筑企业，为了确立或扩大自己在市场上的影响和知名度，愿意以较低的价格提供较多的建筑产品或服务，以谋求企业长远发展。

6. 企业预期

如果生产者对未来的预期看好，如价格上升，则制定生产计划时就会增加供给，反之，如果生产者对未来的预期是悲观的，在制定生产计划时，就会减少供给。建筑企业预期某种建筑产品或服务在未来的价格会上升，且增加供给能增加收益，就会采取措施增加供给，反之亦然。

3.2.3 供给弹性

1. 供给价格弹性

供给价格弹性是指供给量相对价格变化做出的反应程度。它是供给量变化率对产品自身价格变化率反应程度的一种度量，等于供给量变化的百分比除以价格变化的百分比。根据供给曲线，价格和数量是同向变化的，这反映了供给量随着价格的增加而增加。

$$供给价格弹性 E_s = \frac{供给量变动的百分比}{价格变动的百分比} = \frac{\Delta Q_s/Q_s}{\Delta P/P} = \frac{\Delta Q_s}{\Delta P} \cdot \frac{P}{Q_s} \quad (3-7)$$

$$或 \quad E_s = \frac{dQ_s}{dP} \cdot \frac{P}{Q_s} \quad (3-8)$$

根据供给弹性值，将商品分为：

（1）$E_s > 1$，称之为供给富有弹性；

（2）$E_s = 1$，称之为供给具有单元弹性；

（3）$0 < E_s < 1$，称为供给缺乏弹性；

（4）$E_s = 0$，称为供给完全缺乏弹性，在图像上表现为一条垂直的供给曲线，表示不管价格情况如何，供给量始终固定不变；

（5）$E_s = \infty$，称为供给完全富有弹性，在图像上表现为一条水平的供给曲线，表示在某一特定价格下厂商愿意提供任意数量的商品，而价格只要稍微降低一点（即使变化幅度无穷小），供给量就会骤然降至零。

2. 供给弹性的影响因素

与需求价格弹性一样，供给价格弹性在很大程度上取决于供给曲线的形状（函数），影响供给弹性的因素很多，主要有以下三个方面：

（1）产量的大小

对某一行业而言，在产量很小的时候，产量增加只引起边际成本的轻微提高，则意味着厂商的供给曲线比较平坦，供给的价格弹性是比较大的；随着产量增加到一定程度后，产量的继续增加引起边际成本的较大提高，则意味着厂商的供给曲线比较陡峭，供给的价格弹性则比较小。

（2）供给时间

大多数市场上，供给价格弹性关键的决定因素是所考虑时间的长短。在长期中的弹性通常都大于短期。在短期中，企业不能轻易地改变规模来增加或减少一种产品的产量；在长期中，新企业可以进入一个市场而旧企业可以退出市场，这两种情况都会对市场供给量产生较大的影响，因此在长期供给中供给量可以对价格做出相当大的反应。

（3）进入和退出的难易程度

如果某一行业进入和退出壁垒很少，厂商可以灵活根据价格和需求情况进入或退出该行业，则该商品的供给弹性较大，反之则相反。建筑市场存在一定的进入和退出壁垒，建筑产品的生产者和服务提供者不能随意进入或退出建筑市场，因此，建筑产品的供给一般缺乏弹性。

3.3　建筑市场均衡价格

3.3.1　市场均衡与均衡价格

1. 市场均衡

在日常用语中，"均衡"的意思是指"相反的力量处于相对平衡的状态中"。在经济体系中，一个经济事务处在各种经济力量的相互作用之中，如果有关该经济事务各方面的各种力量能够相互制约或者相互抵消，那么该经济事务就处于相对静止状态，并将保持该状态不变，此时，该经济事务处于均衡状态。

在市场上，相反的力量就是需求与供给。市场均衡是建筑产品或服务的供给方愿意提供的数量等于需求方愿意而且能够购买的数量的一种均衡状态。我们把需求量恰好等于供给量时的价格称之为均衡价格，在均衡价格下决定的产量也称之为均衡交易量，如图3-2所示。在这一特定的价格水平下，所有愿意购买的人都能够买到，所有愿意出售的人都能够售出，也就是说不存在任何剩余或短缺。

市场均衡有一般均衡（全面均衡）和局部均衡之分。一般均衡是指一个经济社会所有市场的供给和需求相等的一种状态。局部均衡是指单个市场或部分市场供给和需求相等的一种状态，局部均衡理论的代表人物是马歇尔。

建筑市场均衡相对国民经济所有市场的均衡而言是局部均衡。建筑市场可以分

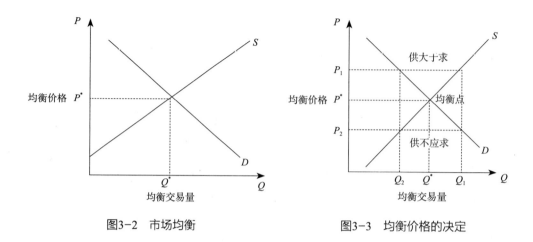

图3-2　市场均衡　　　　　　　　　图3-3　均衡价格的决定

解为咨询服务市场、设计市场、施工承包市场等，分解之后的各细分市场均衡就是局部均衡。

2. 均衡价格

均衡价格是指建筑产品或服务的需求量和供给量恰好相等，能够使市场出清的价格，也即均衡交易量对应的价格。在完全竞争市场，市场连续出清，自动实现均衡，它是在市场机制（价格、供求和竞争）的自发作用下形成的，均衡状态下的市场价格就等于均衡价格，如图3-3所示。

市场均衡是供求规律和价值规律作用的结果，供给和需求在价格波动中逐渐趋于一致，形成供给价格和需求价格相等的均衡价格。

现以建筑材料砖的市场交易为例来说明市场均衡的实现过程。在此过程中假设市场需求量和供给量只受价格的影响，不考虑其他因素对供需的影响。当市场价格高于均衡价格时，生产者愿意提供的产量大于消费者愿意购买的数量，生产者就会有减价的压力，市场价格就有下降的趋势。例如从图3-3可以看出，当价格为P_1时，砖瓦厂愿意并且能够向市场提供的砖数量为Q_1，而市场上对砖的需求量仅为Q_2。由$Q_2 < Q_1$可知，存在超额供应，或称砖在市场上的供给过剩。这样，商品卖不出去的厂商就会降价促销，而其他的生产者也会被迫降价，否则他们的

产品就会无人问津。当市场上的多家砖瓦厂竞相降价，就会产生促使价格下降的压力。只要市场上的供给量大于需求量，这一过程就将持续下去，直到均衡价格形成为止。

同理，如果市场价格低于均衡价格，消费者愿意购买的数量大于生产者愿意提供的产量，消费者就会抬高价格，市场价格就会有上升的趋势。例如，价格为P_2时，砖瓦厂愿意供给的砖为Q_2，而市场对砖的需求量为Q_1，此时供不应求，买主愿意以较高的价格购买。若是有多个买主，他们就会彼此竞争，竞相出高价买入。需求量增加，砖瓦厂就会提高价格，从而市场上产生了促使价格上升的动力。

因此，只有当市场价格等于均衡价格时，生产者愿意提供的产量等于消费者愿意购买的数量，价格和产量就会稳定下来，不会再有变动的趋势，最后双方达成交易，从而形成P^*的均衡价格和Q^*的均衡交易量。

然而，市场均衡也不是在瞬间就能达到的，往往要经过一段时间的"摸索"，经历供不应求或供过于求的过程，最后才达到均衡。同时，虽然从理论上说均衡价格和均衡产量总是存在，但是当市场偏离均衡时，靠自发的力量并非必然能够达到均衡点。19世纪末英国经济学家马歇尔（Alfred Marshall）指出：均衡只是一种永远的趋势。在现实世界中，很少能真正达到均衡，而多半是处于走向均衡的过程中，这种过程可能是收敛的，可能是发散的，也可能是循环的。其中，只有在收敛周期的情况下，市场才能真正达到均衡点。

3. 需求者剩余和生产者剩余

需求者剩余和生产者剩余是福利经济学的重要概念，说明需求者和生产者从市场上得到的好处、福利或报酬。

（1）需求者（消费者）剩余

需求者愿意为具体产品或服务支付的最高金额与实际支付价格之差就是需求者剩余，这一概念就是用来描述消费者从消费某种商品中得到的净收益，从而从另一个角度解释购买行为为什么会发生。例如，建设公司打算建商品房，估算出招标控制价为1032万，那么，对于建设公司而言，该商品房的消费能带来的总效用至少等于1032万，否则该建设公司就会放弃该项投资；接下来，建设公司通过招投标来选择承包商，甲、乙、丙、丁四家承包商中乙以995万中标，那么需求者剩余就是1032－995=37万，即建设公司的总效用减去实际成本后的净收益。

要理解为什么会产生需求者剩余，需要考虑两点，一是边际效用递减规律，二是需求者对产品或服务实际支付价格是由市场供求关系决定的市场价格，一般低于需求者个人愿意支付的价格。

具体需求者个人对产品和服务的需求量远远低于市场上此种产品或服务的实际交易量。因此，在边际效用曲线，即个人需求曲线上来看，对应于该个人需求量的产品或服务的边际效用，即需求者个人愿意支付的最高价格就远远高于对应于市场上实际成交量的交易价格。需求者实际上为此种产品或服务支付的价格就是低于需求价格的市场价格，由需求者剩余可知，如果价格上升，需求者剩余下降；反之，如果价格下降，需求者剩余上升。

（2）生产者剩余

生产者在市场交易中实际获得的金额与愿意接纳的最小金额之间的差额。由于供给价格低于市场价格，生产者实际所得金额大于愿意接纳的最小金额。例如某装饰装修工程招标，4家装修公司竞标，这4家装修公司的成本分别是：甲的成本是80万元，乙的成本是70万元，丙的成本是60万元，丁的成本是50万元。当丁报出了60万元的价格（或者略低）时，按最低价中标，它就是中标单位。甲、乙、丙公司不愿意以60万元的价格从事这项工作，因为该价格低于他们的成本，而丁公司可以从这项工作中得到10万元的生产者剩余。生产者剩余是生产者得到的收入减去生产成本。

3.3.2 均衡价格的变动

1. 需求曲线移动对均衡价格的影响

如果由于收入增加、偏好改变等原因导致需求增加，那么需求曲线向右移动，导致均衡交易量增加和均衡价格上升；相反，如果需求减少，就会导致均衡交易量减少和均衡价格下降。以建筑材料砖的交易为例，如图3-4所示，假设需求变动前，市场均衡点为E_1，当均衡交易量住房需求的增加造成了对砖需求的上升，砖的需求曲线就会由D向右移动为D'。如果砖供给曲线保持不变，砖的均衡价格P_1上升到P_2，均衡交易量由Q_1增加到Q_2，最后供给和需求达到了一个新的均衡点E_2。不难想象，如果需求曲线因为新砌体材料出现而向左移动，其结果正好相反。

2. 供给曲线移动对均衡价格的影响

如果技术进步使生产者的成本降低，供给曲线向右移动，使均衡产量增加和均衡价格下降；相反，如果供给减少，就会导致均衡产量减少和均衡价格上升。如图3-4所示，假设供给变动前，市场均衡点为E_1，当黏土价格下降导致砖的供给增加，砖的供给曲线由S向右移动为S'。如果砖的需求不变，砖的均衡价格由P_1下降到P_3，均衡交易量由Q_1增加到Q_3。此时，供给和需求达到了一个新的均衡点E_3。同理，如果供给曲线由于政府为保护耕地限制使用黏土砖而向左移动，其影响正好相反。

3. 需求和供给曲线同时移动对均衡价格的影响

市场经济中，有许多经济变量影响市场需求曲线和供给曲线的形状和位置。这些经济参数常常会同时变动，这些同时发生的变动就会引起需求曲线和供给曲线形状和位置的同时变动。当需求和供给的条件同时发生变化时，均衡价格和均衡交易量所受到的影响要看两者变化的具体情况。

我们先考察需求和供给变动方向相同的情况。如图3-4所示，假设变动之前的均衡点为E_1，当需求和供给同时增加，需求曲线由D向右移动为D'，供给曲线由S向右移动为S'。由于需求或供给的任何一项增加都会导致均衡交易量的增加，但是，需求的增加会使价格上升，而供给的增加会使价格下降。因此，当需求和供给同时增加时，均衡交易量增加，但均衡价格变动的方向是不确定的。均衡价格变动的方向取决于需求曲线和供给曲线的斜率以及需求和供给变动的相对幅度。在图3-4中，需求曲线和供给曲线的斜率为既定，由于需求增加的幅度大于供给增加的幅度，因此均衡点变成

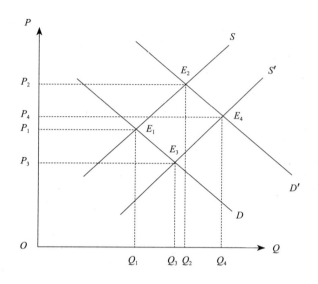

图3-4 均衡价格和均衡交易量的变化

E_4，均衡交易量从Q_1增加到了Q_4，均衡价格由P_1上升到P_4；反之则相反。

再考察需求和供给变动方向不同的情况。如图3-4所示，假设变动之前的均衡点为E_3，当需求增加和供给减少时，即需求曲线由D向右移动为D'，供给曲线由S'向左移动为S。需求增加和供给减少同时发生，就会导致均衡价格上升，但是，需求的增加会使均衡交易量增加，而供给的减少会使均衡交易量减少。因此，当需求增加、供给减少时，均衡价格上升，而均衡交易量变动的方向是不确定的。在图3-4中，由于需求增加的幅度大于供给减少的幅度，因此均衡点变为E_2，均衡价格由P_3上升到P_2，均衡交易量从Q_3增加到了Q_2；反之则相反。

总之，不同的需求和供给情况会形成不同的均衡价格和均衡交易量。

3.3.3 建筑市场非均衡状态及均衡价格辨析

1. 建筑市场非均衡状态

市场均衡是理论上最完美的市场状态。然而在现实中，市场很少真正达到均衡，而多半是处在走向均衡的过程中；更进一步说，即使建筑市场在某一瞬间达到了均衡状态，但由于建筑市场的供给和需求都随时间呈动态变化，这一均衡也会随时被打破，因而建筑市场的非均衡状态才是一种常态，主要体现在以下几个方面。

（1）供需总量非均衡

2014年，我国建筑业总产值达到17.6万亿元，建筑企业8万余家，建筑业从业人数达5000万人，建筑企业以超常速度和规模发展；另一方面，基础设施的投资力度减弱、房地产市场投资疲软，导致了建筑市场有效需求不足。供给过剩和有效需求不足导致建筑市场的非均衡状态。

（2）供需结构非均衡

建筑企业经营领域过度集中于施工业务板块和承包市场，造成市场同质化竞争严重，出现供过于求的现象；另一方面，业主对全过程管理、总承包业务的需求日益增加，而建筑企业由于缺乏相对应的技术、高质量管理型人才等导致有效供给不足。同时，专业化企业比例远低于发达国家水平，与建筑市场多层次专业化分工协作的需求不相适应。

（3）供需区域非均衡

由于地区经济发展水平不同，各地的建筑市场发展状况也处于非均衡状态。以全国特级资质的企业分布为例，有近50%的特级资质企业分布在北京、浙江、江苏、上海等经济发达的地区，而在经济落后的西藏、青海等地则很少有特级资质的企业。从东至西，特级资质企业的数量呈现出梯度递减的趋势。

2. 建筑市场均衡价格辨析

建筑市场属于市场经济的一部分，建筑产品价格也符合一般的价值规律，受到供需规律和竞争机制的影响。在一定程度上，由于市场机制的作用，建筑市场的供给量和需求量会向着相等的趋势动态调节，但却难以实现真正的市场均衡。假使建筑市场达到市场均衡时，在理论上会存在一个与均衡数量相对应的均衡价格，但是由于建筑市场交易方式和价格形成方式的特殊性，使得均衡价格在建筑市场中难以确定具体的指代对象。

承包商的企业资质、施工能力、生产效率不同，对产品质量的要求不同，各自的报价策略亦不同，都会形成不同的报价。但是最终只有一家单位能中标，中标价也不是最终价格，施工过程中出现的工程变更、材料价格变动，都会影响最终的建筑产品价格。

即使此时建筑市场处于市场均衡状态，竣工结算价也不能算是均衡价格。均衡价格是供应总量与需求总量相等时的交易价格，是一种统计意义上的均衡价格，这个价格对于同一类产品都是相同的。但是每一个工程的最终价格是不可预知的，即使同一家企业施工，建造同样规模的建筑，在不同的时间，不同的地点建设，最终的建筑产品价格也不会相同。即使在假想的供需总量相等的均衡状态下，每一个工程项目的交易价格也都是不同的。从这个意义上来说，建筑市场均衡价格的意义是比较模糊的。

合同价格是在市场竞争条件下，通过投标报价与合同谈判形成的价格，是反映建筑产品供需的价格；项目结算价是指项目竣工后，承包方按照合同约定的条款和结算方式，向业主结清双方往来款项金额，是反映建筑产品价值的价格。建筑市场的均衡价格应该是上述两种价格的综合，即在价值的基础上体现了供需平衡的价格。但是在工程实际中，竣工结算价往往超出合同价，二者很难对应和统一，这就决定了建筑市场的均衡价格很难实现。

另一方面，合同价格没能真正反映建筑产品价值，最终的竣工结算价又不能反映市场供需，因而合同价格与竣工结算价格都存在"价格失真"的现象。概算超估算，预算超概算，结算超预算的"三超"现象正是建筑产品价格失真的直接体现。此外，由于竞争激烈，投标单位为了中标，往往盲目压低投标报价，导致了建筑产品价格严重背离其价值，进一步加剧了"价格失真"的程度。

我国建筑市场供需均衡是否能够真正实现？实现供需均衡之后，是否存在一个对应的市场均衡价格？市场均衡的实现，能否避免建筑产品的"价格失真"？这些问题还有待于进一步思考。

3.4 建筑产品价格形成与确定

3.4.1 建筑产品价值及价格

1. 建筑产品价值

从一般的经济意义来看,某一物品有无价值,取决于对该物品的需求、该物品的效用以及相对稀缺性。以建筑物产品的"有用性"作为划分标准,建筑产品的价值形态可分为使用价值、交换价值和收益价值三种。

(1)使用价值

建筑产品的使用价值是通过它所具备的功能体现出来的。使用功能是指为满足技术或经济目的的所有功能,还包括美学、舒适、文化等功能。

(2)交换价值

建筑产品的交换价值,是指建筑产品用于交换其他产品所表现出来的价值。建筑产品的交换价值取决于在社会平均劳动熟练程度和劳动强度下生产该建筑产品所需要的必要劳动时间。简言之,取决于社会必要劳动时间。

(3)收益价值

建筑产品的收益价值,指建筑产品通过一系列价值转换过程所得到的收益的价值。建筑产品具有资本和资产功能,这一功能是通过在使用过程中产生的收益表现出来的。

2. 建筑产品价格

建筑产品价格,是指建筑产品价值的货币表现,是物化在建筑产品中的社会必要劳动时间的货币名称。建筑产品价格由成本、利润和税金构成。

(1)建筑产品成本

建筑产品成本是建筑企业用于生产和销售产品的各项费用总和。

1)按计入成本的方法划分

建筑产品成本分为直接费和间接费。直接费是指在产品生产过程中直接耗用的、能够直接计入成本对象的费用，包括直接工程费和措施费；间接费是指企业在组织生产活动和经营管理方面所发生的费用，包括企业管理费和规费，通常是按直接工程费的一定比例计入建筑产品成本。

2）按性质划分

按性质划分，建筑企业成本分为固定成本和变动成本。固定成本是指总成本中不随产量变化而变化的一类成本；变动成本是指总成本中随产量或时间变化而变化的一类成本。

（2）建筑产品利润

合理确定建筑产品价格中的利润，涉及两个方面的问题：一是以何种利润率作为定价的依据，即利润的确定方法问题；二是究竟是以社会平均利润还是以部门平均利润为依据，即利润的水平标准问题。在市场经济条件下，建筑产品的利润率最终是由市场竞争决定的。当建筑市场供不应求时，建筑产品价格偏高，承包商能提高利润水平；当建筑市场供过于求时，建筑产品价格偏低，承包商的盈利水平也随之下降。

（3）税金

税金是产品价格的组成部分，在产品价格确定的情况下，税率的高低直接影响产品的盈利水平。我国税法规定应计入建筑产品价格的税种有营业税、城市维护建设税、教育费附加及地方教育费附加，建筑企业缴纳的房产税、土地使用税、车船使用税、印花税等，属于建筑产品成本的范畴，不属于建筑产品价格构成中与成本、利润并列的税金范畴。建筑产品种类繁多，涉及各行各业，税率稍有变动，对建筑产品价格绝对数额影响较大。

3. 工程造价与工程价格的联系与区别

工程造价与工程价格仅一字之差，且在一定程度上，两者有着相似的内涵，但两者分别反映了不同的经济体制下的内容。

（1）工程造价和工程价格的定义

工程造价是根据图纸、定额以及清单规范，计算出工程中所包含的直接费（人工、材料及设备、施工机具使用）、企业管理费、措施费、规费、利润及税金等，是进行某项工程建设所花费的全部预计费用。工程价格是在招投标、合同谈判、合同签订、合同履约等过程逐步形成的，按照确定的建设内容、建设规模、建设标准、功能要求等将工程项目全部建成所实际支出的费用，是建筑产品价值的货币表现，并受市场供求规律的影响。

（2）工程造价和工程价格的形成机制区别

工程造价与工程价格的根本区别在于形成机制不同。我国工程造价的确定常使用工料单价法，即先套用定额单价（即"定额基价"），确定工程项目的直接成本，再以此为基础计算工程的间接费和利润税金等，最后将这几部分费用相加后即为该工程的造价。

计划经济体制下形成的工程造价管理实际上是对建设项目投资费用的管理，建设项目的造价从形成到竣工结算具有相对的封闭性，几乎不受社会因素及市场因素的影响；改革开放以后工程造价管理虽然实行了工程造价的动态管理，但价格的形成没有引入市场竞争机制，企业无定价权，仍是政府定价或政府指导价，属于计划价格范畴。

工程价格是由承包企业根据市场供求状况结合自身的竞争能力自主报价，业主则根据企业的报价，参考企业的资信程度、业绩表现，并结合自己的期望值（标底）合理地选择承包商，业主的期望值和承包商的报价在市场的双向选择过程中形成产品的价格，即中标价或合同价。社会主义市场经济条件下的工程价格是在竞争机制的作用下，完全由市场形成的。

3.4.2 建筑产品价格形成

由于建筑产品的特殊性，建筑产品价格的形成不是一次性完成的，而是具有多次计价、分阶段实施的特点。一般来说，要经过投标报价、合同价款的确定、合同价款调整、竣工结算，到最后合同约定的缺陷责任期终止后的最终结清等几个阶段，才能确定建筑产品最终价格，如图3-5所示。

图3-5 建筑产品价格形成过程

1. 投标报价

承包商投标报价是对建筑产品的定价，对建筑产品价格的形成有重要的影响。投标报价是根据企业的技术力量和成本，以及对竞争对手的可能报价水平分析预测而确定的。通过对企业工程成本进行综合分析，估测投标成本，并考虑工期、项目大小、项目性质和地点等因素，加上合理的利润，最后采用一定的定价方法和技巧，确定出有竞争力的建筑产品报价。

投标报价的确定，主要是确定建筑产品的成本和利润。由于建筑产品具有事先定价的特性，承包商确定建筑产品价格时只能通过分析企业外部市场及内部运营情况，对成本进行预测，并确定合理的利润。然而，企业确定的投标价只是该企业愿意接受的建筑产品价格。建筑企业要想获得合同，还必须通过在招投标中与对手公开竞争，战胜对手。

从博弈论的角度来看，投标报价是承包商与业主之间进行价格博弈的结果，而建筑市场价格博弈属于不完全信息下的动态博弈。所谓不完全信息是指承包商只知道自己的生产成本，而不知道业主的预算价格，但是承包商对业主的预算价格有一个主观的概率判断。为使价格博弈达到理想结果，承包商的最高投标报价还必须小于业主价值的期望值。同时，业主对于承包商的报价与其成本之间的差异、可能采取的投标策略和技巧也不可能完全了解。动态博弈是指先由业主组织招标，承包商选择投标策略，提出投标报价，业主再决定接受或不接受。在这个过程中，双方的选择和行动不仅有先后次序，而且可以看到其他博弈方的选择、行动。

基于以上价格博弈的特点，承包商在投标报价时，应选择正确的报价策略和技巧，包括不平衡报价、无利润报价、多方案或备选方案报价、合理使用辅助中标手段（许诺优惠条件、争取评标奖励）、突然降价法等。采用一定的决策模型对报价进行定量的分析，确定最终报价。投标决策模型包括基于概率和统计理论的投标报价策略、基于人工智能的投标报价策略、基于博弈论的投标报价策略、多准则或多目标的投标报价策略等类型。

2. 合同价款

合同价款是指合同双方签订合同时在协议书中列明的合同价格，是指评标时经过质疑、澄清、算术修正的，并在中标通知书中申明招标人接受的投标价格。然而，合同价款是在产品未实现之前，双方约定的交易价格，还不是最终实现的建筑产品价格。这是由建筑产品的生产周期长、不确定性大等特点决定的，因为在合同实施过程中，工程变更或索赔、材料价差等都会影响建筑产品价格。

3. 期中价款

期中价款是指在合同工程实施过程中，按照合同约定的付款周期，承包人获得已完成的合同价款，包括合同约定的已完工程结算价款和结算价款的调整。其中，合同价款调整大致包括五大类：法规变化类合同价款调整；工程变更类合同价款调整；物价变化类合同价款调整；工程索赔类合同价款调整；其他类合同价款调整。

（1）法规变化类合同价款调整

施工合同履行期间，国家颁布的法律、法规、规章和有关政策在合同工程基准日之后发生变化，且因执行相应的法律、法规、规章和政策引起工程造价发生增减变化的，合同双方当事人应当依据法律、法规、规章和有关政策的规定调整合同价款。但是，如果有关价格（如人工、材料和工程设备等价格）的变化已经包含在物价波动事件的调价公式中，则不再予以考虑。

（2）工程变更类合同价款调整

工程变更包括工程量变更、工程项目变更、进度计划变更、施工条件变更等。根据《中华人民共和国标准施工招标文件》中的通用合同条款，工程变更包括以下5个方面：（1）取消合同中任何一项工作，但被取消的工作不能转由建设单位或其他单位实施；（2）改变合同中任何一项工作的质量或其他特性；（3）改变合同工程的基线、标高、位置或尺寸；（4）改变合同中任何一项工作的施工时间或改变已批准的施工工艺或顺序；（5）为完成工程需要追加的额外工作。工程变更主要涉及两方面的内容：工作单价的调整和变更工作估价方法。工程变更价款的确定应在双方协商的时间内，由施工单位提出变更价格，报监理工程师批准后调整合同价款。

（3）物价变化类合同价款调整

施工合同履约期间，因人工、材料、工程设备和施工机械台班等价格波动影响合同价款时，发承包双方可以根据合同约定的调整方法，对合同价款进行调整。

（4）工程索赔类合同价款调整

通常情况下，索赔是指施工承包单位在合同实施过程中，对非自身原因所造成的工期延期、费用增加而要求建设单位给予补偿损失的一种权利要求。由于建筑产品生产的长期性，合同实施过程中不可避免地会发生事先无法预料的情况，如建设单位违约、监理工程师的不正当行为、合同文件的缺陷、合同变更以及不可抗力事件或其他方面的影响等。因此，在合同实施过程中，索赔现象的存在是不可避免的，因索赔追加的合同价款对建筑产品价格也有很大的影响。

从施工企业的角度来看，费用索赔是由于以上原因引起的索赔事件发生后，向建设单位（甲方代表或监理工程师）提出要求补偿自己的额外支出或赔偿损失的索赔。监理工程师在接到索赔通知后，对索赔报告进行调查分析，并提出处理意见，上报业主。业主根据事件发生的原因、责任范围、合同条款审核承包商的索赔申请和监理工程师的处理报告，决定是否批准索赔报告。最终通过谈判和协调，双方达成一致，确定索赔追加的合同价款。

（5）其他类合同价款调整

其他类合同价款调整主要指现场签证。现场签证是指发包人或其授权现场代表（包括监理工程师、工程造价咨询人）与承包人或其授权现场代表就施工过程中涉及的责任事件所作出的签认证明。施工合同履行期间出现现场签证事件的，发承包双方应调整合同价款。

4. 竣工结算款

施工企业在完成承发包合同所规定的全部内容并交付验收之后，根据工程实施过程中所发生的实际情况及合同的有关规定，向业主提出自己应得的全部工程价款报告。建设单位审查无误后，办理工程结算，得出建筑产品的竣工结算合同价款总额，它包括合同价款、合同履行过程中的价款调整，以及应扣留的质量保证金。

5. 最终价格

合同约定的缺陷责任期终止后，承包人已按合同规定完成全部剩余工作且质量合格的，发包人签发缺陷责任期终止证书后，发包人与承包人可以结清全部剩余款项，得到建筑产品的最终价格。最终价格包括承包人根据合同规定已经完成的全部工程价款金额以及承包人认为根据合同规定应进一步支付给他的其他款项。

通过上述分析可看出，从施工企业角度看，建筑产品价格的形成伴随着建筑产品的整个生产过程，它也是一个由预测到定价，再根据实际情况不断调整，最终形成产品的实际价格的动态过程。

3.4.3 建筑产品价格的影响因素

1. 供求关系

供求关系的变动，使产品价格围绕产品价值这个中心而变动。建筑产品价格偏离产品价值运动的方向和程度直接取决于供求关系的演变。供不应求，即需求大于供给，这时市场就是卖方市场，产品价格在产品价值的基础上向偏高的方向运动，产品价格会上涨；供过于求，即供给大于需求，这时市场就成了买方市场，产品价格在产品价值的基础上向偏低的方向运动，产品的价格就会下跌。产品价格与价值的偏离程度，取决于供给与需求之间平衡与不平衡的程度。

市场供求关系变动对建筑产品价格变动作用力的大小，取决于市场竞争的程度。建筑市场上供求关系对工程价格的作用是通过竞争实现的，体现在以下两个方面。

（1）承包方之间的竞争

在工程承发包市场上，谁的报价低和服务好，其竞争力就强，承包商之间争夺承包权的竞争，往往有助于降低建筑产品价格。

（2）发包方之间的竞争

在工程承发包市场上，在发包方众多且希望工程尽快完工的情况下，发包方之间的竞争，往往导致建筑产品价格上涨。

在工程承发包市场上，许多承包商想承包工程，许多发包方想把工程发包出去，双方之间的竞争对价格的影响取决于市场供求状况和二者力量的对比关系。在供过于求的情况下，承包商之间竞争的激烈程度必然超过发包方之间的竞争，迫使承包方降低投标报价，以战胜竞争对手；在供不应求的情况下，发包方之间的竞争必然比承包方之间的竞争激烈，导致建筑产品价格上涨。

2. 市场环境

（1）政策因素

政策因素包括产业政策、投资政策、技术经济政策以及国家、地区及行业经济发展规划等，这些政策的出台对建筑产品价格有影响。

（2）外部环境

建筑工程外部环境主要包括征地拆迁、风土人情、市场竞争强度、地质及气候条件等，上述条件或环境好坏，直接影响到项目实施的进度，决定着项目实施期间的成本的高低，间接影响到建筑产品的价格。

（3）市场成熟度

一个成熟的市场，建筑产品价格基本上会遵循市场价格规律。反之，如果市场不成熟，可能会出现各方相互串通、哄抬标价，或者盲目压低项目中标合同价的情况，使得建筑产品最终价格低于其实际价值。

3. 建筑市场发包方资信

发包方资信直接影响着建筑产品的价格。资信好、实力强的发包方，承包方承担的业主履约风险、支付风险相对较小，双方就实施期间各种问题容易达成一致。为此，承包方在投标报价时，考虑的风险预留费用会大幅度降低，从而拉低报价。反之，发包方资信差，承包方会充分考虑其风险费用，抬高报价，以减少或规避发包方资信风险，使得建筑产品最终价格高出正常水平。

4. 承包商的实力与水平

承包商的实力与资信是其市场名片，直接关系到承包商的生存，也间接影响到其承揽项目的价格水平。业主比较青睐实力强、资信好的承包商，在同等条件下，双方可以就相关合同条件、风险分担等敏感问题更好地进行协商，为合理确定工程价格提供了便利。

承包商的管理水平高低，关系项目实施成本，也间接影响到其项目投标报价水平。管理水平高、成本控制好的承包商，在同等情况下，其赢利能力远强于管理混乱的企业。在激烈的竞争市场中，管理能力强的公司其投标报价降价空间相对宽裕。

5. 招标方式

招标方式决定着竞争程度，在当前市场大环境下，通过公开招标的项目竞争激烈，业主方主动权较大，承包商往往为了中标，尽可能地压低报价，使得其中标单价往往低于采用议标方式确定的单价。

一些业主单位肢解工程发包，或指定分包商，或依靠特权垄断发包，造成现场的总承包单位无法协调安排，不能对现场进行统一管理，造成实施期间的浪费。肢解发包和垄断发包也增加了中间环节，抬高了工程价格，影响了市场的公平竞争。

3.4.4 我国建筑产品价格现状及改革措施

1. 建筑产品价格现状分析

近年来，开始推行工程量清单计价，然而这种工程量清单计价仅仅改变了计价方法，并没有改变建筑产品的价格构成和形成路径。目前，建筑产品价格形成与管理的主要问题有：

（1）单纯以成本作为依据定价，很少考虑技术进步的作用

从建筑产品的价格构成和计算方法来看，除其中法定的税费成分外，都是以成本或成本要素（人工费、材料费、施工机械使用费）为基础计算的，价格水平与产品价值或使用价值没有直接的联系，没有体现建造技术因素对产品价值或使用价值的影响和作用。建筑产品价值或使用价值是由特定的需求者确定或预定的，具有不同科技含量的建造技术都仅仅是实现该使用价值的手段而不能改变其使用价值，因而不能像工业企业那样通过增加科技含量来改变或提升产品的功能或使用价值，进而达到提高价格的目的。正因为如此，采用传统经营方式的建筑企业就只能以成本论价。

建筑市场存在两种不合理的现象：一方面，僧多粥少的买方市场为需求方（业主）压低价格提供了条件，持续使建筑产品的价格与价值背离；另一方面，政府有关部门在调整定额时，对建筑企业技术进步的投入没有从建筑产品价格上进行补偿。

（2）过分依赖定额，脱离工程实际

市场经济条件下，不同专业之间劳动生产率是不同的，即使同一专业中不同企业之间也存在专利技术、劳动力的培训程度、机械设备配置的不同，相同的工程，不同企业的报价也就不一样。作为定额内涵的效率和资源耗费的"平均先进水平"，与工程质量等级之间没有对应关系，使得建筑产品的价格不能真实体现企业经济活动创造的价值。过分依赖定额，使建筑产品的价格计算脱离工程实际，使价格与价值背离。

我国建筑产品价格长期受计划经济体制和政府定额以及指导价的影响，通过市场的有序竞争形成价格方式并不完善，需要在长期的市场竞争中才能逐步解决。

（3）缺乏企业内部定额

推行工程量清单计价法，主要目的就是促使建筑产品的价格在市场有序竞争中形成，从而摆脱政府定额与指导价格的束缚。工程量清单计价要求建筑企业根据自身实力制定企业内部定额，从而在投标过程中计价有据可依，报价具有竞争力。但

目前我国建筑企业拥有内部定额的数量很少，绝大部分仍然沿用基本建设概预算制度中全国或地方统一采用的定额计算费用。

（4）建筑产品价格失真

由于建筑产品价格形成过程的复杂性以及市场机制的不完善，存在建筑产品价格失真现象。

1）建筑产品价格偏离价值

依据价值规律，商品价值由凝结在商品中的社会必要劳动时间决定，价格围绕价值波动，不断地向价值靠拢。价值规律是商品经济的基本规律，它综合了供求规律和竞争规律。由于现行建筑产品形成和确定方式的特殊性，形成的合同价格或最终价格与价值规律的客观要求相悖。

2）建筑产品价格偏离均衡价格

由于建筑产品先有需求，后有供给，供给者投入的物化劳动和活劳动总是与需求者既定的使用价值相适应。就建筑产品本身而言，不会出现由于供过于求而导致产品过剩或产品不适销的现象。此时，需求量等于供给量，建筑市场处于理想的"均衡状态"，建筑产品达到均衡价格（P_2），见图3-6。

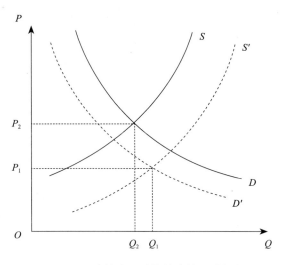

图3-6　建筑产品价格偏离均衡价格

然而，就其产品生产能力和有效供给而言，建筑市场非均衡状态才是一种常态，表面的供大于求，掩盖了实质上的有效供给不能真正满足有效需求。此时需求曲线和供给曲线发生移动，市场价格（P_1）偏离均衡价格（P_2），再加上其他众多影响因素，造成"虚高"或"虚低"的价格失真。

2. 建筑产品价格管理改革的总体构思

长期以来形成的造价管理模式已经不适应我国社会主义市场经济体制发展的要求，为解决建筑产品价格失真等问题，应加快建筑产品价格管理改革。

建筑产品价格管理是政府造价管理等部门为规范市场行为，引导市场运作，促进公平竞争价格机制的形成，以保证建筑产品价格良性循环而进行的管理活动。从现实情况出发，应制定近期目标和远期目标，分步实施，循序渐进。考虑市场经济的要求并与国际惯例接轨，应尽快建立有宏观调控的市场价格体制，买卖双方自主定价，中介服务机构和行业协会组织提供咨询定价和行业指导价，有异常情况时政府出面调控。有宏观调控的市场价格管理模式如图3-7所示。

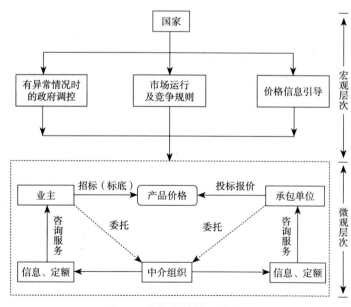

图3-7　市场价格管理模式

（1）宏观层次改革

1）完善相关法规，贯彻全面价格管理思想。随着全费用工程量清单报价法的推广，在项目实施过程中，会出现许多不可预见因素，工程量变更可能会很大，索赔与反索赔事件增多，而且对工程变更和索赔事件的处理方式上也有很大的差异和变化。因此，国家应从立法方面入手，建立一整套法规体系，规范价格管理全过程及各市场主体的定价行为。建立工程价格的估算、概算、预算、承包合同价、结算、竣工决算"一体化"管理制度。

2）加强价格信息的收集、处理和发布工作，工程造价管理机构应做好工程价格资料的积累工作，建立相应的网络信息系统，及时发布信息，以适应市场的需要。

3）对政府投资项目和非政府投资项目实行不同的定价和管理方式。对于政府投资项目，按生产要素市场价格编制标底，在合理幅度内确定中标价，并在工程实施过程中严格控制。对于非政府投资的工程，应强化市场定价原则，由承发包双方灵活定价，政府宏观监控，确保工程质量和安全。

4）采用监管机制和价格机制调整市场供求关系。加强政府在建筑市场监管中的作用，提高建筑市场的准入门槛，降低退出壁垒并进行严格的资格审查，优胜劣汰，形成总分包协作的社会化大生产体系，改变过度竞争、同质竞争的局面。

同时，加大价格机制引导作用，将工程技术含量划分成不同类别，规定不同等级建筑企业承揽不同类别的工程，并对技术含量不同的工程类别制定不同的指导价格，从而拉大价格差距，使技术含量高的工程价格上升，技术含量小的工程价格下降，甚至降到均衡价格以下。这样有利于促进企业加大科技投入，提高成本管理水平，利用价格机制将劣质企业驱逐出市场。

（2）微观层次改革

1）微观层次上的价格管理应遵循市场运行规则和价值规律。承包商在掌握市场价格信息的基础上，进行成本预测、计价、报价和竞价活动，对建筑产品价格进行能动的计划、预测、监控和调整，并接受价格对生产的调节。业主根据承包商的报价、资信程度和以往的工作业绩，结合自己的期望值（标底）合理地选择承包商，形成中标价格或合同价格。中介服务机构接受委托方的委托，为价格的合理确定和有效控制提供咨询服务。

2）微观层次上的价格管理包括业主、承包商和咨询组织三方的价格管理活动。在市场经济条件下，市场主体各方如何适应市场、自主报价、灵活定价，以提高市场竞争力是当务之急。为适应建筑产品价格改革的新形势，各市场主体应注意市场信息的收集和研究，利用积累的经验和资料，建立自己的内部定额和报价系统，并利用电子计算机辅助报价和决策。

3）提高建筑产品附加值。建筑产品高附加值化，是指处于建筑产品价值链不同节点中的企业尤其是大型建筑企业，在竞争有序的市场环境下和建筑产品价格与价值总体上处于均衡状态的基础上，谋求自己产品新的价值增值或增添新的附加价值的系统活动。建筑企业传统经营方式、CM方式及EPC方式都能实现附加价值增值，但增值的空间、效率、手段和幅度是不同的。传统经营方式其附加价值的增值主要取决于模块化专有技术和专利技术，由于建造技术具有通用性，企业附加价值的增值空间并不大。CM模式是典型的工程服务方式，附加价值高，但CM实施者（建筑企业）并不承担设计与采购任务，不能满足大型建筑企业成长发展的需要。相比之下，EPC方式适合大型建筑企业成长发展战略，更有利于解决建筑企业承包价格偏低的问题。

随着社会主义市场经济体制的建立，建筑产品价格管理体制改革已势在必行。尽管条件尚未完全成熟，困难重重，阻力很大，但目标是明确的，应加强建筑产品价格理论研究，理顺建筑产品价格脉络和形成机理，积极推进改革步伐，最终建立起政府宏观指导、企业自主报价、竞争形成价格、动态调控价格的建筑产品价格管理新体制。

建筑市场结构

?

问题与讨论

1. 分析近年来建筑市场集中度的变化趋势？

2. 如何辩证地理解建筑企业分工与一体化的对立统一关系？并举例说明。

3. 建筑市场所有制结构是怎样的？如何分析和判断建筑市场的规模结构是否合理？

4. 科学的工程总分包结构应如何构建？

5. 建筑市场结构优化与完善的途径和措施有哪些？

6. 试分析一个细分建筑市场结构（如省、市建筑市场，或某专业施工承包市场），并针对诊断出的问题提出对策建议。

伴随我国建筑市场发展壮大，市场组织和结构不断完善，但仍有许多问题亟待解决，如差异化不明显、业务结构不合理、有效竞争不足与过度竞争并存等。依据产业组织理论和市场结构的基本类型，从市场集中度、产品差异化、市场进出壁垒、专业化与一体化等方面分析我国建筑市场结构，探求建筑市场总体竞争形态，有利于我国建筑市场结构进一步调整和优化。

4.1 产业组织理论概述

4.1.1 产业组织理论的发展

产业组织理论（Theory of Industrial Organization）是以特定产业内部企业竞争与垄断、竞争与规模经济的关系和矛盾为主要研究对象，以揭示产业组织活动的内在规律，为决策者提供理论依据和政策建议的微观应用经济理论，其思想渊源可以追溯到古典经济学家亚当·斯密。其后，众多学者从理论和经验分析等方面展开了研究，并形成了哈佛学派、芝加哥学派等多个学派。

1. 产业组织理论的创立

亚当·斯密是最早认识到产业组织核心问题的经济学家，在《国富论》（亚当·斯密，1776）中，他系统论述了由竞争机制自发决定的价格体系如何创造出一个理想的市场秩序和具有"帕累托"最优状态的经济社会。同时，亚当·斯密也是分工理论的奠基人，通过对其经典"大头针"案例的剖析，指出分工产生的生产专业化和协作能够提高经济效率。

马歇尔是最早把产业组织概念引入经济学的新古典经济学家，他在分析规模经济的成因时，发现了竞争与规模经济之间的矛盾（马歇尔冲突），即大规模生产为企业带来规模经济性，使企业产品单位成本不断下降、市场占有率不断提高，其结果必然导致市场结构中垄断因素的不断增强，而垄断的形成会阻碍竞争机制在资源配置中发挥作用，使经济丧失活力，从而扼杀自由竞争。在《产业经济学》（阿尔弗雷德·马歇尔，1880）中，第一次把产业内部的结构定义为产业组织，在《经济学原理》（阿尔弗雷德·马歇尔，1890）中论及生产要素问题时，提出了"组织"这一生产要素，并分析了分工的利益、产业向特定区域集中的利益、大规模生产的利益、经营管理专业化的利益、"内部经济"与"外部经济"、收益递减与收益递增等现代产业组织理论的主要概念与内容。马歇尔还对垄断理论进行了阐述，考察了垄断组织的行为及对垄断征税的影响，为产业组织理论的形成奠定了坚实的基础。

20世纪30年代，以张伯伦、罗宾逊夫人为代表的经济学家对产业组织的实际状况进行了大量的调查研究和理论研究，奠定了产业组织的理论基础。在《现代公司与私有财产》（伯利，米恩斯，1932）中对集中度和非竞争性价格变化进行了实证分析。其中集中度对企业行为和价格决定的影响、企业间协定管理价格等思想演变成了产业组织理论中一系列的基本理论。《垄断价格理论》（爱德华·张伯伦，1933）和《不完全竞争经济学》（琼·罗宾逊，1933），围绕竞争与垄断的关系，提出了垄断竞争、产品差别、企业在市场的进入与退出等观点，罗宾逊和张伯伦为分析产业组织提供了实践模拟基础，从不完全竞争出发研究市场结构和厂商行为的变异及绩效，推动产业组织理论向市场结构方向发展。

2. 哈佛学派

《产业组织论》（贝恩，1959年），是第一部系统论述产业组织理论的教科书，对"结构–行为–绩效"进行了系统论述。同年，经济学家凯森和法学家特纳又合作出版了《反托拉斯政策》一书。此外，凯维斯、谢勒、谢菲尔德和科曼诺等人对产业组织理论的发展也做出了重要贡献。由于这些研究主要是以哈佛大学为中心展开的，因此被称为哈佛学派。

哈佛学派的产业组织理论是以新古典市场价格理论为基础，对市场组织结构、竞争方式和竞争结果进行经验性研究。哈佛学派以实证分析方法推导出市场结构、市场行为和市场绩效之间存在单向的因果联系，即市场结构决定市场行为，而市场行为决定市场绩效水平。哈佛学派提出"集中度–利润率"假说，在具有寡占或垄断市场结构的产业中，少数企业间的共谋、协调行为削弱了市场的竞争性，降低了资源的配置效率，导致生产者剥夺消费者剩余。哈佛学派强调垄断的市场结构会产生垄断的市场行为，进而导致不良的市场绩效，为了获得理想的市场绩效，最重要的是通过公共政策来调整和改善不合理的市场结构。

3. 芝加哥学派

《产业组织》（施蒂格勒，1968）提出了"结构-行为-绩效"的逆向因果关系，并将进入壁垒重新定义为新进入企业必须负担，而市场现存企业不需负担的成本。由此标志着芝加哥学派的产业组织理论形成。芝加哥学派代表人物主要有斯蒂格勒、德姆塞茨、布罗曾、波斯纳等，这些学者主要来自芝加哥大学，故称为芝加哥学派。

芝加哥学派理论建立在新古典市场价格理论中长期均衡分析的基础上，理论体系庞大而繁杂，其观点可以归纳为以下几点：

（1）经济自由主义的观点，信奉自由市场经济中竞争机制的作用，相信市场力量的自我调节能力，认为市场力量自由发挥作用的过程是一个优胜劣汰的过程，即所谓"生存检验"的过程；

（2）芝加哥学派通过大量实证研究，批驳了哈佛学派的"集中度-利润率"假说，指出集中度较高的产业中，一些企业因取得了更高的生产率而获得高利润率，高额利润又促进了企业规模的扩大和市场集中度的提高，从而形成以大企业和高度集中为特征的市场结构；

（3）芝加哥学派指责哈佛学派的市场干预政策，认为只要市场是"可竞争的"，政府就应该尽可能减少政策对产业活动的干预。

4. 其他学派

20世纪70年代以来，产业组织理论发展出现了新的变化。一方面沿着"结构-行为-绩效"范式的方向发展成为"新产业组织学"，新产业组织理论以泰勒尔、克瑞普斯等为代表，不再强调市场结构，而是突出企业行为，并将博弈论引入产业组织理论的研究领域。另一方面，近年来崛起的以科斯等人的交易费用理论为基础，从制度角度研究经济问题的"新制度产业经济学"，主要从交易费用的角度对产权理论、产业组织演变规律及其动因进行了研究。

4.1.2　SCP分析框架

1. 产业与产业组织

产业，指使用相同原材料、相同工艺技术或生产用途相同产品的企业的集合。

产业组织是指提供同类产品或服务的所有企业的集合体，它包含两层含义：一是指产业内垄断和竞争的不同程度的结合形态，这种结合形态在市场机制和政策的作用下，不断发生变化，这种变化体现在该产业的结构、行为和绩效中；二是指产业内企业相互联系的具体组织形态或产业组织形态，如企业集团、分包制。

产业组织理论，通常研究的是生产同类产品的企业或具有密切替代关系的企业之间的组织或市场关系，这种企业之间的市场关系主要包括：交易关系、行为关系、资源占用关系和利益关系。通过对市场关系的研究，得出对特定市场绩效和竞争秩序状态的判断，为维持基本的市场秩序和经济效率提供理论指导和实证依据。产业组织理论的核心内容是：通过比较现实的市场状况与严格竞争的市场状况之间的差距，分析产业内部企业之间的竞争与垄断行为，以及由此而产生的各类经济问题，如规模经济与竞争的冲突问题等。

2. SCP分析框架

以SCP范式为框架的西方产业组织理论萌芽于马歇尔的"生产要素理论"，奠基于张伯伦等人的"垄断竞争理论"，形成于贝恩的"产业组织理论"。科斯（Ronald Coase）、威廉姆逊（Oliver E. Williamson）、谢勒（F. Scherer）等人在此基础上作了进一步的补充、完善。

以贝恩为代表的哈佛学派最大的贡献就是提出了SCP范式，即"结构（Structure）-行为（Conduct）-绩效（Performance）"范式，指出了结构、行为、绩效之间存在着因果关系，即市场结构决定市场行为，而市场行为决定市场绩效水平。

芝加哥学派强调"结构-行为-绩效"的逆向因果关系，即市场结构是决定企业行为和市场绩效的基础；企业行为是市场结构和市场绩效的中介，受市场绩效的影响，也影响市场结构；市场绩效受市场结构和企业行为的共同制约，是市场关系或资源配置状况的最终成果标志，同时市场绩效的状况和变化趋势，又影响未来市场结构和企业行为。不同学派都采用各自的分析方法和思路来研究产业组织理论，逐渐形成了SCP分析框架。

SCP分析框架以实证研究为主要手段，把产业分解成特定的市场，按结构、行为、绩效三个方面，构造了一个既能深入具体环节又有系统逻辑体系的分析框架，并对市场关系各方面进行实际测量，从而规范了产业组织的理论体系。

在SCP分析框架中，S即厂商之间市场关系的表现和形式，主要包括卖方之间、买方之间、买卖双方之间、市场内已有的买/卖方与正在进入或可能进入市场的买/卖方之间在交易、利益分配等各个方面的关系。具体说来，S考察的是市场集中度、产品差别、进入与退出壁垒等方面；C指厂商行为，即厂商在市场上为赢得更大利润和更高的市场占有率所采取的战略性行为，一般包括制定产品价格、决定产品质量、制定结构调整策略三个方面；P指运作绩效，即在一定的市场结构下，通过一定的厂商行为使某一产业在价格、产量、成本、利润、产品质量和品种以及在技术进步等方面达到的现实状态。运作绩效一般用资源配置效率、生产效率、技术进步、就业以及价格的稳定状况、分配的公平等标准评价，涉及宏观经济学等诸多领域。

在SCP分析框架中，某一市场结构取决于市场基本环境（市场供需与价格），而市场结构决定厂商行为，从而市场结构通过厂商行为影响产业运行的绩效，同时，产业绩效反过来也会影响厂商行为，进而改变市场结构。产业经济效果不理想时，应采取相应的产业组织政策来维护有效竞争的市场秩序。SCP分析框架如图4-1所示。

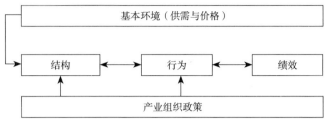

图4-1 SCP分析框架

4.1.3 产业组织理论的应用

随着我国经济体制改革深入，市场机制的作用日益强化，产业组织理论对我国市场经济的持续健康发展具有重要的指导作用。作为一门应用型经济学科，产业组织理论通过分析研究产业组织状况、市场竞争策略及市场绩效，为企业制定竞争策略提供理论工具，同时为政府制定产业组织政策提供理论依据和实证支持，为保证市场有效竞争与和谐共赢创造条件。

研究建筑市场结构的目的就是通过市场主体的关系设计与角色定位，促使彼此之间既有相互分工，又有相互制衡和相互合作。SCP分析框架是产业组织理论的主要研究范式，根据SCP范式，建筑市场结构影响企业市场行为，进而影响市场绩效，反之亦然。借助产业组织理论的SCP分析框架，可以揭示建筑市场的特征和规律，促进建筑市场结构优化，提升建筑市场绩效水平。

4.2 市场分类及类型

4.2.1 市场分类

市场均衡交易量和均衡价格不仅取决于消费者和生产者的选择，而且还取决于市场参与者所处的市场结构。根据市场竞争程度的不同，市场结构可以分为完全竞争、垄断竞争、寡头垄断和完全垄断四种基本类型。

4.2.2 市场基本类型分析

1. 完全竞争市场

完全竞争市场指信息充分完备，不受任何阻碍和干扰的一种市场，往往市场参与者众多，产品同质且无差别，市场效率最高。

完全竞争市场具有以下特点：

（1）买者和卖者数量很多

任何一个人的购买量或销售量都只占有很小的市场份额，无法通过自己的买卖行为影响市场价格，他们都是市场上既定价格的接受者，而不是价格的决定者。

（2）产品同质无差别

所有厂商生产的产品都是完全相同的，在产品质量、包装、性能等方面都没有差别，产品可以完全被替代。因此，卖者不可能根据自己出售商品的某种特色（如广告宣传）而抬高价格；买者对任何一家厂商出售的商品都视为同质的而无任何偏好，更不愿为同一质量产品付出较高价格。

（3）资源自由流动，进出市场非常容易

市场上各种生产资源（包括资本、劳动力、技术等）都可以根据市场信息自由、无限制地在地区间、行业间流入或流出市场，没有任何阻碍。这意味着当行业有净利润存在，就会吸引新厂商进入这个行业；行业发生亏损时，亏损企业可以退出该行业。因此，从长期来看，厂商只能获得正常利润。

（4）信息是充分完备的

市场的三个经济主体：买者、卖者和资源所有者三方都有完备、准确的市场信息，对市场状况和未来变化都有完全的认识。因而不会有买者以高于市场的价格购买产品，也不会有卖者以低于市场的价格进行销售，从而出现商品相同而价格不一的现象。

以上是理想化的完全竞争市场必备的条件，缺少一个就不是完全竞争市场。完全竞争市场通过充分的市场竞争，能够实现供求平衡，使社会资源得到最优配置。在实现长期均衡时，价格等于最低平均成本，说明企业在既定的技术水平下已经最充分地利用了各种生产资源，因而生产效率能达到最高。同时，消费者所付出的价格也是四种市场结构中最低的，消费者亦能从中得到好处。尽管完全竞争市场的经济效率是最高的，但也有不足之处：如各企业的平均成本最低并不是全社会的平均成本都能达到最低，典型的如环境污染问题，个别企业并不负担全部社会成本；市场上的产品没有差别，不能满足消费者不同的需要；完全竞争市场上的企业规模一般较小，不易实现规模经济。

在现实中完全竞争市场是不存在的，例如，买卖者的数目不可能无穷多，不同厂商生产的产品不可能绝对同质，厂商进出行业不可能完全没有困难，消费者或生产者不可能完全掌握信息等。所以，完全竞争市场仅是一种纯理论模式。尽管如此，它仍是分析其他各类市场结构的理论基础，可以对一般的社会经济现象做出大体上的解释和预测，在市场经济学中占有重要地位。

2. 完全垄断市场

完全垄断市场又称垄断市场，是指整个行业的市场完全由一家厂商所控制的市场结构。

完全垄断市场具有以下特点：

（1）市场上只有唯一的一个企业生产和销售某种商品，生产者成为价格的制定者；

（2）该垄断企业生产和销售的商品不存在任何相近似的替代品；

（3）其他企业进入该行业极为困难或不可能。

根据造成垄断的主要原因，垄断可分为自然垄断、专利垄断、资源垄断和政府垄断。（1）自然垄断与行业的规模经济有关，厂商通过扩大生产规模能降低平均成本，以至于一家厂商来供应整个市场的成本要比几家厂商瓜分市场的生产成本低得多。（2）专利垄断是政府和法律容许的一种垄断形式，是对发明和创新的保护，鼓励人们投资于研究开发，但专利带来的垄断地位是有法律时效的。（3）资源垄断是指厂商控制了生产某种产品所必需的资源而成为该产品市场的领导者。（4）政府垄断主要是通过发放执照、赋予特许权的方式限制进入某一行业的厂商数目，作为条件，厂商往往也受到政府对其产量、定价等方面的管理和控制。

政府对于铁路、邮电等公共设施的垄断，可以为社会提供更好的服务；有些行业实行完全垄断，有利于规模经济的发展，促进技术的进步。其不足之处是因一家垄断而没有竞争，资源配置难以最优；垄断者控制价格，会减少社会福利，使消费者利益受损。

3．垄断竞争市场

垄断竞争市场是指一种既有垄断因素又有竞争因素的市场结构，它是处于完全竞争和完全垄断之间的一种市场。

垄断竞争市场的特点如下：

（1）市场中厂商数量比较多

每家厂商的产品在整个市场中所占比例较小，厂商很难通过自己的买卖行为影响市场价格。

（2）产品有差别，但可以相互替代

差别造成垄断，替代又保证了竞争。同样的产品在质量、包装、形状和商标以至厂商服务态度、消费者心理感觉等方面都存在差别，因而各个厂商成为其产品生产的垄断者，产品的差别越大，其垄断程度越高；同时，由于产品具有替代性，因而新厂商易于进入市场。各厂商为了争夺有利市场以获得最大利润，必然导致竞争激烈，而广告宣传及其他促销活动就变得相当重要。因此，每个厂商既是垄断者又是竞争者。

（3）厂商进出行业是自由的

厂商可以随时参加或退出生产，没有人为的障碍。所以，从长期看，企业的超额利润会趋于消失。

（4）厂商行为相互独立。

由于行业内厂商人数众多，厂商之间不用考虑自己的行为会带来别的厂商的相应对策。

垄断竞争市场在现实生活中是普遍存在的，例如，轻工业、手工业等。与完全竞争市场相比，垄断竞争市场的价格较高且产量较低；但与垄断市场相比，其效率损失相对较小，而且消费者可以得到有差别的产品，满足其不同的需求。生产者在短期内能保持自己的有差别产品的垄断地位以实现超额利润，长期内又可以通过竞争来促进创新，这样对整个社会还是有利的。

垄断竞争市场结构的不利之处在于生产设备没有得到充分利用，没有实现最大产量，资源存在浪费现象。

4. 寡头垄断市场

寡头垄断市场又称寡头市场，它是指市场上由为数不多的大型厂商生产和销售整个行业绝大部分产品的市场结构。其中每个厂商在该行业中都占较大的份额，对于市场的价格和产量都有举足轻重的影响。

寡头垄断市场与垄断竞争市场类似，也是介于完全竞争和完全垄断之间的一种市场结构。但垄断竞争侧重于竞争，寡头垄断则侧重于垄断。

寡头垄断市场具有以下特点：

（1）厂商间行为具有相互依存性

在市场中大厂商之间相互依存，关系密切。每个厂商进行决策时，必须考虑到其他大厂商的反应，每家厂商首先要推测竞争对手的产量，然后根据利润最大化原则确定自己的生产规模。垄断寡头是市场价格的寻求者。

（2）厂商的某些决策具有不确定性

前面三种市场结构都可以根据既定的需求曲线、收益曲线和利润最大化原则来确定合理的产量和价格。但在寡头垄断市场，由于厂商的某些决策要依存于竞争对手的反应和决策，因此很难确定合理的产量和价格。

（3）价格稳定

寡头垄断厂商的价格极为稳定，较少变动，称之为刚性价格。所谓刚性价格是指当需求或成本发生变化时，价格依然稳定不变，主要原因是寡头垄断厂商确定价格后一般不会轻易改变，以免在价格战中两败俱伤。

（4）新厂商进入市场困难

寡头垄断厂商控制一个行业的生产经营后，在投资规模、市场信誉、资源占有等方面占有优越地位，其他厂商难以和老厂商竞争，进入该行业非常困难。

在这种市场结构下厂商可以实现规模经济，提高生产效率，降低成本，促进技术的进步。其不足之处在于寡头之间的相互勾结会影响竞争，损害消费者的利益。

5. 市场类型效率对比

消费者追求效用最大化，生产者追求利润最大化，这两个目标都要通过市场来实现。不同的市场类型反映了不同竞争程度的市场状态，各自的运行方式不同，交易主体的市场行为亦不相同，四种市场类型及对比见表4-1。

市场类型及对比　　　　　　　　　　　　　　表4-1

类型	特点	进退难度	价格	产量
完全竞争市场	买者和卖者数量很多 产品是同质、无差别的 资源自由流动，进入或退出市场非常容易 信息是充分完备的	很容易	低	很高
完全垄断市场	只有唯一的一个企业生产和销售某种商品 不存在任何相近似的替代品 其他企业进入该行业极为困难或不可能	极难	很高	很低
垄断竞争市场	市场中厂商数量比较多 产品有差别，但可以相互替代 厂商进出行业是自由的 厂商行为相互独立	容易	一般	一般
寡头垄断市场	寡头垄断厂商之间的行为具有相互依存性 寡头垄断厂商的某些决策具有不确定性 寡头垄断厂商的价格极为稳定，较少变动 其他厂商进入该行业非常困难	很难	较高	较低

完全竞争市场的经济效率最高，但在现实生活中往往是不存在的。完全垄断与寡头垄断的竞争类型在我国建筑市场也不常见。垄断竞争建筑市场是最常见的市场类型，在该市场上既有价格竞争，又有产品差异化、促销等非价格竞争，能满足消费者的多样化需求，因而，将目前建筑市场的基本市场类型判断为"垄断竞争型"比较确切。但并不排除在我国建筑市场的个别细分市场中，存在其他三种市场基本类型，例如多数情况下我国的住宅建筑细分市场，由于市场进入壁垒低，产品无差别等特点，市场主要呈现完全竞争态势，而在铁路建设细分市场，由于技术、设备等进入壁垒的限制，使得我国铁路建设细分市场呈现寡头垄断局面。

4.3 建筑市场结构分析

在建筑市场中，业主、承包商、中介服务机构等利益主体之间既有竞争又有合作，既有冲突又有协调。而每一个利益主体均有不同的所有制形式，具有不同的资质，在市场中承担不同的业务类型，处于不同的地位，有不同的市场行为和竞争策略，因此，建筑市场结构十分复杂。为便于研究，主要以承包商为研究对象，在界定建筑市场结构的内涵的基础上，从市场集中度、产品差异化、市场进出壁垒及分工与专业化等方面对建筑市场结构进行分析。

4.3.1 建筑市场结构的内涵

依据《产业组织理论》（杜朝晖，2010），市场结构是指市场的组织特征，即市场的各构成要素及其组织方式或结合方式，实际上，就是对竞争的性质和市场定价具有战略性影响的市场组织特征，如卖方集中度、买方集中度、产品差异程度和市场的进入条件等，其核心是垄断与竞争的关系问题。

《中国建筑业发展轨迹与产业组织演化》（范建亭，2008）提出市场结构是指在特定市场中，企业之间在数量、规模上的关系以及由此决定的竞争形式，是反映市场竞争与垄断关系的基本概念之一，影响市场结构的主要因素有市场集中度、产品差别化、进入与退出壁垒、市场需求增长率和价格弹性等。

因此，建筑市场结构可以理解为建筑市场中现有企业之间以及现有企业与准备进入企业之间的市场联系特征和竞争形式，以及交易中的地位和关系，体现市场的分工协作与竞争垄断程度。

影响建筑市场结构的因素有很多，如市场供需与价格、市场集中度、产品差异化、市场进出壁垒、分工与专业化、合作与一体化及产业组织政策等。建筑市场的供需与价格作为建筑市场的基本环境对建筑市场结构具有重要影响，相关内容已在本书第3章进行了详细阐述，本章主要从市场集中度、产品差异化、市场进出壁垒等方面来对建筑市场结构进行分析，以指导企业市场行为，并最终实现良好的市场秩序和绩效。

4.3.2　市场集中度

市场集中度是指在特定的行业或者市场中，买者或卖者具有怎样的相对规模结构的指标。市场集中度显示了市场的规模结构状况，表明了市场中买方和卖方的竞争程度，集中度越高，表明资源越集中在少数企业手中，这些企业的市场支配能力就越强。

1. 市场集中度的测定方法

（1）绝对集中度指标

绝对集中度是指规模最大的前n个企业的某些指标（产值、产量、增加值、职工人数、资产总额等）占整个市场或产业的比重，或某一百分比占有率之内的最大规模企业的数量。设某产业的产值总额（或增加值、职工人数、资产总额等）为X，第i个企业的产值总额（或增加值、职工人数、资产总额等）为X_i，第i企业的市场份额为S_i，CR_n为产业中最大的前n个企业所占市场份额之和，则有：

$$CR_n = \sum_{i=1}^{n}\left(\frac{X_i}{X}\right) = \sum_{i=1}^{n} S_i \qquad (4-1)$$

绝对集中度具有一定的经济含义，而且数据容易获得，是一个简单易行，使用广泛的常用指标。但是，也有一些缺陷：一是当n取不同的数值时会得出不同的结论，由此将影响到同一行业和不同行业之间的比较；二是集中率指标只反映了前n个最大企业的情况，而忽视了行业中这n个企业以外的企业数量及其规模分布。

（2）相对集中度指标

相对集中度指标与绝对集中度指标不同，主要用于反映产业内企业的规模分布情况，具体方法主要为洛伦茨曲线（Lorenz Curve）和基尼系数。

洛伦茨曲线反映的是产业中由小到大企业数量的累积百分比与其规模（市场占有率）的累积百分比之间的关系。如图4-2所示，当洛伦茨曲线与对角线重合时，说明该产业中所有企业的规模相同，OP被称为绝对平等线；当曲线偏离对角线时，说明企业规模分布是不均匀的，偏离程度越大，说明规模分布不均匀性越大；当曲线与折线OXP重合，意味着产业被唯一的一家厂商垄断，OXP被称为绝对不平等线。

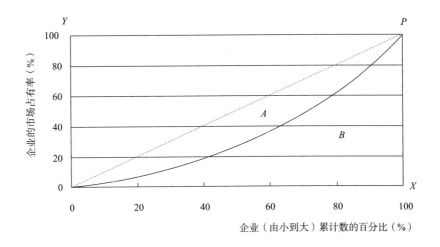

图4-2　洛伦茨曲线

衡量分布不均匀程度（即企业规模差异程度）的指标通常采用基尼系数（Gini coefficient，简称G）。将绝对平等性与实际洛伦兹曲线之间的面积A称为不平等面积，绝对平等性与绝对不平等线之间的面积$A+B$称为完全不平等面积，基尾系数G为不平等面积与完全不平等面积之比，其值在[0，1]之间，计算公式如式（4-2）。企业规模分布越不均匀，曲线偏离对角线越多，基尼系数越大。

$$G=A/（A+B）\qquad\qquad(4-2)$$

（3）其他指标

1）赫芬达尔-赫希曼指数（Herfindahal-Hirschman Index，简称赫芬达尔指数，简记HI）

$$HI=\sum_{i=1}^{N}\left(\frac{X_i}{X}\right)^2=\sum_{i=1}^{N}S_i^2=\sum_{i=1}^{N}S_i\cdot S_i\qquad\qquad(4-3)$$

式中　　X——市场的总规模；

X_i——第i企业的规模；

$S_i=X_i/X$——第i个企业的市场占有率；

N——该产业内的企业数。

HI指数值越大，说明产业的集中度越高，反之越低。HI有三大优势：一是HI包含了所有企业的规模信息，能够反映绝对集中度无法反映的集中度的差别；二是HI对规模较大的企业的市场份额的变化反应较为敏感，而对规模很小的企业的市场份额的变化反应则较小；三是HI可以不受企业数量和规模分布的影响，测量全部产业的集中度的变化。

2）汉纳-凯指数（Hannah-Kay Index，简记HKI）

$$HKI=R^{\frac{1}{1-\alpha}}\left(\sum_{i=1}^{N}S_i^{\alpha}\right)^{\frac{1}{1-\alpha}},(\alpha>0,\alpha\neq1)\qquad\qquad(4-4)$$

式中　　S_i——第i个企业的市场占有率；

n——该产业内的企业数；

α——调整因子，取值范围通常为$0.6\leqslant\alpha\leqslant2.5$。

值得注意的是，*HKI*值所代表的意义与*HI*值是相反的，即*HKI*值越大，表明集中度越低，竞争越激烈；*HKI*值越小，则表明集中度越高，垄断性越强。

3）熵指数（Entropy Index，简记*EI*）

$$EI = \sum_{i=1}^{n} S_i \log \frac{1}{S_i} \qquad (4-5)$$

式中　　S_i——第 i 个企业的市场占有率；

　　　　n——该产业内的企业数。

由此可见，熵指数实质上是对每个企业的市场份额 S_i 赋予一个 $\log S_i^{-1}$ 的权数。所以，它与*HI*指数相反，给予大企业的权数较小，而给予小企业的权数较大。同*HKI*样，*EI*所表示的意义与*HI*值也是相反的，即*EI*值越大，市场集中度就越低；反之，*EI*值越小，市场集中度就越高。

2. 基于市场集中度的市场结构分类

（1）以绝对集中度指标为依据的分类方法

对于不同的地区和不同的产业，市场结构的划分标准也应该有所不同，因此各国经济学家根据本国的情况，对本国产业的集中情况提出了具体划分标准。

1）贝恩的分类方法

美国学者贝恩（J. S. Bain）教授将集中类型划分成6个等级（表4-2），并对当时美国产业的集中度进行了测定。

贝恩对产业集中度的划分（1959）　　　　　　　　表4-2

类型	CR_4	CR_8	该产业企业总数
极高寡占型A	75%以上		20家以内
极高寡占型B	75%以下		20～40家
高集中寡占型	65%～75%	85%以上	20～100家
中（上）集中寡占型	50%～65%	75%～85%	企业数量较多
中（下）集中寡占型	35%～50%	45%～75%	企业数量很多
低集中寡占型	30%～35%	40%～45%	企业数量很多
原子型	低于30%	低于40%	企业数量极多，不存在集中现象

2）植草益的分类方法

日本学者植草益运用日本1963年的统计资料，对不同的市场结构做出如下分类（表4-3）。

植草益的市场结构分类 表4-3

粗分市场结构	细分市场结构	CR_4	大规模（亿日元）	小规模（亿日元）
寡占型	极高寡占型（D）	$70 < CR_4$	年生产额>200	年生产额<200
	高、中寡占型（G）	$40 < CR_4 < 70$	年生产额>200	年生产额<200
竞争型	低集中竞争型（J_1）	$20 < CR_4 < 40$	年生产额>200	年生产额<200
	分散竞争型（J_2）	$CR_4 < 20$	年生产额>200	年生产额<200

（2）以赫芬达尔指数（HI）为依据的分类方法

以绝对集中度指标划分不同的市场结构，能直观地看出属于同类产品的产业垄断、竞争程度的总体水平。但是进一步研究，会发现将CR_8值相同的产业划分为同一市场结构仍不能确切地反映产业内企业间的垄断竞争程度。而HI指标采用产业内所有企业各自规模占产业总规模比重的平方和的计算方法，因此，以HI指标为依据的分类方法能较好地反映产业内企业规模分布的整体状况，从而避免了以绝对集中度指标为依据的分类法的缺陷，见表4-4。但此分类法要求资料齐全，且计算繁琐。

以HI值为基准的分类方法 表4-4

市场结构	高寡占Ⅰ型	高寡占Ⅱ型	低寡占Ⅰ型	低寡占Ⅱ型	竞争Ⅰ型	竞争Ⅱ型
HI值	$HI \geqslant 3000$	$3000 > HI \geqslant 1800$	$1800 > HI \geqslant 1400$	$1400 > HI \geqslant 1000$	$1000 > HI \geqslant 500$	$500 > HI$

3. 建筑市场集中度分析

（1）绝对集中度CR_n（$n=4$，8，10等）

建筑市场绝对集中度通常用在规模上处于前几位的承包商企业的有关指标（产

值、产量、营业额、职工人数、资产总额等）占整个建筑市场的比重来表示。这就需要两方面的统计资料：一是全行业的产值或营业额，二是行业内排名靠前的较大企业的相关数据。每年出版的《中国建筑业统计年鉴》汇集了全行业以及各地区和各类企业的统计数据，从中可以得到全行业的总产值或总营业额数据。从2004年起，美国《工程新闻纪录》（Engineering News-Record，简称ENR）杂志和中国行业媒体《建筑时报》共同举办了"中国顶级承包商和设计企业"（Top Chinese Contractors and Design Firms）的问卷调查与排名活动，每年推出的"中国承包商和工程设计企业排名"（简称"ENR中国排名"）以企业的上一年度总营业额（包括国外和国内营业额）为依据，选出中国承包商及工程设计企业双60强。据此，可以分析我国建筑市场绝对集中度。

表4-5汇总了2009～2013年的市场集中度计算结果，从中可知：目前我国建筑市场的集中程度仍处于低水平，2013年CR_4只有8.94%，CR_{60}也只有16.49%。而且，建筑市场的市场集中度总体上呈下降趋势。与2009年相比，2013年CR_4下降了近2个百分点，其他集中度指标的下降幅度则超过了3个百分点，这说明规模较大的企业在建筑市场的地位正处于逐步降低阶段，呈现出市场结构日趋分散的竞争态势。

依据贝恩的分类，我国建筑市场的CR_4和CR_8均远低于30%和40%的标准，因此，全国建筑市场属于原子型，总体上不存在集中现象；根据植草益的分类标准，建筑市场$CR_4<20\%$，属于分散竞争型产业。

建筑市场绝对集中度（%）　　　　　　　　表4-5

集中度CR_n	2009年	2010年	2011年	2012年	2013年
CR_4	10.92	12.36	13.67	10.93	8.94
CR_8	13.42	14.70	16.95	12.81	10.03
CR_{10}	14.14	15.37	17.60	13.34	10.53
CR_{30}	18.40	19.33	21.49	17.11	14.06
CR_{60}	21.43	22.13	23.95	19.65	16.49

（2）相对集中度

通过建立建筑市场洛伦茨曲线，计算基尼系数，可以反映建筑市场内企业规模差异程度。建筑市场洛伦茨曲线横轴X表示市场中由小到大企业的累积百分比，纵轴Y表示这些分类企业年产值占建筑业总年产值的累计百分比。图4-3为中美建筑业洛伦茨曲线。

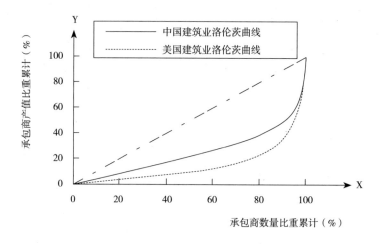

图4-3　中美建筑业洛伦茨曲线

（资料来源：《中国建筑业统计年鉴2003、2008》整理；U.S.Department of Commerce，2000 Census of Construction Industry，2002。我国按承包商的资质等级划分企业规模组群；美国按照建筑企业营业额来划分企业规模组群）

如上图所示，我国建筑企业规模分布的基尼系数小于美国建筑业的基尼系数，建筑企业的规模差距较小，无法形成具有层次性、差异化的竞争格局。发达国家和地区的建筑市场结构一般呈明显的金字塔形，小型企业数量最多，约占60%~90%，中型企业数量较少，约占5%~35%，大型企业数量很少，却有很高的市场占有率。在这种结构体系下，大型企业一般只从事总承包，以先进的技术和管理能力，实施项目承包和管理，大量的中小型企业作为大型企业的分包企业，从事专业承包。在总包市场以及分包市场上，工程发包数量和企业数量的供需关系都比较平衡。而我国承包商规模差距较小，大而全、中而全企业居多，企业平均规模偏大，实力相似，这也致使大量企业经营领域趋同，并过度集中于相同的目标市场。

4.3.3 产品差异化

产品差异化是指企业通过各种方法，在提供给顾客的产品上制造足以引发顾客偏好的特殊性，这种特殊性使顾客将它同市场上的其他同类产品有效地区别开来，从而达到在市场竞争中占据有利地位的目的。产品差异化既是垄断因素，又是一种竞争能力，既包括价格竞争因素，又包括非价格竞争因素，它影响到市场中各参与主体间在交易中的地位和关系，从而影响市场结构。

1. 产品差异化的量度方法

（1）需求交叉弹性

产品差别程度可用反映产品可替代性的需求交叉弹性E_{XY}来衡量。

根据交叉弹性值，将商品分为：

1）$0 < E_{XY} < 1$，即当Y产品价格变化时，X产品需求量的变化很小，则说明这两个产品之间的可代替性不高。

2）$E_{XY} = 1$，即产品X与产品Y具有单位可替代性。

3）$E_{XY} > 1$，即当Y产品价格变化时，X产品需求量有较大的变化，则说明这两个产品之间有较高的可代替性。

（2）广告密度

广告能够向顾客传递有关产品的价格、质量、功能、服务等多方面的产品特性信息，对顾客感知产品差异、扩大顾客的心理偏好作用很大，尤其是消费品的广告，对顾客的购买决策有很大程度的影响。

广告是企业用来传递产品差异信息的最重要和最常用的手段。因此，产业组织学很重视企业的广告活动，并用广告费用的绝对额和广告密度两项指标来衡量产品差异程度。广告密度的计算公式为：

$$广告密度 = AD/AS \tag{4-6}$$

式中　　AD——产品广告费用的绝对金额；

　　　　AS——产品销售额。

　　日本学者植草益对日本31个产业在1997年的广告费用和广告密度进行了实证研究，并用广告费用的绝对金额和广告密度两项指标，对衡量产业市场的产品差别程度的标准作了如下分类：

　　1）*AD/AS*≥3.5%或*AD*≥20亿日元，为很高产品差别产业，并且产业市场中存在重要的非广告性的产品差别因素；

　　2）1%≤*AD/AS*<3.5%或10亿日元≤*AD*<20亿日元，为高产品差别产业，并且产业市场上存在较为重要的非广告性的产品差别因素；

　　3）*AD/AS*<1%或*AD*<10亿日元，为中产品差别产业。

　　除了上述两种定量的测量产品差异化程度的指标，还可以将形成产品差别的原因分解成多项可测定、可比较的因素，来分析同类产品的差别程度。例如，可以使用技术指标来表示产品性能的差别，用销售网络的状况表示企业销售能力的差异，用顾客对服务的评分来表示产品服务质量的差别等。

2. 建筑产品差异化

（1）建筑产品差异化的主要体现

　　我国建筑业属于典型的劳动密集型产业，工程服务中的技术含量和附加值相对较低，尤其是以提供劳务为主的建筑企业，必要资本量壁垒和技术壁垒比较低。由于建筑市场的工程服务是按业主特殊使用要求组织实施的，而设计院在前期规划方案和规划设计方案阶段，事实上已决定了每个建筑产品的主要特征和差异性。施工企业是在给定的设计方案下为业主提供相应的工程服务，投标书中所表达的企业在工程质量、进度、技术和管理能力等方面的实力也构成建筑产品的差异化。因此，建筑产品差异的本质应该是建筑企业提供差异化工程服务的能力和潜质。

　　建筑产品差异化主要体现在建筑产品或服务本身性能和品质，建筑产品或服务的销售条件和服务质量，以及企业信誉和文化等方面。

1）性能和品质差异

同是住宅，不同的设计院有不同的设计，在使用功能、建筑艺术和技术经济指标方面大不相同。同样，根据同一份图纸，不同的建筑公司的施工质量、工期和耗费的资源也不一样。

2）销售条件和服务质量差异

有的建筑公司可以向项目业主提供各种优惠条件，服务质量良好，而有的公司则不能。有的设计院允许业主分期支付设计费，而另一些则要求一次付清等。

3）信誉和企业文化差异

有的建筑企业通过建成工程的品牌形象积累了技术优良、管理科学、资金雄厚、守信用的良好信誉，表现出重品牌、讲信誉、打造精品工程的企业文化，给项目业主留下了深刻印象，业主愿意选择这样的公司作为合作伙伴。

（2）建筑产品差异化的分析

由于建筑产品的单件性特点，利用交叉弹性判断产品差异化并不适用这一行业。建筑市场中工程投标过程是价格竞争的集中表现，在工程的竞标过程中，如果产品差异化大，投标价格差别也大，业主考虑的因素除价格外，还有质量、工期等，此时中标价可能不是最低报价。因此，可以利用最低价中标率来表征各类建筑产品的差异程度，最低价中标率越高，则该产品的差异化程度越低。

1）房建市场

以某省房建市场为例。由于进入门槛偏低，该省的房建企业数量众多，多数从事普通房屋的建造。由于设计图纸的标准化，合同范本的推行以及施工的规范化，房建市场产品的规格、质量、性能以及企业提供的服务都没有太大的区别。房建项目的抽样调查结果显示最低价中标率超过了70%，这说明该省房建市场的产品差异性较小。

2）道路、桥梁、隧道市场

某省道路、桥梁、隧道企业多数是交通部门的下属企业，长期从事该专业产品的生产，具有深厚的行业背景，而且这些企业规模普遍较大，平均产值高于房建企业。道桥、隧道产品生产的复杂性决定了不同项目的性能、质量具有很大的差别，技术实力不同的企业能够提供的服务内容、质量有诸多不同。目前该省道桥、隧道工程项目的业主大多为各级交通主管部门（公路局、交通厅），业主对于该行业有深入的了解，能够对省内各个路桥企业的施工、管理能力进行自主评价，因此项目招标一般采用合理最低价中标。通过对该省路桥项目的统计，最低价中标率低于50%，可见该省路桥市场的产品差异化程度比较高。

3）专业承包市场

专业承包市场中包括建筑装饰、商品混凝土生产、土石方、建筑幕墙等多个细分市场。这类专业承包企业承揽的业务多为项目中的某个分项工程或施工活动中某个环节，工程规模小，生产能力要求低，因此，多为小型企业，且企业数量众多。以某省商品混凝土企业为例分析这一细分市场的产品差异化程度。

该省大多数商品混凝土企业成立时间不长，产品以不同强度等级的普通混凝土为主，这类产品的生产技术已相当成熟，国家规范对其生产、运输有详细的要求，因此，各个企业的混凝土质量以及企业服务的差异很小，最低价中标率在80%以上。商品混凝土市场产品的差异性主要来自其地理差异，混凝土易凝结的性质决定了它的销售有较大的地区限制。总的来说，商品混凝土市场的产品差异性是很小的。

其他门类的专业承包市场和商品混凝土市场情况大体相同，由于产品的同质性迫使企业只能把价格作为竞争的唯一手段，以降价换取中标。

4.3.4　市场壁垒

集中度和产品差异化侧重于考察市场中已有企业的市场关系，反映市场现有的竞争企业的数量和竞争强度。而对进入壁垒的分析，则是考察市场中已有企业与准备进入的企业间的竞争关系，反映了市场潜在的竞争强度。而我国建筑市场竞争日趋激烈，有部分企业将退出市场或被淘汰，因此，分析建筑市场结构，也需要对其退出壁垒进行分析。此外，流动性壁垒分析考察了新企业的进入以及行业内已有企业的市场关系，而且突出了内部移动壁垒。因此，从进入壁垒、退出壁垒和流动性壁垒三个方面分析市场壁垒对建筑市场结构的影响。

1. 建筑市场进入壁垒分析

市场进入壁垒指市场内现有企业相对于准备和刚刚进入这个产业的新企业，即潜在竞争对手拥有的优势。换句话说，准备和刚刚进入某产业的新企业在同现有企业竞争过程中，可能遇到的种种不利因素。进入壁垒程度的高低对市场竞争态势有明显而直接的影响，一般地说，进入壁垒低，则产业集中度低。形成进入壁垒的因素很多，主要有规模经济、必要资本、产品差别、绝对费用和资源占有以及法律法规等因素。下面从规模经济性、必要资本量、绝对费用和政策法律约束4个方面，对建筑市场进入壁垒进行分析。

（1）规模经济壁垒

由于专业承包企业难以实现大规模连续生产，其生产特点决定了此类企业的规模报酬的变动不会明显，因此，规模经济壁垒在专业承包市场不明显。鉴于此，通过分析2011年施工总承包企业投入产出数据对总承包市场的规模经济进行分析（表4-6）。

在建筑市场中，资产反映了企业的投入，建筑企业总产值和利润是表征其产出的指标。企业资产是划分资质等级的指标之一，随着企业资质等级的上升，企业总资产随之提高。比较相邻等级企业总资产的提高比率与相应总产值、利润的增长比率，并计算两者的比值。如果该比值小于1，也就是产出增加的速度大于总资产增长的速度，表明企业总资产投入的增加带来产出更大比例的增加，这就是规模经济；反之，如果该比值大于1，则说明产出增加的速度小于总资产增长的速度，即规模不经济。

规模经济分析表（2011年）　　　　　　表4-6

全国					
	平均资产增长率（%）	平均产值增长率（%）	比值	平均利润增长率（%）	比值
特级与一级	6.13	4.39	1.40	5.21	1.18
一级与二级	5.23	5.26	0.99	3.12	1.68
二级与三级	1.80	1.63	1.11	1.13	1.58

注：资料来源《中国建筑业统计年鉴2012》。

由表4-6可以看到，资产产值比值处于[0.99，1.4]的区间中，这说明建筑企业资产投入的增加不能带来产值的相应增加，而资产利润比值介于[1.18，1.68]，进一步说明在建筑总承包企业中投入规模的扩大并不能带来效益的增长。特别是出现了个别特级企业平均利润低于一级企业的情况，这固然与个别企业经营决策出现偏差有关，但也证明了企业规模越大并不意味着效益越好，即规模经济不明显。因此，建筑企业的规模经济壁垒都不明显。

（2）必要资本量壁垒

必要资本量是指新企业进入市场必须投入的资本，必要资本量越大，就越能阻止新企业的进入。

由于工程性质、内容的不同，不同的建筑细分市场对资本的要求也存在区别。表4-7列出了部分建筑市场中，资质管理办法对其最低等级企业的净资产要求和目前国内该行业中企业的平均净资产水平以及自有设备净值。从表中可以看出国家对港口航道企业净资产的要求是最高的，而铁路、公路企业实际的净资产水平和自有设备平均净值是最高的。这意味着新企业进入港口航道和公路这两个细分市场，遇到的必要资本量壁垒比较高。

必要资本量壁垒分析表（2011年）　　　　　表4-7

	房建	铁路、公路、隧道	港口、水利	装饰装修
最低资质所需净资产（万元）	700	1500	2500	60
企业平均净资产（万元）	1653.86	2171.50	1848.74	337.06
自有机械设备平均净值（万元）	615.60	1586.21	2225.80	57.09

注：数据来源《中国建筑业统计年鉴2012》。

因此，就建筑市场内部而言，铁路、公路和水利港口两个门类其资本量壁垒相对比较高。然而，相对于其他工业行业，建筑市场的必要资本量的壁垒是很低的，即使是资本水平最高的铁路、公路门类，排名也在后面。

（3）绝对费用壁垒

在一个市场上，专利技术、原材料、进货和销售渠道、人才等生产要素和经营资源一般都已被现有企业占有，导致新企业要付出更多的额外代价与现有企业争夺这些资源，这就形成了绝对费用壁垒。建筑市场上，现有企业所占有的特殊资源较少，如建筑原材料供应充足，生产水泥、钢筋和各种构配件的建材厂商很多，使得建筑施工企业不具有对原材料的排斥性占有；传统的建筑技术相当成熟且具有较强的易传播性，特定的专利和专有技术在建筑工程中的应用范围有限，所以生产技术很难构成阻碍新企业进入建筑市场的壁垒。但在销售方面，由于建筑市场先交易后生产的交易特点，导致无法事先确定工程质量的优劣，所以业主只能根据施工企业以往的工程施工经验和信誉等来做出判断，这就使得施工经验丰富、信誉好的现有企业在项目竞标上处于有利地位。

总之，绝对费用壁垒在资金密集型和规模经济显著的行业尤为明显，而我国建筑市场还处于劳动密集型阶段，规模经济不明显，因此，绝对费用壁垒相对较低。

（4）政策壁垒

我国有些产业的新企业成立要经过复杂的程序，须获得政府有关部门的批准；有的产业实行严格的许可证制度，无证不得成立新企业；还有些产业要求企业必须拥有某些特定的昂贵设备。这些政府管制措施都为新企业进入制造了障碍，形成了政策壁垒。目前我国建筑市场最大的政策壁垒是《建筑业企业资质等级管理规定》。这一规定明确指出"建筑业企业应当按照其拥有的注册资本、净资产、专业技术人员、技术装备和已完成的建筑工程业绩等资质条件申请资质，经审查合格，取得相应等级的资质证书后，方可在其资质等级许可的范围内从事建筑活动"。

此外，建筑市场受到传统的部门分割、地区分割的影响，外地外部门的企业在进入一些区域细分市场时，仍存在着一定的进入障碍。房建及建筑装饰领域投资呈现多元化的趋势，业主来源于各行各业，因此没有特定的政策限制这一市场的进入。道路桥梁细分市场中，投资主要来自政府或者政府与社会资本合作，各级交通主管部门在制定招标细则、人员资格认定的过程中，有一定的部门保护趋向，路桥项目中标企业大多是各级交通部门下属企业。而对于铁路市场，由于铁路建设项目投资额巨大，资产专用性强，且建设周期长，使我国铁路市场更加封闭，其他企业进入铁路建设市场比较困难。

2. 建筑市场退出壁垒分析

"进入"与"退出"相辅相生，有市场进入就必然会产生退出问题。退出可能是被动或强制的，如破产时的退出；也可能是主动或自愿地退出，如向其他产业转移。在市场经济条件下，企业的进入和退出都是市场机制对资源配置发挥调节作用的自然结果，使得生产要素流向能够产生更高效益的企业或产业。但是，企业在退出一个产业时，同样会遇到一定的不利因素，这些阻碍企业退出某产业的因素（或障碍）就称为退出壁垒。下面主要从专用性资产、高负债率退出壁垒、政策与法律约束和市场发育不完善四个方面来分析建筑市场退出壁垒。

（1）专用性资产退出壁垒

建筑企业的专用性资产主要包括施工机械设备、专业技术管理人员、熟练工人和业务合作伙伴。如果企业退出建筑行业，这些资产的价值将大大降低，甚至毫无价值。

施工机械设备是建筑企业资产的重要组成部分，2011年，全国建筑企业自有设备净值占净资产的14.7%，而施工机械的专用性是十分明显的，因此，企业如果要退出建筑市场，其设备损失比较大。

专业技术人员、管理人员的专业素质和熟练工人的操作水平决定了生产的效率和产品的质量，因此，经验丰富的技术、管理人员和操作工人是建筑企业最宝贵的资本。这些人的知识或经验是在多年的施工过程中积累形成的，如果企业退出建筑市场，这些员工所积累的专业知识或技能不但无法为企业服务，企业还需支付员工的退职金、解雇工资或劳动合同规定的赔偿费、安置费，还需花费大量资金重新培养或者高薪招聘新行业中的熟练工人和技术人员。另外，许多国有大型建筑企业拥有学校、医院等非经营性单位，这些资产的剥离不是一朝一夕就能完成的，也将成为企业退出市场的障碍。

工程承包需要多个企业或分包商的协作，需要与业主保持良好的关系。企业与分包商、业主保持长期合作关系，有利于企业降低生产成本，提高中标率。但是如果企业退出了建筑市场，这些关系也将随之丧失。

因此，对于建筑企业而言，高度的资产专用性导致较高的退出壁垒。

（2）高负债率退出壁垒

建筑企业的资产负债率相当高，全国建筑企业的资产负债率普遍都在60%以上。企业要退出建筑行业，庞大的债务涉及企业、个人、金融机构等各方利益，解决起来异常复杂，因此，高负债率也是阻止建筑企业退出市场的壁垒。

（3）政策约束退出壁垒

建筑业是劳动密集型产业，能容纳较多的社会就业，对社会经济具有很强的带动性。如果建筑企业破产或转型，对于当地经济、社会的稳定都会产生不利影响。因此，地方政府往往会干预建筑企业特别是大型建筑企业的退出，这样造成了许多地方建筑企业即使在低利润甚至负利润的情况下也要继续经营，无法完全退出建筑市场。

（4）市场发育不完善造成的退出壁垒

建筑企业退出市场，必然需要生产要素的转卖和产权的交易。但是我国的要素市场、产权交易制度尚不健全，企业找不到退出市场的有效途径，而且许多中小建筑企业存在着产权不清晰的问题，因此，市场的不完善也构成阻碍建筑企业的退出壁垒。

3. 流动性壁垒与内部移动壁垒

（1）流动性壁垒

传统的产业组织理论在分析进入壁垒时，把产业内的现有企业看作是一个同质或具有相同特征的企业整体。但是不同企业之间的规模、盈利能力和竞争优势存在较大的差异，所以，如果将现有企业分为若干企业集群，那么在这些企业集群之间也存在着流动障碍。事实上，产业也就是具有某类共同特性的企业组成的集合体，通常可根据产品的种类或企业规模将一个产业进一步划分为若干细分市场和企业集群。在这种情况下，新厂商的进入不再是一次性的行动，而是包括向特定的细分市场或企业集群移动的连续过程。

凯夫特和波特（Caves and Poter，1977）认为：阻止新厂商进入的力量同样也能阻止厂商从小规模企业的集群向大规模企业的集群位移；因此，"流动性壁垒"这一概念，将原有的对进入壁垒的分析视野扩展到行业内部企业位置的移动。如此，现有企业与潜在进入者之间的潜在竞争，以及现有企业之间的实际竞争，被纳入统一的流动性壁垒分析之中。

（2）内部移动壁垒

上述分析可知，流动性壁垒是近似于进入壁垒的概念，但在所考察的对象和分析角度上两者有很大区别：进入壁垒从新企业进入市场的角度来考察市场关系，反映的是进入一个产业的难易程度或者说市场中潜在的竞争强度；而流动性壁垒不仅分析新企业的进入，还考察行业内已有企业的市场关系，所以还反映了现实的市场竞争程度。显然，流动性壁垒不同于进入壁垒的主要特征在于突出了内部移动壁垒，即那些阻止现有企业在行业内部自由移动的因素。与进入壁垒抵抗外部企业入侵的作用相似，内部移动壁垒用来抵抗产业内部企业随意改变其在市场中的竞争位置。所以，内部移动壁垒是产业内部形成相对独立的细分市场和企业集群的主要因素，其高低决定了行业内各个细分市场之间和企业集群之间的竞争激励程度。

（3）内部移动壁垒对建筑市场结构的影响

内部移动壁垒对市场结构的影响在我国建筑市场比较突出。受行业管理体制和资质管理制度的影响，我国建筑市场内部不仅存在不同规模和资质等级的企业集团，还存在不同工程类型的专业市场以及按地区划分的区域市场，由此建筑市场的内部移动壁垒可表现为横向移动障碍和纵向移动障碍。横向移动障碍是指建筑企业进行跨地区工程承包时所面临的障碍，或者是从某个专业性市场进入其他专业性市场时所遇到的阻碍，如从事房屋建筑工程的企业难以轻易进入水利水电工程市场。而纵向移动障碍，是指从低资质等级向高资质等级移动时所遇到的阻碍，或者是从技术和管理相对简单的工程市场进入要求更高的工程市场，如从劳务分包和专业承包市场进入施工总承包或工程总承包市场时所面临的阻碍。

就内部移动壁垒而言，建筑市场与其他行业市场的一个根本不同在于，建筑市场的内部移动壁垒带有明显的制度性或行政性痕迹。在大多数行业，一旦企业进入后，企业向目标战略集团移动时一般不会受到政策法规方面的人为移动限制，而在我国建筑市场，企业改变其在市场中的竞争位置时还将不可避免地遇到制度性移动壁垒，这主要与资质管理制度、地方和部门保护主义有关。

受经济体制和行业管理体制的影响，我国建筑市场长期存在着地区封锁和行业垄断现象，导致统一的全国性市场至今尚未完全形成。在条块分割式的市场结构下，建筑企业进行跨地区、跨行业工程承包时面临着诸多制度性障碍。以企业资质管理办法为例，通常，与市场准入相关的制度性壁垒能够强制性地抑制新企业的进入，但不会限制在位企业的规模扩张和多样化发展。而建筑市场中的企业资质管理制度分为多个层次，一般企业均能获得较低资质，所以对于新企业进入的限制作用有限，但对于在位企业从低资质向高资质企业集团的移动或者是进入其他专业工程市场，却有着制约作用。

我国现行的资质管理制度是分序列、分行业和分等级的复杂体系，人为地将建筑市场分割成不同层次的市场空间，这一方面对于形成分层次的建筑市场竞争格局具有重要的促进作用，另一方面也限制了现有企业在各细分市场和企业集群间的自由流动。所以，建筑市场的资质管理制度并非是一般意义上的制度性进入壁垒，从流动性角度看更接近于内部移动壁垒的概念。当然，资质管理制度也不是完全刚性的内部移动壁垒，企业可以按规定要求和自身实力自由申请其他专业类型或更高等级的资质。

建筑市场存在比较严重的无序竞争现象，今后较长时期内资质管理制度仍将是政府调控市场和引导行业发展的重要手段。但是，单一的资质管理手段不利于市场自由竞争，从长期来看，应该逐步弱化影响市场内部自由移动的制度性障碍。

综上所述，由于建筑市场存在规模经济不明显、必要资本量和绝对费用相对于其他工业行业门槛较低、资质管理系统对新企业进入的限制作用有限的特点，潜在竞争者很容易进入建筑市场。同时，由于资质管理、地方和部门保护主义的存在，建筑市场现有企业之间的竞争位置较难改变；而高度的资产专用性、高负债率、政策约束以及市场发育不完善导致的产权不明晰，使得企业退出建筑市场存在较大困难。总之，我国的建筑市场具有进入壁垒低、退出壁垒及流动性壁垒高的特点。

4.3.5　分工与专业化

分工是一种生产方式，即人们进行生产活动时的行为方式，从微观层次（企业或个人）上看，生产方式体现为微观经济单位在生产活动中所做的选择。生产活动可以被分解为许多最基本的单位，这些基本单位或被称为职能，或被称为操作。在这个意义上，分工是指两个或两个以上的个人或组织将原来一个人或组织生产中所包含的不同职能的操作分开进行。

分工可以促进劳动生产率的大幅提高，由于专门从事一种工作，人们易于积累专业知识和技能，从而可以创造专门工具来提高劳动生产率。但是，只有当对某一产品或服务的需求随市场范围的扩大增长到一定的程度时，分工才能合理进行，专业化的生产者才可能实际存在。分工可以这样来描述，专业化和不同专业的多样化是分工不可或缺的两个方面，分工不同于规模概念，而是建立在专业化的市场结构基础上，通过交换机制建立起来的相互依存的网络。市场分工不仅能够推进经济发展，还能够推动科技发展。

1. 专业分工与工程分包

工程承发包是指由工程项目的业主或发包人委托具有工程实施能力的人（包括自然人或者公司法人）设计、建造和维修该工程，双方以一定的合同或协议的形式来规定工程任务范围以及各方的义务、责任和权利等。承发包的内容涉及工程建设的全过程，包括勘察设计、施工、材料设备采购、建设监理等方面。

根据不同的承包途径、承包范围和承包深度，建筑市场的承发包有多种承包形式。按照承包性质，有计划承包、投标承包、直接承包，其中投标承包是建筑市场上最主要的竞争交易方式；按照承包的范围，有全包、总包、分包、联合承包等方式。发包单位不参与具体施工生产活动，承包单位独立经营，自负盈亏，确保所承包的工程按期、按质、按量完成任务。

分工和专业化带来了高生产效率，但交易次数增多导致交易费用增加，从而存在生产效率与交易费用之间的两难冲突。只有当建筑市场中总承包商与分包商的交易费用小于专业化生产所带来的效率增加时，总承包商与专业分包商的分工合作才有可能成为最优的市场组织结构。

经济学家张五常认为，企业和市场并不是唯一的竞争死敌，重要的是合同（进而是制度）的形式选择，应根据降低交易成本的原则来选择合同和安排制度。因此，在市场机制的作用下，经济发展和技术水平的提高将促使建筑市场内部专业分工的细化，形成提供专业工程服务的企业和多层分包的承发包体系。通过由多级承包商构成的分包体系，总承包商可以有效地减少因自行组建相应专业队伍、解释工程质量要求和指导现场作业员工等所产生的管理成本，实现内部资源的优化配置，维持和巩固在技术、管理和资金方面的优势；各级中、小型分包商也可以发挥灵活性强的优势，享受到专业分工协作带来的经济效益；而业主也可以有效地减少自行平行发包的交易成本。

2. 建筑市场分工与专业化发展分析

（1）全球建筑产业分工格局

由于全球产业结构向服务业倾斜，全球建筑服务市场的产业分工体系在不断深化，按目前国际建筑服务产业链条划分，建筑服务有五个环节：策划-组织-设计-施工-管理。

发达国家按照建筑服务产业附加值的高低和重要程度主要聚焦于策划、组织、设计和管理环节，几乎不涉及施工环节；发展中国家则由于资金和技术实力较弱，主要侧重于设计、施工和管理，基本上没有能力涉及策划和组织环节。这种分工格局已经形成且基本稳定，发展中国家承包商欲打破这种分工格局还需要付出更大的努力。

对外承包工程是货物贸易、技术贸易和服务贸易的重要载体，专业化、国际化、集成化正成为工程承包企业发展的显著特征，融资、设计施工、材料购买、技术标准和管理服务合为一体，将成为国际承包市场发展的重要趋势。大型承包商开始更早地介入到项目的全过程，转变为全方位的服务提供者，成为项目策划方、组织方，甚至投资方。服务在承包业务中比重明显增加，利润重心向产业链前端和后端转移。

（2）国际建筑市场发包方式及项目构成

在国际建筑市场的发包方式及项目构成方面，由于政府投资项目总体在减少，国际金融机构资助的项目维持在一定水平上，私人投资成为建筑市场的主要资金来源。受政治经济环境变化的影响，工程承发包已经呈现出以下发展趋势：

1）一般民用建设项目的业主，从降低工程造价、提高工程质量和提高工程的确定性出发，要求承包商负起更大的责任，因而出现承包商负责设计、建造的DB（Design Build）模式，由承包商负责项目决策阶段的策划和管理的DBB（Develop Design Build）方式，由承包商负责项目设计、施工和物业管理的DBFM（Design Build Facility Management）模式，以及承包商负责融资、采购、设计、施工、物业管理的FPDBFM（Finance Procure Design Build Facility Management）模式。

2）对于一般工业项目的业主而言，由于业主更加关注工艺技术、工程项目产品的性能和市场需求，为了在最短时间内获得业主所希望的投资回报率，EPC（Engineering Procurement Construction）/TK（TurnKey）总承包模式更加盛行，即设计、采购、施工安装全过程的总承包，并负责试运行服务。

3）管理咨询模式，即PM（Program Management）模式，逐渐受到各大国际承包商青睐，所占营业份额逐渐加大。以雄居CM/PM模式承包额排名榜首的霍赫蒂夫公司为例，2003年该公司国外的PM营业额为8940万美元。法国布依格公司宣布，布依格"正寻求PM项目而不是普通的合同"。

4）管理承包模式，即PMC（Project Management Contractor）模式。由业主聘请管理承包商作为业主代表或业主的延伸，对项目进行集成化管理，并承担相应风险。PMC模式对国际上一些知名工程来说并不新鲜，但就国内建筑市场的实践而言，还是一个有待探讨和完善的新模式。

4.3.6　合作与一体化

合作是指个体间相互联系、相互作用，通过协调个体活动、优化资源配置、整合群体优势，实现个体利益增长，并由此导致一定程度的相互依赖性。合作与分工是对立统一的，有分工必然有合作。一体化的微观形态，除了企业内部的专业化协作之外，还应有企业之间、行业之间、部门之间、产业之间、城镇之间、区域之间以及国际之间的专业化协作。分工可以提高劳动效率，同时，为了获得最大化的利润，经济主体在相互分工中又不断合作，而合作通常又能使分工更加细化。因此，对高效率的追逐成为经济主体不断分工合作的驱动力。

一体化是企业进行内部和外部合作的具体方式和途径，可以分为横向和纵向两个方向。从生产成本节约的角度来考虑一体化的选择，可将两个方向一体化所带来的成本节约对应于两种经济性：规模经济和范围经济。横向一体化是指建筑企业通过合并同一类型的建筑企业，带来所生产产品数量的扩张，以促进企业实现更高程度规模经济和迅速发展的一种战略。纵向一体化是指围绕建筑市场的产业链（供应链）在两个可能的方向上扩展现有经营业务的一种发展战略，它包括前向一体化战略和后向一体化战略。前向一体化是企业向产业链的下游拓展业务，如工程总承包企业建立物业管理公司、运营公司等；后向一体化是企业向产业链的上游拓展业务，如工程总承包企业建立建筑材料公司、融资咨询公司等。

1. 横向一体化的经济性：规模经济

（1）规模经济的含义

规模经济（Scale Economy）是指当生产或经销单一产品的单一经营单位因规模扩大而减少了生产或经销的单位成本，由此所带来的利益，即规模收益递增的现象。根据考察范围或者角度的不同，规模经济分为内在经济与外在经济两个方面。内在经济是指单个公司由于业务营运规模的扩张，从内部引起的单位运营成本的逐渐降低从而达到收益递增的现象；外在经济是指整个产业由于业务规模扩大而使单个公司得到了高质量的人才、信息、资金融通等便利服务而引起收益增加的现象。

（2）建筑市场规模经济分析

1）生产的规模经济

横向一体化带来的规模经济，首先表现为劳动的专业化带来生产成本的降低。专业化分工和流水施工是建筑产品生产的显著特征，不同的分部工程由专门的工种、专业机械来完成。建筑企业采用横向一体化，通过经营规模和承揽的建设项目规模的扩大，建筑生产人员可以更有效地进行分工协作，每个人专门从事某一工种的工作，其技能因熟能生巧而不断地提高，工作效率也随之提高。而且只有当企业和承揽的项目达到一定规模时，采用大型高效的专业化机械和新的施工工艺才能发挥其优势。另一方面，因高效专业化机械和施工工艺的采用，工程师的经验和技能得到进一步发挥，从而为建筑企业节省生产成本。

2）资本的规模经济

建筑企业通过横向一体化，可获得资本的规模经济。一方面，随着建筑企业占有资本规模的增大，有条件开发和采用技术更先进的专有设备和大型的机械设备，而企业的机械设备技术水平、专用性得到提高，可以进一步节约劳动力，提高生产效率，从而使生产的规模经济得以充分发挥。另一方面，企业拥有大规模的资本才能引进高素质的管理、技术人员，研究开发先进的施工工艺，提高产品和服务的质量，降低生产成本；同时通过加强市场开拓工作，提高企业的信誉和知名度，提高中标率，降低中标的综合成本。

3）管理的规模经济

建筑企业通过横向一体化，也可获得管理上的规模经济。企业和市场是两种不同的资源配置方式，通过企业的管理进行资源配置需要花费管理成本，而通过市场进行资源配置则发生交易费用。随着建筑企业的横向一体化，节省市场交易费用的同时，增加了企业内部的管理成本，当节约的市场交易费用高于增加的管理成本时就存在着管理的规模经济。

2. 纵向一体化的经济性：范围经济

（1）范围经济的含义

范围经济是指企业由于联合生产带来的成本节约的现象，即在相同的投入下，由一个企业生产多种关联产品，比多个企业分别生产其中一种产品的总产出水平要高，或者说两种或更多的产品合并在一起生产比分开来生产的成本要低。Panzar

和Willig（1981）认为，范围经济来源于分享的投入或者分享的准公共投入，即一种投入用于生产一种产品的同时对其他产品的生产也有帮助。

（2）建筑市场范围经济分析

1）管理的范围经济

建筑企业采用纵向一体化选择可以取得管理上的范围经济，表现为在企业扩大经营范围，增加其他产品和业务时，可以充分利用既有的管理知识、管理经验和人员来进行管理，而不必增加新的投入，节约交易费用。沿纵向一体化的产业链进行多种建筑产品生产时，建筑企业可以减少在购买原材料、中间产品以及出售自己成品中的交易活动，即以内部市场代替外部市场，从而节约交易费用。

2）生产的范围经济

建筑企业采用纵向一体化可以获得生产上的范围经济，建筑市场中的大型企业特别是建筑业上市公司，均有承揽多个领域项目的能力，如中国建筑股份有限公司作为中国最大的建筑房地产综合企业集团，其主营业务涉及房屋建筑工程、国际工程承包、房地产开发与投资、基础设施建设与投资以及设计勘察等五大领域并居行业领先地位。建筑企业通过纵向一体化，可以提高人员和设备的利用率，降低流通费用，共享仓库、大型机械等可以降低固定投资的摊销，也可以进一步降低间接费用的分摊，批量采购原材料，以较低价格获得某些关键的生产要素，从而达到降低生产成本的目的。

3）资本的范围经济

建筑企业采用纵向一体化还可以获得资本上的范围经济，通过专业资本团队的运作，可以降低企业扩张的成本，增强企业的融资能力，降低融资成本等；通过打造专业营销团队，共享广告和商誉，形成品牌效应，提升营销效率节省营销成本等，这些是单一生产的公司无法做到或者是难以做到的，最终可以实现资本的节约。

3. 一体化的选择

一项活动是由企业来完成还是交由市场来完成，需要分析比较企业的规模经济和范围经济的大小。当企业规模还未达到单一产品生产的最优规模时，企业可选择横向一体化扩张，通过分工和专业化追求规模经济。当企业范围经济的边际收益超过规模经济的边际收益时，即使企业的规模可能并未达到单一产品生产的最优规模，但若是及时沿着"产业链"扩展其业务范围，选择纵向一体化将更为有利。

总之，规模经济与范围经济都对企业边界的调整产生影响，而且这个影响的大小又取决于生产经验、工艺流程、技术创新以及组织水平等诸多因素。因此，规模经济和范围经济是决定企业一体化模式选择的显性因素，而生产经验、工艺流程、技术创新以及组织水平等变量则是决定企业一体化模式选择的隐性因素，它们动态地影响着企业一体化的选择和权衡。

4.4 我国建筑市场结构现状与优化

我国建筑市场起步晚，发展不成熟，且受众多因素影响，市场结构不尽合理，效率有待提升。基于已有课题的研究成果，从规模结构、所有制结构、总分包结构、业务结构和竞争形态等方面，进一步分析我国建筑市场结构的现状，并提出建筑市场结构优化的途径和建议。

4.4.1 建筑市场结构现状分析

1. 建筑市场规模结构

建筑市场规模结构是指不同规模的建筑企业在建筑市场中的比例关系，通过对建筑市场规模结构的研究，可以探讨建筑市场合理的规模结构。根据规模大小可以将建筑企业划分为大、中、小型企业，不同规模的企业有各自不同的优势，在建筑市场中都是不可缺少的，它们互相联系，优势互补，联结成一个统一的整体。

根据上一节分析和相关统计资料，我国建筑市场规模结构的现状体现在以下几个方面：

（1）从集中度角度来看，我国建筑市场集中度较低，企业的规模层次不明显，大、中、小型企业数量比例不够合理。

（2）从企业数量来看，2013年我国施工总承包企业、专业承包企业、劳务分包企业总数达到81886家，企业数量众多，而且各类总承包商所占比例偏大，专业化发展不足，承包商普遍呈现出"大而全，中而全"，且存在大而不强、小而不专的状况。

（3）从企业经营角度来看，建筑企业的规模、性质相似，经营领域趋同化，过度集中于相同的施工承包市场。因此，大型建筑企业不能为业主提供高附加值、高技术含量的产品和服务，不得不进入技术含量比较低的市场，与中小企业争夺市场，这必然会加剧市场竞争的激烈程度，出现恶性竞争，降低行业整体利润。

（4）从企业的业务结构来看建筑企业的业务结构相似，互补性弱，通过兼并、联合形成的大规模企业难以发挥规模效益；大量长期亏损和难以生存的企业因不能顺利退出而被滞留在建筑市场，从而影响建筑市场的平均效率。

总之，我国建筑市场规模结构呈现出市场集中度低、企业规模"大型化、趋同化"的现状。据资料显示，日本、新加坡、中国香港等发达国家和地区的建筑市场中，大企业数量是最少的，但创造产值高；而占据建筑市场绝大多数的企业都是人员规模不大的中小企业。因此，借鉴国外建筑市场经验，我国建筑市场规模结构应该向着"集中度高，专业化强"的方向发展。

2. 建筑市场所有制结构

随着我国经济的发展，建筑市场经历了以全民所有制和集体所有制的二元结构向多元化结构发展的过程，目前建筑市场已形成以公有制为主体、多种所有制经济共同发展的经济格局，符合当前中国特色社会主义发展阶段的要求。建筑市场包含多种类型的所有制的建筑企业，性质各异，经济结构也存在着差别，建筑市场所有制结构的研究，主要侧重于这些所有制建筑企业的比例及相互联系。

建筑企业按登记注册类型可以分为内资企业、港澳台商投资企业、外商投资企业，其中内资企业又包含国有企业、集体企业、股份合作制企业、联营企业、有限责

任公司、股份有限公司以及私营企业等。根据国家统计局公布的相关资料，如表4-8
及表4-9所示，下面对2009年、2012年不同所有制建筑企业的主要经济指标进行分析。

按登记注册类型划分建筑企业主要经济指标（2009年） 表4-8

类型	内资企业			港澳台商投资企业	外商投资企业
	国有企业	集体企业	其他企业		
数量（个）	5009	5352	59661	444	351
数量比重	7.07%	7.56%	84.25%	0.63%	0.50%
从业人数（万人）	518.92	216.24	2916.3	10.86	10.24
平均从业人数（人）	1036	404	489	245	292
总产值（亿元）	15190.05	3281.75	57506.19	334.39	415.17
产值比重	19.78%	4.27%	74.97%	0.44%	0.54%
平均企业产值（亿元）	3.03	0.61	0.96	0.75	1.18
利润（亿元）	3656247	1362934	21758506	184597	225268
产值利润率	2.41%	4.15%	3.78%	5.52%	5.43%

按登记注册类型划分建筑企业主要经济指标（2012年） 表4-9

类型	内资企业			港澳台商投资企业	外商投资企业
	国有企业	集体企业	其他企业		
数量（个）	4602	4640	65358	385	295
数量比重	6.11%	6.16%	86.82%	0.51%	0.39%
从业人数（万人）	457.78	246.79	3539.42	12.97	10.28
平均从业人数（人）	995	532	542	337	348
总产值（亿元）	22930.19	4919.00	108252.17	649.74	476.99
产值比重	16.71%	3.58%	78.89%	0.47%	0.35%
平均企业产值（亿元）	4.98	1.06	1.66	1.69	1.62
利润（亿元）	537.66	188.91	3992.25	31.76	25.56
产值利润率	2.3%	3.8%	3.69%	4.9%	5.6%

注：资料来源，根据国家统计局公布数据整理。

（1）国有建筑企业

从2009~2012年，国有企业数量从5009家减少到4602家，所占比重从7.07%减少到6.11%，从业人数减少，尽管总产值绝对数保持增长，但产值比重下降，说明国有企业呈现出收缩趋势；平均从业人数各年均处于最大值，说明国有企业的平均规模要远大于集体企业、港澳台商投资企业、外商投资企业和其他类型企业，建筑市场中大部分的大型企业、骨干企业还集中在国有企业领域；在高等级、技术性强和风险大的项目中，国有企业具有竞争优势，依然发挥着骨干的作用。然而国有建筑企业平均企业产值最高，但产值利润率却处于最低位置，说明生产成本过高。

（2）集体企业

集体企业的发展趋势与国有企业类似，无论是企业数量、企业从业人员还是总产值所占的比重都呈下降趋势，而且这种趋势要比国有企业更加明显。集体企业平均从业人数不是最少但平均企业产值是最小的，企业平均实力最弱，产值利润率比国有企业和其他企业高，因此，大多数集体企业应依靠灵活的经营机制将市场目标定位在住宅等中低等级项目市场，成为国有大中型企业的补充。

（3）其他内资企业

在考察期内其他内资企业的数量、从业人员数量和总产值都持续高速增长，表明非公有制经济已经逐渐成为我国建筑市场中的主要经济成分，并开始占据主导地位。其他内资企业迅速发展的主要原因是股份制和私营企业的高速增长。由于其他内资企业中既包括由一些效益良好的国有企业改制形成的实力较强的股份制企业，也包括一些资金和技术实力较弱的私营企业，其市场表现差异性很大。

（4）港澳台商投资企业、外商投资企业

港澳台企业和外商投资企业的企业数量、从业人员和总产值变动不大。这说明港澳台企业和外商投资企业在从事建筑业活动的过程中，受到了市场环境和政策扶持的影响。港澳台商投资企业、外商投资企业平均企业人数较少，规模不大，但产值利润率居于较高位置，企业平均实力居中，技术资金实力雄厚。

国有及集体企业的产权制度改革，最主要的改革形式是实行股份制和股份合作制，国有企业及集体企业的减少与其他企业的增加，表明我国企业的产权制度改革已经初显成就，建筑企业的"国退民进"，实现了所有制结构的多元化发展，随着产权制度改革的进一步深化，未来国有企业与集体企业的比重将会越来越小。

各类企业的变化趋势说明建筑市场所有制类型多元化的格局已经形成，非公有制经济形式得到迅速发展。一方面国家积极推进公有制经济产权制度改革，推动了国有企业和集体企业向股份制企业转变；另一方面国家鼓励多种经济成分发展，为私人、外商等投资者提供了宽松的制度环境，近些年建筑企业实行的多种用工制度、多层次分包经营为所有制类型多元化创造了条件。

3. 建筑市场总分包结构

由于建筑产品的特殊性，建筑生产实行总包制和多层分包制以实现分工和专业化，形成以总包企业为核心的专业分包结构。按承包工程能力来分析建筑总分包市场结构，包括工程总承包、施工总承包、专业承包、劳务分包四大类。

（1）工程总承包企业

工程总承包企业，指能为建设单位提供工程勘察设计、工程施工管理、工程材料设备采购、工程技术开发与应用、工程建设咨询监理等全过程服务的智力密集型企业。工程总承包企业可以进行设计-施工一体化的总承包，也可以将承包的部分工程分包给其他具备资质条件的企业。工程总承包企业一般是人员总量较少的轻型化企业，是智力密集型、技术密集型、资产密集型企业。这类企业是现代社会化大生产和技术进步的产物，其经营范围广、营业额大，数量不多但能量较大，是建筑业中的"龙头"企业。

（2）施工总承包企业

施工总承包企业，指从事工程施工承包与施工管理的企业。施工总承包企业可对业主直接进行施工承包，也可为工程总承包企业提供施工承包，还可以将所承包施工项目中的部分工程分包给其他具备资质条件的分包企业。这类企业数量大、门类多，是建筑业中的主体骨干企业。

（3）专业承包企业

专业承包企业，指从事工程施工专项分包活动的企业。专业承包企业为工程总承包企业或施工总承包企业提供专业工种施工，较少单独承包工程。可以对所承接的专业工程全部自行施工，也可以将劳务作业依法分包给具有相应资质的劳务分包企业。这类企业规模小，数量多，属于技术型劳动密集型企业。

（4）劳务分包企业

劳务分包企业，指承担施工总承包企业或专业承包企业发包的劳务作业的企业，又指劳务作业承包人。业主不得指定劳务分包企业，劳务分包企业也不得将该合同项下的劳务作业转包或再分包给他人。

目前我国的建筑市场已经初步形成了由工程总承包、施工总承包、专业承包和劳务分包企业构成的总分包结构体系，但结构体系还不够完善。以2013年我国建筑企业数量为例，施工总承包企业43031家，专业承包企业32249家，劳务分包企业6606家，施工总承包企业比专业承包企业多了10782家，而专业承包企业比劳务分包企业多25643家，高资质等级企业数量远多于低资质等级的企业数量，呈"倒金字塔"形结构。在我国建筑业企业资质管理规定中，企业资质等级越高，所能承担的工程范围越广，企业生存越容易，所以，中小企业怀有申请高资质等级的动机和愿望，千方百计申报和获取高等级资质，导致建筑市场高等级资质企业数量过多。

4. 建筑市场业务结构

建筑市场业务结构可从不同的角度进行划分和分析。

（1）按我国《国民经济行业分类》GB/T 4754—2011，可将建筑业分为房屋建筑业、土木工程建筑业、建筑安装业、建筑装饰和其他建筑业，其中土木工程建筑业包含铁路、道路、隧道、桥梁工程建筑、水利和内河港口工程建筑、海洋工程建筑、工矿工程建筑、架线和管道工程建筑和其他工程建筑。对建筑市场业务结构的研究，可以借助于建筑业的分类进行分析。

根据统计局公布的数据，2009~2013年按行业划分的建筑业总产值如表4-10，除建筑安装业建筑业总产值在2012年出现负增长外，房屋工程、土木工程、建筑装饰业、其他建筑业均逐年增长，其中房屋工程增长净值最多，其他建筑业增长净值最少，房屋工程建筑业所占总产值比重最大，2009年占比57.6%，2010年、2011年、2012年逐渐上升，2013年占比高达63.8%。

按行业分建筑业总产值（单位：亿元）　　　　　表4-10

行业	2013年	2012年	2011年	2010年	2009年
房屋工程建筑业	102285.92	87133.84	71075.95	56117.76	44308.67
土木工程建筑业	39739.96	34784.08	31214.22	27955.97	22959.70
建筑安装业	9044.81	8062.77	8149.05	7226.80	5818.74
建筑装饰业	—	5310.19	4256.95	3231.69	2621.21
其他建筑业	—	1926.99	1765.80	1498.91	1099.43

注：资料来源，国家统计局。

（2）根据国际上对业务领域的分类，分为房屋建筑、制造、能源、水利、排污/垃圾处理、工业/石化、交通、危险物处理、电信等。

通过对2006~2012年进入ENR前20名的中国承包商业务领域进行统计，如表4-11所示，可知，在国际工程承包市场上，国内顶尖承包商从事的业务集中在房屋建筑、交通等传统项目，少数公司能涉及制造、石化、能源、水利、电信及排水处理等行业。

建筑市场业务结构从不同的角度有不同的研究方法，且由于相关数据获取的困难，不能对整个市场或行业中企业的业务结构进行研究。而大企业具有规模经济性，对其他建筑企业业务结构的构成有借鉴作用，故选取中国国际承包商前三强进行业务结构分析。

对中国国际承包商前三强的业务领域分析，如表4-12所示，中国顶尖级承包商业务集中在房屋建筑、水利电力、交通等传统行业上，排名前两位的国际承包企业都有一个主营业务板块，并占据业务结构当中的70%以上，而中国水利水电建设集团公司排名第三，主营业务是水利水电，行业领域比较离散，涉及多个业务板块，甚至在2011年开始在电信行业开拓出业务板块。从表中可以看出，实力强劲的国际承包企业，都有一项具有核心竞争力的业务板块，形成了"一专多能"的特点。

入围最大225家国际承包商前20家中国企业的业务领域　　表4-11

年份/排名	公司名称	行业结构（营业额的百分比：%）								
		房屋建筑	制造	能源	水利	排污/垃圾处理	工业/石化	交通	危险物处理	电信
2006/18	中国建筑总公司	91	0	0	0	0	1	8	0	0
2007/18	中国交通建设集团	9	0	1	1	1	2	86	0	0
2008/17	中国交通建设集团	1	0	0	2	1	1	95	0	0
2009/17	中国交通建设集团	3	0	3	3	0	0	91	0	2
2010/13	中国交通建设集团	6	1	5	1	2	1	83	1	0
2011/11	中国交通建设集团	4	0	2	0	2	3	89	0	0
2011/20	中国建筑总公司	74	1	1	1	2	0	21	0	0
2012/10	中国交通建设集团	2	0	1	1	2	4	90	0	0

注：数据来源，ENR（2006，2007，2009，2010，2011，2012）。

中国国际承包商前3强业务领域　　　　　　表4-12

年份	公司名称	行业结构（营业额的百分比：%）								
		房屋建筑	制造	电力	水利	排污/垃圾处理	工业/石化	交通	危险物处理	电信
2009年	中国交通建设集团有限公司	3	0	3	3	0	0	91	0	0
	中国建筑工程总公司	83	0	1	1	0	0	15	0	0
	中国铁建股份有限公司	11	0	0	0	0	0	89	0	0

年份	公司名称	行业结构（营业额的百分比：%）								
		房屋建筑	制造	电力	水利	排污/垃圾处理	工业/石化	交通	危险物处理	电信
2010年	中国交通建设集团有限公司	6	1	5	1	2	1	83	1	0
	中国建筑工程总公司	82	0	1	1	1	0	15	0	0
	中国水利水电建设集团公司	22	0	45	5	1	0	27	0	0
2011年	中国交通建设集团有限公司	4	0	2	0	2	3	89	1	0
	中国建筑工程总公司	74	1	1	1	2	0	21	0	0
	中国水利水电建设集团公司	3	0	41	7	1	0	35	0	13

注：资料来源，中国国际承包商的市场分析及发展对策研究. 郭颖。

5. 建筑市场竞争形态

产业组织理论从市场结构、市场行为和市场绩效三个方面来描述市场的分工协作与有效竞争程度，为市场经济的有效运行提供理论指导。对建筑市场结构的分析，归根结底是要探讨有利于我国建筑市场健康发展的理想市场状态，而这种市场状态主要表现为市场的总体竞争形态。

"过度竞争"一般是指在集中度较低的市场，由于市场需求萎缩，竞争加剧，而退出壁垒较高，产生过度竞争。"有效竞争"，是指将规模经济和竞争活力两者有效地协调，从而形成一种既有利于维护竞争又有利于发挥规模经济作用的长期均衡的竞争格局。然而，规模经济和竞争活力又互相排斥，特别是在那些规模经济比较显著的产业，两者的排斥性就更加明显，其主要表现为随着企业规模的不断扩大就会引起生产集中，而生产集中发展到一定阶段，就产生了垄断。

我国建筑市场集中度虽有一定提高，但总体偏低，由于进入壁垒低，退出壁垒及流动壁垒高，企业间恶性价格竞争的现象普遍，存在长期的"过度竞争"局面，是比较典型的过度竞争的市场。此外，我国建筑企业大型化和趋同性并存，所有制结构和总分包结构有待完善，而且建筑企业的业务多集中于传统行业，对高利润行业（如石化领域）涉足甚少。

因此存在"有效竞争"不足，主要表现在：

（1）行政主导的大规模企业过多，规模结构没有明显区分开，在若干细分市场形成行政性垄断的市场竞争格局。在这些市场中虽然也存在竞争，但市场有效竞争不足是明显特征，无法形成一种有序、互补、专业的良性的竞争状态。

（2）地方政府和各部门出于本位利益的考虑，直接或间接地参与了市场竞争过程，人为地制造了行业壁垒和地区障碍，导致了一些行业细分市场和地区细分市场存在行业垄断和地区垄断，有效竞争不足。

（3）在施工承包市场整体上以过度竞争为主；而在附加值和技术含量高的前期策划、融资以及后期运营和物业服务等细分市场上则体现为有效竞争不足。

我国建筑市场总体呈现出"有效竞争不足与过度竞争并存，以过度竞争为主"的竞争形态，表面的过度竞争掩盖了实质的有效竞争不足，建筑企业的竞争力有待加强。

4.4.2　我国建筑市场结构优化的途径

1. 不同规模建筑企业协调发展

我国的建筑市场呈现"过度竞争与有效竞争并存，并以过度竞争为主"的总体竞争形态，究其主要原因是我国建筑市场的规模结构层次不明显。构建合理的建筑市场规模结构，重点在于合理规范不同规模和类型的企业在建筑市场内的生存空间，规划大、中、小型企业的合理比例关系，从而形成建筑市场的分层竞争格局。

随着我国建筑市场结构的不断调整与完善，逐渐形成一种有利于专业化分工和发挥规模经济优势的"金字塔"形结构，如图4-4所示。

在金字塔的顶端，是以资本、技术、管理密集、综合型、跨领域为特征的少数综合实力强的工程总承包企业与施工总承包企业，通过横向一体化和纵向一体化，促进产业要素向具有竞争优势的大企业流动，保证大型企业的市场竞争力，提高建筑市场集中度；在金字塔中端是以技术、管理、专业化为主的专业分包企业，这类企业数量较多且规模居中，是建筑市场中的主要施工组织者；在金字塔的底端，是通过企业的分化和重组而逐渐形成的以专业化服务和劳务服务为主的小型企业，数量最多。这些小型企业通过创新降低企业经营成本，用企业的高质量和专业化的产品和服务构筑一道无形的非价格壁垒，有效对抗市场上的激烈竞争。

在"金字塔"结构中，以顶层大型企业为核心，形成协作、互补关系，既能实现规模经济和范围经济，又能使竞争在同一层面的企业间充分展开，避免了不同层面企业间的盲目竞争和过度竞争。

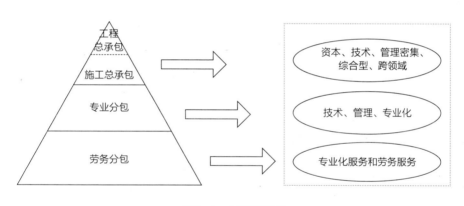

图4-4　金字塔结构

实行纵向一体化的大型总承包商可以在承揽工程后，将工程分包给本企业内部的专业承包商，从而有效地降低市场交易费用，提高企业效益水平。实行横向一体化的大型承包商，则应把注意力放在企业核心能力上，将薄弱环节通过外包的方式委托给外部专业承包商或劳务分包商。这些外部承包商通常都与总承包商建立了长期稳定的协作关系，通过这种战略联盟式的组织方式，总承包商不仅降低了管理和交易费用，而且实现企业降低成本、提高效益和规避经营风险的目标。分包商在这种稳定的协作关系中，也获得了稳定的工程来源，保证了企业经营和效益的稳定。

在龙头集团企业的引导下，进行资金、人才、技术的优化重组，在企业内和产业内形成层次和梯队，朝着大企业更强、中小企业更专的方向发展，促进不同规模建筑企业的发展。

2. 进一步推进建筑企业产权制度改革

我国国有建筑企业产权制度改革的思路是"相对退出"，即先集中，后退出，严格限制国有建筑企业的数量。将现阶段国有经济中仍然具有不可替代竞争优势的领域做大做强，以集中来带动退出，以退出来支持集中。一方面将原有国有独资建筑企业改制成为股权多元化的公司制企业，并放开国有中小型建筑企业，使之成为集体、合伙或私人企业；另一方面，将由此"变现"出来的国有资产集中于两个领域：

（1）技术密集程度高的工程，如城市基础设施、铁路、公路等，这既是国家经济建设所需要，也是国有建筑企业从现有基础出发，最能发挥竞争优势和作用的地方。

（2）国家安全与"福利性"项目。国家安全项目，即涉及社会和经济安全的项目，包括国防工程、军事设施、重要桥梁、隧道、高危险性设施施工等；由国家直接出资的"福利性"项目，非国有建筑企业不愿承担的，主要是以提高公共福利水平而不是以商业为目的的工程项目，具有很强的生产"专属性"和对承担者的"排他性"。

3. 科学划分和管理企业资质

对建筑企业实施资质管理是建设主管部门保证建设工程质量、加强建筑活动管理、维护建筑市场秩序的主要手段。由于建筑产品关系到公共安全，更有必要对建筑企业实行严格的市场准入制度。因此，科学划分和管理企业资质对于构筑有层次的市场竞争格局和合理的总分包结构具有重要的意义。

（1）培育真正的总承包企业

总承包的模式和业务结构多样，而现实中的总承包绝大部分是施工总承包，因此，总承包特级企业的资质标准应跳出施工承包的圈子。着力培育部分管理能力强、技术手段先进、资源整合能力强、具有一定的资金运作能力的企业集团，组建真正的总承包企业；明确总承包企业集设计、采购、施工管理乃至融资等多项职能于一体，并通过量化考核，发放总承包资质，或审核其已有的设计资质、施工资质，作为市场准入的条件。

（2）实行动态资质管理

对施工总承包特级企业实施以总量控制为主的动态资质管理。对特级企业实施总数固定的升降级制度，资质指标实行浮动标准。现有的特级企业都在力图弥补与新资质指标的差距，单纯功利性的保级升级现象比比皆是，因此，需要严格控制施工总承包特级资质的企业数量，实行严格的降级淘汰制度；同时，鼓励施工总承包特级企业向纵向一体化发展，使其能按照市场需求组织产品生产并为业主提供全面服务。

（3）培养和发展专业化施工队伍

对于一般的专业化施工企业及劳务承包企业均实行属地化管理，同时鼓励专业化施工企业在全国范围内流动。

（4）设定目标市场

对不同资质的企业设定不同的目标市场，在经营范围及区域上有所规定。大型承包企业不能经营小型的工程项目，相邻的资质等级企业的经营范围之间只允许极小的重叠，当建筑企业申请高一级的企业资质时，就必须放弃原有资质相对应的部分市场，这样不仅能够限制竞争力不强的企业进入过高等级建筑市场的欲望，也有利于保护中小企业的利益，有利于形成有层次的竞争格局和工程承发包市场。

4. 优化建筑企业业务结构

通过调整建筑企业的业务板块，拓展承接业务能力，实现企业一体化经营等措施，优化建筑企业业务结构。对于大多数处于产业链中间阶段的建筑施工企业，尤其是有条件的大型国有企业，其业务链可从项目立项、融资、规划设计、专项产品加工、施工、安装、装饰一直到后端的物业服务方面延伸，整合企业内部的资源优势，提高企业的整体竞争实力和盈利能力。

通过构筑层次化的竞争市场，鼓励企业进行多元化发展，鼓励大型企业打破地区界限、消除行业壁垒，推动产业的横向发展，积极拓展国际业务，积极参与水利、交通、能源等重点投资项目的开发建设。其中，资金实力雄厚的特大型建筑企业可实施同心多元化，向房地产、服务业、旅游业等行业发展，形成"一业为主，多业为辅"的经营格局。中小企业宜发展自身优势，向专业化方向发展，形成"专、精、特、新"的新型建筑企业。

5. 完善产业组织政策

政府和产业组织政策的支持可以促进建筑市场结构优化，有助于解决市场失灵、维护有效竞争，打造良好的市场秩序和环境。具体措施如下：

（1）构建符合社会化大生产要求的总分包协作体系

对于原属不同部门、行业的大型国有企业，充分挖掘其资金、技术、人才等优势，通过纵向或横向的重组，向集约型、多元化、大规模的工程总承包企业发展，提高我国建筑市场集中度，提升我国大型企业的国际竞争力。对于具有一定专业优势的中小型企业，注重引导其向专业化公司发展，并提供融资、税收等方面的优惠政策，使之成为总分包体系中专业分包的骨干力量。逐步形成以大型企业为主导、大中小型企业协调发展的格局，和分层次有效竞争的产业组织形态。

（2）深化产权制度，调整资本和所有制结构

通过改制、改组、联合、兼并、股份合作等多种形式，培育一批建筑市场的支柱型企业，同时鼓励吸收社会、职工等多方投资，形成适应市场竞争需要的、多元化产权结构的企业，逐步实现"国退民进"，建立以非公有制企业为主体、少数上市股份制公司为骨干、适应生产力发展水平的集体所有制企业为补充的市场结构。

（3）维护市场公平竞争，避免行业垄断

制定企业进入各级各类建筑市场的要求，提高市场进入壁垒，维护公平竞争，对处于过度竞争的饱和市场，鼓励企业兼并和退出，进一步完善市场准入退出制度，逐步以市场壁垒取代行政壁垒，真正实现建筑市场的有效竞争和优胜劣汰。

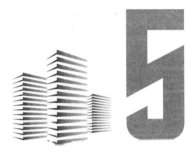

建筑市场
行为与绩效

?

问题与讨论

1. 建筑市场行为如何分类?
2. 建筑市场行为主体构成复杂,怎样进行建筑市场行为分析?
3. 怎样认识市场结构、市场行为、市场绩效的相互关系?
4. 建筑市场绩效的内涵? 建筑市场绩效的主要影响因素有哪些?
5. 针对不同的评价目的和细分市场,如何构建和完善建筑市场绩效评价指标体系?
6. 建筑市场绩效评价的必要性? 如何进行建筑市场绩效评价?

5.1 建筑市场行为

建筑市场行为是指企业在市场上为获取更多的利润及更高的市场占有率，根据内外部环境及其变化所采取的战略性行动。市场行为受市场结构状况与特征所制约且反作用于市场结构，并直接影响市场绩效。

建筑市场行为的内容十分复杂，而且不断地发生变化，但都是以实现利润最大化为目的。如何根据市场竞争态势合理定价？如何适应市场发展，提高产品差异化和竞争力，如何准确把握市场结构变化、调整企业经营结构？这些都是值得关注的重要问题。因此，建筑市场行为可以从价格行为、产品行为和结构调整行为三个方面进行分析。

5.1.1 价格行为

通过对建筑市场结构的分析，可以发现建筑市场具有企业众多、进入壁垒低、产品差异化程度低等完全竞争市场的特点，同时存在市场信息明显不对称，企业退出市场困难等不完全竞争市场的特征。因此，建筑市场的价格行为主要从准竞争模式、合谋模式与非合作寡占模式三种背景下展开讨论。

1. 建筑市场准竞争模式下的价格决定

准竞争模式下的价格决定与完全竞争市场类似，所有企业不需要关心对手的投标报价策略，而是从自身利润最大化目标出发，按照市场统一的价格，根据自身的边际成本组织生产。在部分低集中度的建筑市场中，这种价格竞争模式十分普遍。

（1）短期价格决定

在短期内，企业根据观测到的市场价格，按照 MR（边际收益）$=P=SMC$（短期边际成本）组织生产就能获得利润最大化。当市场价格高于企业平均成本时，现有厂商会有正的经济利润；当市场价格低于企业平均成本时，他们会有负的经济利润或经济亏损。

当然，在短期内，由于其他厂商来不及进入该市场或现有企业不能退出该市场，市场上会存在超额利润或短期亏损的现象。例如，当政府提高最低工资标准导致建筑企业的平均成本上升时，在准完全竞争的建筑市场中，企业利润就会下降，甚至出现短期亏损。

（2）长期价格决定

在准完全竞争的建筑市场上，企业短期内可能获得超常利润，但从长期来看，只要存在超额利润，其他企业就会受到吸引而进入这一市场，特别由于建筑市场的进入壁垒偏低，自然会有大量企业纷纷进入建筑市场。随着新厂商的进入，整个行业的供给增加，在需求不变的情况下，会压低市场价格。当价格下降到一定程度后，超额利润消失。当然，如果企业存在长期的亏损，就必然会导致一部分企业退出建筑市场或者缩小经营规模，市场供给减少，价格上升，市场均衡价格经过反复的变化，最终会使得留在建筑市场的企业既无超常利润也无亏损，企业数量规模保持一定的稳定，供给量维持在 Q_e。这时，建筑市场中，$P = MR$（边际收益）$= AR$（平均收益）$= AC$（平均成本）$= MC$（边际成本）。然而，由于建筑市场退出壁垒较高，即使长期亏损，企业也无法自由地退出建筑市场，造成建筑市场企业数量过多，低价竞争、恶性竞争的现象普遍。

随着政府加强对建筑企业的资质管理和建筑市场的逐渐成熟，逐步提高进入壁垒、降低退出壁垒，企业数量趋于稳定，市场供应量将保持均衡增长。国家和区域经济的平稳增长则使得建筑市场的需求也处于稳定增长的状态中。建筑业产值的增速与固定资产投资增速的差距在逐渐缩小（表5-1），即建筑行业规模正在趋于稳定，供应量与需求量逐渐一致，因此，可以认为我国建筑市场的供需正在趋于平衡，逐渐趋近于 $P = LMR$（边际收益）$= LAR$（平均收益）$= LAC$（平均成本）$= LMC$（边际成本），即在长期均衡中，建筑产品的价格将由长期平均成本来决定。

2002～2014年全国建筑业产值与投资规模变化　　　表5-1

年度	2003	2004	2005	2006	2007	2008
固定资产投资增长率（%）	27.7	25.8	16.08	0.58	15.71	19.47
建筑业总产值增长率（%）	24.6	26.6	19.06	20.27	22.83	21.54
年度	2009	2010	2011	2012	2013	2014
固定资产投资增长率（%）	28.06	12.1	23.8	20.3	19.1	14.9
建筑业总产值增长率（%）	23.81	25	21.3	17.8	16.9	10.2

注：数据来源，2004～2015年中国统计年鉴。

当市场价格趋于稳定，建筑企业必须加强内部管理（包括有效的施工方法、现场管理、劳务管理等），做出降低成本、提高质量水平的最佳决策以提高企业利润。

2. 建筑市场合谋模式下的价格决定

当市场上只有少数几家大规模的厂商占据了整个行业或行业的大部分产出时，企业为使竞争降低到最低程度，常常通过正式的协议来协调各自的产量、价格等事项，形成一个所谓的卡特尔。

（1）卡特尔的定义

卡特尔是一种正式的串谋行为，它能使一个竞争性市场变成一个垄断市场。卡特尔组织成员勾结起来如同一个厂商，按照垄断厂商利润最大化的原则安排生产。假设此时的垄断价格是统一的P_m，卡特尔的成员都按照此价格出售产品。

（2）建筑企业的合谋定价行为

不同类型的建筑产品需求弹性差别很大。房屋建筑属于需求富有弹性的建筑产品，而许多公共建筑产品，如桥梁、堤坝，因其投资主要来自政府，产品需求弹性不大。根据卡特尔厂商定价的依据，需求弹性越小，卡特尔企业制定的价格将越高于边际成本，这将保证卡特尔的成员获得最大利润。故在需求弹性较小的建筑市场中的企业，更具有形成卡特尔的动机。

串标、围标是建筑市场卡特尔的一种表现，参与同一项目竞争的企业暗中勾结，通过操纵投标价格，最终由一家企业以高价获得工程。此时的建筑产品价格中不仅包含建设成本、中标单位的超额利润，还包含了形成、维持卡特尔所需的费用，这时的卡特尔价格远远大于边际成本，也要高于自律价格。这种合谋的行为不仅损害投资方（业主）的利益，也限制了竞争，极大地破坏了建筑市场秩序，因此，这种价格合谋行为应该受到打击。

3. 建筑市场非合作寡占模式下的价格决定

（1）定义

在寡占市场的价格卡特尔中，单边背叛的利润大于合谋利润，因此卡特尔中的每家企业都有动机背叛协议以追求利润最大化，即寡头间的合谋无法维持。于是，在寡占市场出现非合作寡占定价模式，古诺（Cournot）模型、伯特兰（Bertrand）模型、斯坦克尔伯格（Stackelberg）模型是三个基本的非合作寡占模型。

（2）建筑企业的非合作寡占定价模式

部分区域或者专业建筑市场中，进入壁垒相对较高，存在寡头竞争的情况。在这种寡占市场中容易产生围标、陪标等价格合谋行为，但是由于国家加强了对招投标的管理，加大了对价格合谋行为的打击，因此，价格卡特尔缺少稳定性，企业背叛的可能性加大，当卡特尔的成员都预计其他成员会背叛时，他们所采取的策略就构成了古诺竞争，在古诺竞争中所形成的价格远远低于企业通过围标等合谋方式获得的价格，但是会高于在准竞争模式中所形成的价格。

在中高寡占市场的建筑细分市场（如水利、电力、铁路）中，招投标管理相对比较规范，可能形成古诺竞争。这些市场的绝大部分需求来自于政府，需求价格弹性较小。根据古诺模式，需求价格弹性与产品价格成反比，因此，在水利、铁路等建筑市场，能够维持相对较高的利润水平。

随着建筑市场中行业、地区壁垒的消失，资金技术壁垒将成为建筑市场的主要进入壁垒，规模越大、技术越先进的企业能获得较高的市场份额。根据古诺模型，市场份额的提高也就意味着古诺均衡价格的提高。因此，进行古诺竞争的建筑企业要保持较高利润水平，就需要在扩大企业规模、保持技术先进性、维护企业良好声誉、为业主提供高品质服务与新型服务等方面做出努力。

5.1.2 产品行为

产品行为是指企业开展产品开发、销售等竞争活动。建筑市场的产品竞争主要包括经营领域、产品质量、技术创新、销售活动等方面的竞争，追求产品差异化是核心。

1. 经营领域

建筑市场的经营领域包含纵向、横向和区域三个维度。随着经济体制改革的深化，发展跨部门、跨行业界限，多专业、宽领域、多功能的大企业，是企业战略发展趋势。

（1）纵向经营领域

建筑市场经营领域的纵向划分是从建筑产业链的角度考虑的。建筑产品的生产包含了从策划、投融资、勘察设计、采购、施工、运营等一系列的活动，相应的工程承发包存在多种模式，如DB（Design＋Building）、DDB（Develop＋Design＋Building）、EPC（Engineering-Procuremen-Construction），以及PM模式等。这些新型承发包模式满足了业主对项目不同层次的需求，有利于建筑市场形成多层次的竞争，符合建筑市场纵向一体化的发展趋势。

（2）横向经营领域

建筑市场横向经营领域从狭义上来说包括各个建筑门类，如土木建筑、工业建设、有害物处理等；从广义来说，还包括与建筑相关的其他产业，如房地产、建筑材料。我国的大型建筑企业一般都已实现了产品的多元化，在各个专业建设领域都有所涉足。

以湖南省某特级施工总承包企业2013年产值分布为例，其经营领域包括房屋建筑，铁路、公路、隧道、桥梁，水利、港口，管道、安装、装饰装修等，如图5-1所示。可见，其横向经营领域比较宽泛，但仍过于集中在房屋建筑领域。

（3）区域经营领域

区域经营领域是指建筑企业跨地区、跨国家从事工程建设活动。湖南省某特级施工总承包企业的经营范围分布在全国30个省、市、区，传统市场和西部市场占有份额不断攀升，在拓展境外市场方面也有所突破。这表明近年来该企业的竞争能力有了明显的提高。

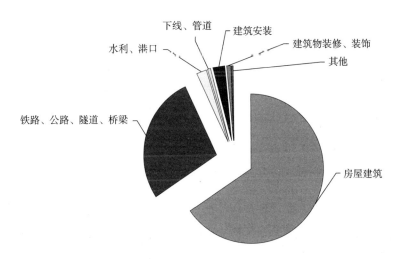

图5-1 湖南省某特级建筑企业横向经营领域

2．产品质量

产品质量是形成建筑产品差异的重要来源，包括工程质量和服务质量。

（1）工程质量

工程质量是反映工程满足相关标准规定或合同约定的要求，包括其在安全、使用功能及其在耐久性能、环境保护等方面所有显性和隐含能力的特性总和。

工程质量主要指建筑物耐久性及节能性。由于目前我国优良工程评定还未考虑节能性能，所以工程质量主要体现在建筑产品的耐久性。通过湖南省单位工程优良品率的数据统计表明，近年来湖南省工程质量水平不断提高，2010年，湖南省重点工程平均优良率达80%以上。

我国建筑产品在节能性方面，则不十分理想。从1980~2009年中国宏观建筑能耗总量构成数据来看，分为既有建筑运行能耗、建筑材料生产能耗和新建建筑建造能耗三个指标，且三者之间的比例相对稳定。其中，既有建筑运行能耗是宏观建筑能耗的最大组成部分，所占比重在60%~65%之间；建筑材料生产能耗比重次之，约35%；新建建筑建造能耗比重最小，约3%~4%。

（2）服务质量

建筑产品承发包模式不同，其服务质量的内涵也存在较大区别。工程总承包项目，服务质量体现在项目策划水平、设计质量、项目管理能力等多个方面。

在施工总承包项目中，由于规范的强制要求以及质量保证金制度的实施，企业基本能够满足施工质量要求，但是，由于建筑产品生产的单件性，不同的企业、不同的项目部，其服务的内容、水平都存在很大区别。

在工程总承包项目中，由于我国对这类项目所包含的一系列服务还没有相关的制度予以规范，所以服务质量的优劣完全取决于工程总承包企业的服务意识和技术管理能力。一些不具备工程总承包能力的企业，把设计力量和施工力量临时拼凑起来承揽工程总承包业务，结果在建设过程中，不仅设计施工脱节，而且业主也难以协调，造成工程总承包的管理效率反而不及传统模式。

通过上述分析，可以得出：我国建筑市场的工程质量和服务质量都有待提高，具体表现就是企业依靠低价或者不正当手段获取工程，转而通过偷工减料、不履行合同义务或者降低质量水平来减少成本。此外，管理制度滞后，以及市场监管不力也助长了企业对产品质量的忽视。

3. 技术创新

建筑企业技术创新是指建筑企业采用新的技术、工艺、生产方式等，显著地改善人们生活空间的设计和建造，减少建造成本，改善建筑产品性能，并改善生产经营的过程。建筑企业通过技术创新获得产品差异化，从而在市场竞争中获得高于平均水平的差异收益。

考察1999~2013年间全国和湖南省建筑业劳动生产率、技术装备率的变化（表5-2），发现其增速逐渐落后于总产值的增长率，特别是2001年后，差距显著扩大，这表明绝大部分建筑企业仍然通过资金、人力投入来实现量的扩张，通过规模增加企业效益，而以科技进步为主的内涵式扩大再生产还未成为建筑企业发展战略的主流。

建筑业技术装备率、劳动生产率以及总产值增长变化　　　表5-2

年份	技术装备率（元/人）	技术装备率增长速率（%）	劳动生产率（元/人）按增加值计算	劳动生产率增长速率（%）	总产值增长率（%）
全国					
1999	5756		14451		
2000	6304	9.52	15929	10.23	10.55
2001	7136	13.20	17621	10.62	20.43
2002	9675	35.58	15715	−10.82	
2003	9957	2.91	17476	11.20	21.77
2004	9297	−6.63	20817	19.18	25.72
2005	9273	−0.26	23427	12.54	19.06
2006	9109	−1.77	25741	9.88	20.27
2007	9208	1.09	28853	12.09	22.83
2008	9915	7.68	32444	12.45	21.54
2009	10088	1.75	37640	16.02	23.81
2010	9547	−5.36	18875	10.20	25.03
2011	12025	25.96	29142	14.29	21.28
2012	13374	11.22	63320	27.16	17.82
2013			28418	9.59	16.87

续表

年份	技术装备率（元/人）	技术装备率增长速率（%）	劳动生产率（元/人）按增加值计算	劳动生产率增长速率（%）	总产值增长率（%）
			湖南		
1999	4857		11787		
2000	5452	12.25	12697	7.72	6.14
2001	5483	0.57	14987	18.04	35.44
2002	8852	61.44	14337	−4.34	
2003	8830	−0.25	15700	9.51	34.75
2004	8204	−7.09	18870	20.19	25.53
2005	8051	−1.86	21511	14.00	18.63
2006	7812	−2.97	24109	12.08	19.97
2007	8255	5.67	26945	11.76	25.01
2008	8807	6.69	28700	6.51	15.67
2009	9010	2.30	33463	16.60	18.53
2010	9286	3.06	35838.07	7.1	26.10
2011	14520	56.36	40143.12	12.01	23.82
2012	11812	−18.65	260254	548.32	12.59
2013			267424	2.76	19.24

注：数据来源，1998～2014年中国统计年鉴。

5.1.3 结构调整行为

产业组织理论认为，竞争越激烈，厂商的利润就越少，因此，厂商之间有动机进行合作，以弱化市场竞争，抬高市场价格。兼并（Merger）是较多企业选择的方式，有横向兼并、纵向兼并和混合兼并之分。企业兼并对于市场结构及市场绩效具有深刻的影响，针对目前建筑市场兼并重组活动趋于频繁的现象，有必要对此进行深入的分析。目前国有建筑企业正处于改制转型阶段，所涉及的企业重组、主辅剥离等行为也是我国建筑市场所特有的结构调整行为。

1. 横向兼并

横向兼并是指相同产品市场中的企业合并，有两个明显的效果——实现规模经济和提高行业集中度。兼并可以减少竞争者数量，企业通过兼并扩大生产能力，增强竞争力，从而改变市场结构。

在建筑市场，随着国有企业改制的加速，企业横向兼并的现象越来越多。在横向兼并中，国有企业和民营企业成为合并的主角。如广厦建设先后并购了重庆一建、南京国际、上海合力、中地建设、杭州建工和北京二建等多家国有建筑企业。中国铁路工程总公司在2003年兼并了各铁路局和铁道部所属的20多家设计、施工企业。

值得注意的是，有一些建筑企业的横向兼并行为，不是出于企业内在动机，而是在政府部门的要求下发生的行为。还有一些企业为了申请高等级资质，通过表面的相互兼并以达到资质管理办法对企业资产、业绩等方面的要求，而企业的实际运作仍旧是相互独立的。这些都是非正常的市场结构调整行为。

2. 纵向兼并

纵向兼并是指处于产业链不同阶段的企业出于交易成本、政府干预、双重垄断、"修复"垄断势力等因素的考虑而进行兼并，大多是指总承包企业对于各类分包企业的兼并，其兼并前通常是上下游的关系。

建筑业是极端网络产业，一个工程项目需要许多企业协同作业完成，而多数网络结点就是总承包企业。总承包企业与分包企业实现纵向兼并后，总承包企业不必花费大量的人力、财力去选择分包商，分包企业也可以节约参与分包工程招投标而产生的交易费用。在建设过程中，实现纵向一体化的企业避免了独立企业间可能出现的机会主义，以对企业内部各部门的管理代替了总包方对各分包方的管理，提供的产品（包括建材、各分部分项工程）质量、交货时间有了更明确的保障，监督费用也会下降。此外，作为专业分包商，需要投入大量的资金购买专业施工设备，培养熟练工人和技术人员，这些资产具有高度专用性，如果企业不再从事该专业施工，这些资产的价值将会丧失，如果实现与总承包企业的纵向兼并，这些专用资产的投资风险将大大降低，利用的效率也会有明显的提高。

同时，修复垄断势力也是一些建筑企业进行纵向兼并的动机。在一些工业建筑市场中，EPC等工程总承包方式有了广泛的应用，工程总承包单位多是以设计为主的工程公司。处于产业链上游的工程公司拥有某些工艺流程、生产设备设计的专有技术、专利，从而在该总承包市场形成了一定的垄断，处于产业链下游的众多专业施工、安装企业的竞争相对要激烈得多。如果上游垄断方不与一家下游企业实现纵向兼并，其利润要低于垄断利润，因此，工程公司通过与下游的某家分包企业纵向兼并，通过一体化来控制价格，实现垄断利润。

需要指出的是，由于我国建筑市场竞争的激烈多变以及建筑生产具有高度弹性，企业纵向兼并可能会导致管理成本上升、效率下降，而无法灵活应对市场变化，因此，建筑企业也可以采用其他方法来替代纵向兼并：

（1）渐变一体化

总承包企业拥有一些主要专业的分包企业，当施工任务饱和时，也在市场上选择其他分包商。

（2）总包商和分包商紧密的半正式关系

因历史、部门管理、地域等因素的影响，许多专业施工企业与一些总承包企业存在长期合作关系，企业间的协调、配合比较顺畅，因此，他们之间的合作也能达到纵向兼并的效果。

（3）联合体

一些大型复杂的工程建设项目，由于对设计和施工都提出了较高的要求，需要设计企业和施工企业组成联合体承揽总承包业务。根据工程性质，联合体牵头企业，对联合体内部各企业的责任、权益做出明确规定，能保证工程实施过程中企业间稳定的合作。

3. 混合兼并

混合兼并主要是指不同产业的企业实现兼并。建筑行业的混合兼并现象并不少见，建筑企业涉足房地产业就是明证。建筑企业涉足其他行业的主要原因在于建筑市场竞争过于激烈而且缺乏稳定性，为了规避单一市场风险，企业通过混合兼并来实现产业多元化。

实践证明，许多建筑企业混合兼并并不成功，很多兼并的辅业无法为企业获得利润，反而成为企业的负担。从国外情况来看，建筑企业一体化发展的模式是由横向到纵向，再到混合，最后又重回主业。因此，我国建筑企业在进行混合兼并时，必须充分考虑企业能力和兼并辅业与主业的相关程度，实施相关多元化战略。

4. 国有建筑企业改制

国有建筑企业存在着结构层次多，职责不明，部门重叠，企业组织边界不分明，资源分配不平衡等问题。一些大型国有建筑企业往往下辖几十家甚至上百个公司或企业，这些企业包括总承包企业、各类专业企业、建筑材料生产企业、投资开发公司等，企业管理层级繁多。为了提高企业运行效率，一些大型建筑集团对于三、四层级的企业实行整体改制或剥离。如中建某工程局在2000年拥有47家各种性质的子公司，到2003年底，除了6家基于战略考虑实行绝对控股的企业外，其他全部改制和剥离。

企业改制是国有建筑企业为了适应激烈的市场竞争而采取的结构调整行为，有助于提高企业运行效益，优化市场结构，改善建筑市场绩效。因此，国有企业改制是建筑市场结构调整的一个重要切入点。而在改制过程中遇到的种种问题，不仅需要政府从政策上给予支持和引导，更需要企业不断探索和努力。

5.2 建筑市场绩效

5.2.1 建筑市场绩效分析

在产业组织理论中，市场绩效考察的是某个产业的市场运行效果，是指在一定的市场结构下，通过一定的市场行为所形成的价格、产量、费用、利润、产品质量和品种以及技术进步等方面的最终经济成果。市场绩效反映了在建筑市场结构及其行为条件下市场运行效率和资源配置效率，体现了一个市场实现经济运行目标的程度。市场绩效的状况及变化，反过来又影响市场结构和市场行为。

建筑市场绩效是指一定的建筑市场结构和建筑企业行为条件下市场运行的最终经济成果，其优劣不仅指资源配置的优劣和生产效率的高低，还包括技术进步、社会福利、社会公平等方面。在分析建筑市场绩效时，由于很难获得平均价格、边际成本等数据，因此，从结构效率、经济实力、科技进步、行业环境等方面对建筑市场绩效水平进行分析。

1. 建筑市场结构效率

市场结构、市场行为、市场绩效之间存在着因果关系，为了获得理想的市场绩效，最重要的是调整不合理的市场结构。建筑市场结构效率主要是考察建筑市场中不同规模、不同经济类型、不同生产组织方式的建筑企业之间的分布情况，直接反映建筑市场结构的变化，表征资源在不同类型企业的配置情况。

建筑市场结构效率可从产业集中度、所有制结构效率和总分包结构等方面进行分析。

（1）市场集中度

市场集中度反映市场的竞争和垄断程度。一般来说，如果集中度太高，表明大部分资源集中在极少数企业手中，这些企业的市场支配能力就会很强，形成寡占市场甚至完全垄断市场，影响市场资源配置的效率。然而，如果集中度太低，表明市场竞争过于激烈，行业利润率较低，不利于行业的长远发展。特别是对于存在一定规模经济的建筑行业而言，集中度过低意味着市场中的每一家企业都没有达到使其平均成本最低的生产规模，导致生产效率低。因此，市场集中度控制在一个适度的范围内，对于提高市场绩效是非常必要的。

（2）所有制结构

所有制结构是指各种不同所有制形式在一定社会形态中的地位、作用及其相互关系，它所反映的是各种所有制的外部关系。建筑市场所有制结构反映了国有建筑企业、集体企业、股份制企业、私营企业、港澳台商投资企业及外商投资企业在建筑市场中的地位、作用及其相互关系。进一步，可以通过各类建筑企业数量比例的变化、产值比例的变化以及产值利润率等指标评价所有制结构效率。

相关统计资料表明，在全国范围内，集体建筑企业的数量已经超过国有建筑企业的数量。但是，国有企业的平均产值是最高的，这表明建筑市场中大部分的大型企业、骨干企业还集中在国有企业领域，因此，国有企业的经营效率直接关系到行业整体运行绩效。国有建筑企业过低的利润水平，造成了建筑行业整体经济效益不尽如人意。而内资企业除国有企业、集体企业外的股份制、私营企业等其他企业，在数量、总产值上都占有绝对优势，利润水平也高于国有企业。说明了建筑业的"国退民进"，实现产权多样化是改善行业效益的有效措施。

（3）总分包结构

总分包结构是考察建筑业经济规模的纵向实现程度的指标，可以通过总承包能力和专业化能力进行评价。

以2009年的相关统计资料为例，如表5-3所示，不论全国还是湖南省、江苏省的施工总承包企业的盈利水平都不理想。这与总承包市场结构不合理是密切相关的，大中小企业在总承包能力上差距不大，无法形成产品差异，造成企业竞争缺乏秩序，恶性竞争制约了总承包企业进一步扩大规模，使其无法开展高层次、高附加值的总承包业务，反映到市场绩效上，就是总承包企业规模趋同，产值利润率偏低。

分析表明，湖南省施工总承包企业的数量比重和产值比重都远低于江苏省，这说明湖南省总承包企业过多地依赖本地市场，市场拓展能力远不及江苏省。但是湖南省总承包企业的利润水平与全国及江苏省相差无几。由于湖南省总承包企业的业务范围集中在本省，而江苏省建筑企业半数产值来自省外，说明湖南省总承包市场对外地企业壁垒较高，因此省内总承包市场竞争相对比较平缓，从而保证了省内企业的利润水平。

和全国、江苏省相比，湖南省专业分包企业的发展相对落后。其数量、产值在全国所占份额比不上劳务分包，产值利润率比全国水平低，也低于江苏省的利润水平。湖南省专业分包发展不尽如人意的根本原因在于建筑市场结构失衡，一方面总承包企业数量过多，且多集中于本地市场，竞争激烈，迫使其到专业市场与专业分包企业争夺市场，另一方面总承包企业组织结构调整缓慢，下属的专业化企业与总承包企业没有分离，总承包企业不能通过市场来选择分包企业，因此，专业分包企业缺乏市场空间，也就不可能得到长足的发展。

劳务分包是湖南省建筑市场发展的亮点。企业的利润水平高于全国水平，这说明湖南省丰富的劳动力资源使得发展劳务分包大有可为。但企业数量较少，同时收入在全国所占份额小于数量的份额，这说明湖南劳务分包的发展还有待加快，一方面需要推动更多的企业进入劳务分包领域，特别是鼓励"民工队"转化为规范运作的企业；另一方面劳务企业需要加强人员技能培训，扩大经营区域，以获取更多的市场份额。

需要指出的是，工程总承包在我国是一个新型的生产组织方式，这种生产组织方式将进一步深化建筑业的纵向一体化，改善我国建筑市场结构，提高建筑产业的效率，因此，工程总承包企业的数量、规模、盈利等也是反映总分包结构效率的重要指标，值得关注和研究。

总分包结构比较（2009年）　　　　　　表5-3

	项目	全国	湖南	江苏
总承包	数量（个）	38375	1335	3867
	数量比重	100.00%	3.48%	10.08%
	产值（万元）	679645884	23234734	89289353
	产值比重	100.00%	3.42%	13.14%
	平均产值（万元/家）	17710.64	17404.30	23090.08
	产值利润率	3.34%	3.26%	3.64%
专业分包	数量（个）	32442	508	4762
	数量比重	100.00%	1.57%	14.68%
	产值（万元）	88431533	1839286	13361744
	产值比重	100.00%	2.08%	15.11%
	平均产值（万元/家）	2725.83	3620.64	2805.91
	产值利润率	5.09%	4.74%	5.66%
劳务分包	数量（个）	6756	291	1278
	数量比重	100.00%	4.31%	18.92%
	收入（万元）	7428736.40	280845.10	1108654.10
	收入比重	100.00%	3.78%	14.92%
	收入利润率	2.77%	4.66%	4.55%

2. 经济实力

行业经济实力的强弱是一个市场绩效优劣的集中反映。建筑行业的经济实力包括生产能力、资本运营能力、市场开拓能力以及企业素质。

（1）生产能力

生产能力是反映建筑业提供建筑生产服务能力的重要指标，生产能力可以通过建筑业总产值、建筑业增加值、企业个数、从业人数和劳动生产率等指标综合反映。

由表5-4可以发现，湖南省建筑业的生产能力和江苏省还有相当大的差距，但是其增长速度是高于同期全国平均水平和江苏省水平的。这说明湖南省建筑业在稳定成长，生产规模不断扩大，生产能力不断提高，有利于湖南省建筑行业经济实力的快速提升。

但是湖南省建筑业的劳动生产率及增长速度不仅低于江苏省，也低于全国水平，这说明湖南省建筑业还处于粗放型经营阶段，生产效率不高，不利于保持生产能力的持续提高。因此，湖南省建筑业在扩大生产规模的同时，应当注意生产效率的同步提高，提高产业竞争力。

建筑业生产能力（2009年）　　　　　　　表5-4

	全国		湖南		江苏	
	数值	增长比率（%）	数值	增长比率（%）	数值	增长比率（%）
建筑业总产值（亿元）	76807.74	23.81	2507.40	18.53	10265.11	19.34
建筑业增加值（亿元）	15619.82	25.07	492.94	11.74	2322.67	34.89
企业个数（家）	70817	−0.4	1843	−4.26	8629	2.58
从业人数（万人）	3672.56	10.8	144.81	5.03	487.63	1.72
劳动生产率（按增加值）（元/人）	37640	16.2	33463	16.31	42976	20.10

（2）资本运营能力

随着我国投融资体制的改革和承发包方式的改变，对工程承包商的资本运营能力要求越来越高，资本运营能力已经成为衡量产业绩效的重要指标。

产值利润率、资产利润率、资产周转率以及资产负债率都是表征建筑企业资本运营能力的数据指标，其中产值利润率、资产利润率可以衡量企业的获利能力。总资产周转率表示每单位资产可以产出多少营业收入，从总资产周转率可以评估企业运用资产的效率，总资产周转率的周转次数越大，表示资产的使用效率越高，而资产负债率则表明了企业承受风险的能力。

（3）市场开拓能力

对于一个区域的建筑市场而言，外域市场的拓展状况直接表明其比较优势，从而体现出该区域建筑市场绩效的优劣。可通过该区域建筑企业在国内市场、行业市场和国外市场上开展业务的情况，分析建筑企业的市场开拓能力。国内市场开拓能力，可通过区域建筑企业在全国建筑市场所占份额、省外市场份额及省外市场单个项目平均盈利等指标衡量；行业市场开拓能力，可通过区域建筑企业在房屋建筑和土木工程这两个最主要的行业的市场份额来衡量；开拓国外市场的能力可以用该区域建筑企业在国际市场上的产值占其总产值的比例来衡量。

（4）企业素质

企业是市场的基本元素，因此，企业素质直接反映了市场绩效。可以用进入中国承包商80强的企业数量、企业管理创新能力、企业认证以及企业文化作为评价企业素质的指标。

中国承包商80强是由《建筑时报》以及美国的《工程新闻记录》共同推出的建筑施工企业的排行榜，它评选的依据就是企业的营业额，因此，进入该排名的企业的竞争力代表了国内建筑施工企业的最高水平，入选企业的数量直接体现了该区域建筑业的经济实力。2004年，湖南省有一家企业入选，排名17。2010年，湖南省有两家企业入选，排名分别为12和15。这表明湖南省建筑业的经济实力逐渐增强。而2004年和2010年，江苏省入选企业分别为10家和12家。湖南省建筑业还没有形成强势企业群体，因此建筑业整体的经济实力与江苏省相比还有不小的差距。

企业管理创新能力体现在体制机制创新、管理方法创新和生产组织方式创新等方面。随着PPP、BOT等新型管理模式的推广和应用，对建筑企业管理的创新提出较高的要求，大部分建筑企业还缺乏对未来建筑市场需求变化的敏感，管理创新能力有待提高。

企业文化是在一定的条件下，企业生产经营和管理活动中所创造的具有该企业特色的精神财富和物质形态。企业文化是企业的灵魂，是推动企业发展的不竭动力。我国大型建筑企业对企业文化普遍比较重视，小型企业特别是许多民营企业，由于成立时间短，人员流动性大，致使企业文化建设相对滞后，企业凝聚力不强，从而影响了企业的发展潜力。

企业认证一般分为产品质量认证和管理体系认证两种。通过质量、环境、职业健康、安全的认证工作，一方面可以提高企业的管理效率，另一方面增加客户对企业的信任度，提升企业的市场竞争力。许多建筑企业在激烈的市场竞争中已经认识到认证工作的重要性，不少建筑企业积极参与认证，以提高管理素质和水平。

3. 科技进步

科技进步渗透于产业组织的市场结构、市场行为的各个方面，科技进步程度最终通过经济增长的市场效果表现出来，它反映了动态的经济效率，因此，是衡量市场绩效的重要标准。

（1）研发水平

从研发投入来看，据部分企业的调研数据显示，建筑企业研发投入小于营业收入的1%。普遍存在自主创新能力不够、创新行为短期化、抗风险能力差等问题。除了其内在创新机制和外在支撑体系不健全外，还有一个重要原因就是没有定期地、科学地、合理地对其技术创新绩效进行分析与评估。

技术装备率、动力装备率、新技术转化应用率是建筑科技研发的重要内容。每年建筑业获得专利、专有技术、省级以上工法的数量以及知识共享程度也是表明企业研发水平的主要指标。

（2）信息化

建筑市场信息化水平可以从行业信息化、企业信息化、项目信息化三个方面来反映，其中企业信息化指标可从市场经营管理、财务管理、日常业务管理等方面进一步细分。

近年来，建筑业的信息化水平提高较快。各级建设主管部门以网络为平台，公布各种招标信息、材料价格、行业管理等信息，大大提升了对建筑市场的服务和监管水平。对湖南省部分建筑企业调查显示，83%的企业已经联网，其中79.5%的企业建立了局域网，实现了企业内部信息的快速传达。建筑企业信息化组织机构从无到有，企业高层逐渐重视，70%的企业拥有信息化管理机构。在一些大型建设项目中，建立了专门的信息管理系统，在促进参建各方的沟通协调、强化项目管理方面取得了明显的效果。

信息化包括基本设备（计算机、网络、软件）的使用、信息处理、数据储存、决策管理、分析系统以及知识信息的传播等方面。很明显，不论是湖南省还是全国的建筑业市场信息化程度还停留在基本设备的使用、信息处理这一层次，真正实现信息化的道路还很漫长。

（3）人员素质

人员素质是制约建筑业生产力提高的关键因素，因此，国内外建筑业对于从业人员质素十分重视。新加坡在《建筑21：建筑业重生（Construction 21：reinventing construction）》的报告中，就将提高建筑业职业化水平和操作水平作为发展本地建筑业的对策，可以从技术管理人员和劳务人员两个层次来考察建筑业从业人员素质。

由于建筑市场激烈竞争以及资质管理设置的条件，迫使企业对于技术管理人员和执业人员的素质比较重视。据抽样调查，2001~2004年间，湖南省建筑企业管理人才、专业技术人才增幅分别达到了40%和50%，人才素质也有明显提高。但是建筑企业要做强，就要实现产品差异性，就要在利润更高的工程总承包市场中占有一席之地，这就需要高层次的科研开发型人才以及精通工程总承包管理的管理人才。

建立注册执业制度是提升我国建筑行业职业化水平的重要措施。但是注册执业人员的分布并不均衡。2004年，湖南省建设施工项目数量为4410项，468位注册建造师和1152位注册结构师显然不能满足需求。注册造价工程师和监理工程师，虽然数量多一些，基本能够满足需求，但在这些执业人员中，普遍存在着不执业只"出租"执业资格的现象。因此，我国建筑行业注册执业体系还有待进一步完善。

据相关调查，湖南省建筑企业操作工人中80%为农民工，初中及以下文化程度的建筑劳动力占到总数量的85%，多数农民工未经培训就上岗，持"技能证"的技能人员不及从业人员的10%，技师和高级技师不足从业人员的1%，而且技师中已经出现青黄不接的现象。操作工人的技能水平直接影响到产品的生产效率及质量，因此，提高操作工人技能水平是提升市场绩效的迫切需要。

4. 行业环境

（1）市场秩序

市场秩序是评价市场绩效的一个重要方面。建筑市场秩序可以通过招标投标制度效率、市场信用状况、准入与清出制度的完善等指标衡量。

通过对建筑市场结构和行为的分析，可以发现，建筑市场目前还处于过度竞争状态，企业为承揽到工程采用合谋、贿赂等不正当的竞争手段屡见不鲜。因此，建筑市场的公平与秩序一直是讨论的热点。分析市场秩序，招投标率当然是必要的指标，但是招投标的公正性和效率也需要考察，大部分建筑市场的招投标率已经达到90%以上，但是招标过程中的围标、串标以及阴阳合同的现象时有发生，这大大降低了招投标制度的效率。

建筑市场的信用缺失和失信行为，对我国国民经济和投资效益造成重大影响，不但加大了企业的经营成本与风险，败坏了社会风气，更使全社会资源利用率低下。建筑市场责任主体不良行为记录公示制度是湖南省为改善建筑市场信用状况而采取的一项创新举措。从调查情况来看，不良行为公示大多针对建筑企业，而对业主信用、分包商信用体现不多。建筑市场的合同履约率低、工程款拖欠比例高、建筑产品偷工减料、粗制滥造等问题都反映建筑市场信用水平有待提高。

建筑市场最主要的准入清出制度就是资质管理制度，目的是扶优扶强发展一批实力雄厚的大企业和企业集团，提高其产业集中度和国际国内市场的竞争力，促进中小勘察设计单位和建筑施工企业向"专、精、特"方向发展，实现建筑产业组织的合理化。但是目前的资质管理制度并没达到制度制定的目的，低资质企业通过非法转包、"挂靠"等手段获得本应由高资质企业承担的业务，许多高资质企业规模大，但运行效率低，在市场竞争中并不比低资质企业具有更多的竞争优势。代表了先进生产水平的特级、一级企业利润水平有时反而低于二、三级企业。可以说，作为建筑市场准入制度的资质管理制度本身就存在缺陷，再加之许多地方在资质管理中把关不严，甚至弄虚作假，导致建筑市场准入制度的效率受到影响。

（2）要素市场

设备、材料、劳动力、技术、信息都是建筑企业的投入要素。建筑市场运行效率的高低与要素市场的成熟度是密切相关的，可以用建筑设备、商品混凝土、劳动力、技术和信息等投入要素的易获得性来衡量。

建筑设备租赁适应建筑企业弹性生产特点，还有利于提高设备投资的效益，节约企业资金。目前设备租赁公司大部分都是小规模，业务比较单一。由于租赁市场还处于"政策真空"区，市场准入制度不完善，市场行为的规范方面也缺少相关的办法和制度，因此，无序竞争的现象非常严重，这将给工程施工带来巨大的安全隐患。

推广应用商品混凝土是建筑企业生产方式的一项重要改革，是推广建筑产品工业化、商品化，提高工程质量，缩短工程建设周期，改善城市环境的一项重要措施。商品混凝土在我国已有三十多年的生产历史，特别是近十几年来，北京、江苏、上海、广东等经济发达地区商品混凝土普及应用发展迅速，应用商品混凝土已占当地全部混凝土用量的50%以上，北京、上海已占65%~70%，接近于工业发达国家使用水平。

劳动力的技能水平影响到建筑企业的生产效率。由于建筑劳务市场需求旺盛，劳务基地、劳务企业发展迅速，但是建筑企业的用工行为不规范，以包工头牵头组织的劳务队伍，仍然是一些区域市场的主流群体，缺乏经培训的技术工人和获得资格认证的专业技术人员。

随着建筑市场的日益规范，对于各项技术、信息服务的需求在迅速增加，因此，各类提供技术或信息服务的中介服务机构，如监理公司、咨询公司、造价公司、招投标代理公司等的数量都有极大的增长。目前中介服务机构服务的质量并不让人满意，一方面，由于中介服务机构的人员流动性大，执业资格缺乏有效管理，服务质量难以得到保证；另一方面，业主行为不规范，给中介服务机构的运营和发展造成障碍。

（3）社会责任

经济学认为，绩效的优劣应根据社会福利提高的程度和效率来判断。建筑业对社会的贡献直接反映了其对社会福利的影响。

建筑企业的社会责任至少体现在以下几个方面：推动经济发展、确保工程质量、保护环境、保证职业健康安全、节约资源。

1）推动经济发展

据测算，2000年建筑业的影响力系数为1.1656，在17个国民生产部门中排名第五，因此，建筑业是对经济引发和带动力最强的行业之一。同时，建筑业是劳动密集型产业，能容纳较多的社会就业，对社会经济发展意义重大。据调查，2002年湖南省建筑从业人员中近100万来自农村，占农村转向非农产业劳动力的11.1%。农民从建筑业得到的收入占农民家庭经营纯收入的10.5%，在各项非农产业收入中排第一位。表5-5的数据更加清楚地表明了建筑业对湖南、江苏乃至全国的经济推动作用。

建筑业贡献率 表5-5

	全国		湖南		江苏	
	建筑业增加值占同期GDP比值（%）	建筑业从业人员占全社会从业人员比值（%）	建筑业增加值占同期GDP比值（%）	建筑业从业人员占全社会从业人员比值（%）	建筑业增加值占同期GDP比值（%）	建筑业从业人员占全社会从业人员比值（%）
2006	5.74	3.77	3.92	4.37	5.22	13.14
2007	5.75	4.07	3.77	4.20	5.73	14.24
2008	5.97	4.19	3.82	4.16	5.56	14.46
2009	6.58	4.64	3.77	3.94	6.74	14.13

注：数据来源，2006～2010中国统计年鉴。

2）质量、环境、职业健康安全

由于建筑产品生产的特殊性，在整个产品实现过程中对环境、职业健康安全影响大，因此，产品质量、环境保护、职业健康安全是评价建筑业社会贡献的重要指标。

统计部门采用工程优良品率或者一次交验合格率来反映建筑产品的质量状况。建筑业伤亡人数在全国各行业中列居第二位，仅次于煤炭行业。据统计，2003~2007年期间，我国建筑施工事故共5184起，年平均1037起，共死亡6189人，年平均死亡1238人。因此，建筑生产安全和环境保护一直是主管部门十分关注的问题。

3）节约资源

资源节约体现在两个方面：一是生产过程中高效使用土地、原材料、水资源以及能源等资源，另一方面是由于节能设备、节能材料的使用，使得建筑产品在使用过程中节约各种资源。

在建筑生产过程中要达到节能的目标，要求在生产现场对人员、设备、材料、工艺等生产要素进行高效的管理，减少由于保管混乱、操作失误、窝工停工而造成的资源浪费。发展循环经济则是在更高层面上实现建筑生产的节能，这需要设计、施工、建材等企业大力开发循环技术，相互合作。目前，我国建筑企业面对激烈的价格竞争，为了实现利润最大化，许多企业采取措施减少资源浪费以节约生产成本。但是由于从业人员特别是操作人员的素质普遍不高，使得企业的节能措施大打折扣。

为了实现建筑产品在使用过程中的节能目标，国家出台了针对不同气候地区制定的居住建筑节能设计标准。据统计，到2009年底，全国城镇新建建筑设计阶段执行节能强制性标准的比例为99%，施工阶段执行节能强制性标准的比例为90%。全年新增节能建筑面积9.6亿m^2，可形成900万t标准煤的年节能能力和2340万tCO_2减排能力。全国累计建成节能建筑面积40.8亿m^2，占城镇建筑面积的21.7%，比例逐年提高。

5.2.2 建筑市场绩效评价

绩效评价是指人们为了实现生产经营目标，采用科学的指标体系和方法，按照统一的评价标准，对一定时期内的生产经营活动成果做出客观、公正的价值判断。

建筑市场绩效评价是指按照一定的程序、标准，通过定性和定量相结合的方法，对建筑市场在一定时期内的运行效果和管理绩效，做出客观、公正、综合的判断。

1. 建筑市场绩效评价的动因

（1）建筑市场发展到一个关键时期，如何更好地调整结构，如何转变成一个可持续发展的市场是值得重视的问题。

（2）建筑市场运行中产生大量的数据，合理地挖掘和利用这些数据，对建筑市场各方主体具有参考和引导价值。

（3）建筑市场绩效评价作为观察建筑市场发展的一个窗口，透过它可以看到建筑市场运行状况和发展的动态。

（4）科学合理的建筑市场评价指标体系和评价结果能为政府制定相应的政策提供依据。

2. 建筑市场绩效评价指标体系的建立

（1）指标体系构建原则

1）目的性原则

绩效评价指标的选择应该以正确反映建筑市场运行状况为目的，所选指标应科学合理地反映建筑市场的绩效水平。使用尽可能少的评价指标来涵盖尽可能多的评价内容，以达到精简高效的目的。

2）系统性原则

建筑市场的绩效水平受到市场监管方式、市场结构、运行机制、供需关系、竞争环境等因素及其交叉作用的影响，选择绩效评价指标时，必须系统地、全面地考虑所有影响建筑市场绩效的内外部因素，以保证评价的全面性和可信度。

3）可操作性原则

各项评价指标含义清晰，简单规范，易于采集和掌握，方便操作。同时，符合建筑市场的实际情况，并与现有统计资料、财务报表兼容，以提高实际评价的可操作性和整个绩效评价的效率。

4）定性指标与定量指标相结合的原则

绩效评价指标既包括定量指标，如财务指标，也包括定性指标，如业务流程指标、学习与成长指标和社会责任指标等。只有从定性分析研究开始，通过定性指标定量化，把定性指标纳入到评价指标体系中，从定性和定量两个角度同时入手，才有可能正确地把握事物的本质及其变化规律。

（2）建筑市场绩效评价指标体系的构建

通过广泛调研和深入分析，在已有课题研究基础上，构建出建筑市场绩效评价指标体系，如表5-6所示。由于建筑市场绩效内涵和构成非常复杂，限于资料获取困难，该指标体系主要针对区域性施工承发包市场进行研究和构建。

建筑市场绩效评价指标体系　　表5-6

一级指标	二级指标	三级指标	四级指标
结构效率	市场集中度	绝对集中度	CR_4、CR_8
		相对集中度	基尼系数
	所有制结构	国有企业	国有企业数量、产值比例比上年下降的比重；国有企业产值利润率
		集体企业	集体企业数量、产值比例比上年下降的比重；集体企业产值利润率
		港澳台投资企业	港澳台投资企业数量、产值比例比上年上升的比重；港澳台投资企业产值利润率
		外资投资企业	港澳台投资企业数量、产值比例比上年上升的比重；私营企业产值利润率

一级指标	二级指标	三级指标	四级指标
结构效率	总分包结构	总承包能力	工程总承包企业数量（产值）占全国工程总承包企业数量（产值）比例；工程总承包企业产值利润率；施工总承包企业数量（产值）占全国总承包企业数量（产值）比例；施工总承包企业平均产值；施工总承包企业产值利润
		专业化能力	专业化承包企业数量（产值）占全国专业承包企业数量（产值）比例；专业化承包企业产值利润；劳务企业数量（收入）占全国劳务企业数量（收入）比例；劳务企业收入利润率
经济实力	生产能力	建筑业总产值	—
		建筑业增加值	—
		企业个数	—
		从业人数	—
		劳动生产率	—
	资本运营能力	产值利润率	—
		资产利润率	—
		资本周转率	—
		资产负债率	—
	市场开拓能力	国内市场	全国市场份额；省外市场份额；省外市场单个项目平均赢利能力
		行业市场	房建市场比例；土木工程市场比例
		国外市场	国际产值占总产值比例
	企业素质	中国承包商60强	进入中国承包商60强数量、排名
		管理创新能力	体制机制创新；科学管理方法创新；生产组织方式的创新
		企业认证	通过ISO9000、ISO14000、OHSAS18001认证的企业数
		企业文化	—

一级指标	二级指标	三级指标	四级指标
科技进步	研发水平	技术装备率	—
		动力装备率	—
		新技术转化应用率	—
		科技贡献率	—
		获得专利、专有技术、省级以上工法/年	—
		研发投入总量及比例	—
	信息化	行业信息化建设	—
		企业信息化建设	市场经营管理；财务管理；日常业务管理
		项目信息化建设	—
	人员素质	技术、管理人员	技术、管理人员数量、比例；专业资格证书持证比例；中、高级人才比例
		劳务人员	培训人数及比例；持证上岗人数及比例；熟练工人年龄分布
行业环境	市场秩序	招投标比例	—
		信用状况	合同履约率；工程拖欠款比例
		行业监管力度	—
		准入与清出制度的完善	—
	要素市场	设备租赁比例	—
		商品混凝土使用率	—
		劳务市场的完善	—
		技术市场的完善	—
		信息服务市场的完善	—

一级指标	二级指标	三级指标	四级指标
行业环境	社会责任	推动经济发展	建筑业增加值占GDP比例；就业人数占总就业人数比例；吸纳农民工比例；农民人均收入增长情况
		质量、环境、职业健康安全	一次交验合格率；省级以上奖项获奖数量及比例；百亿产值死亡率；职业健康；环境保护
		节约资源	节地、节能、节水、节材

3. 建筑市场绩效评价方法

（1）绩效评价方法

目前，绩效综合评价的方法很多，有些用于确定指标权重，有些用来进行综合评价，主要有：层次分析法、模糊综合评价法、数据包络分析法、德尔菲法、线性加权综合评价法等。

1）层次分析法（AHP）

层次分析法是一种定性与定量相结合的、层次化的权重确定方法。它将复杂的问题分解为若干因素，然后将这些因素按照隶属关系形成一个多层次的分析模型，通过判断比较计算同一层次各个要素的权重，最后确定综合权重。

层次分析法的优势在于：①简单实用，不仅适用于存在不确定性与主观性的情况，还允许用合乎逻辑的方式运用经验、洞察力和直觉。②它将问题转化为多层次单目标问题，将研究对象作为一个系统，把定性方法与定量方法有机地结合起来，经过两两比较判断，最后进行简单的数学运算。

其缺点是在使用过程中，无论是建立层次结构还是构建判断矩阵，人的主观判断、选择和偏好程度对结果影响都较大，判断失误会使结果难以令人信服。

2）模糊综合评价法（FCE）

模糊综合评价法（Fuzzy Comprehensive Evaluation），是以模糊数学为基础，应用模糊关系合成的原理，将一些边界不清、不易定量的因素定量化，并从多个模糊因素对被评价事物隶属等级状况进行综合评价的一种方法。

模糊综合评价法有以下特点：①依据各类评价因素的特征，确定评价值与评价因素之间的隶属度函数，很好地解决了判断的模糊性和不确定性问题；②以最优的评价因素为基准，其他次优的评价因素依据次优的程度得到相应的价值。

其不足包括：①不能很好地解决指标间相关性造成的信息重叠问题；②多目标模型中确定隶属度函数时较为繁琐。

3）数据包络分析法（DEA）

数据包络分析法（Data Envelopment Analysis）是以"相对效率"概念为基础，利用线性规划的方法，对具有可比性的同类型单位进行相对有效性评价的一种数量分析方法。

其主要特点是：①既可对不同对象进行横向对比，也可对单个对象做纵向对比；②不用预先算出投入产出综合比率的指标，它将投入与产出分别考虑，计算量较小；③不需要预先知道投入产出指标之间的显性函数关系；④不用事先确定各评价指标的权重。

因此，它具有较强的客观性与实用性。其优点是可以评价多输入多输出的大系统，并可用"窗口"技术找出薄弱环节并加以改进。其缺点是只能表明评价单元的相对发展指标，无法表现其实际发展水平，且所需数据量较大。

4）德尔菲法

德尔菲法，又称专家调查法，它是一种客观判断法，由美国兰德公司在20世纪40年代首先倡导使用。德尔菲法本质上是一种反馈匿名函询法。它主要是采用通信的方式，通过向见识广、学有专长的各有关专家发出预测问题调查表的方式来搜集和征询专家们的意见，并经过多次反复综合、整理、归纳各专家的意见以后，再匿名反馈给各专家，再次征求意见，再集中，再反馈，直到做出预测判断。由于各专家之间互不通气，各人根据自己的经验、观点和方法进行预测，避免了专家之间因为观点不同、地位不同等原因而产生干扰和影响。同时，多次重复征询反馈使得各专家在重复预测时能做出较全面的分析和判断。

5）线性加权综合评价法

在诸多评价方法中，线性加权综合评价法是一种比较方便实用的方法，即当各个单一目标确定之后，多目标融合控制可以通过加权的方法来实现，权系数的大小反映了每个单一性能指标优先权的高低。该方法适用于各评价指标相互独立的情况，此时各评价指标对综合评价水平的贡献彼此是没有什么影响的。由于合成运算采用加和的方式，其现实关系是部分之和等于总体，若各评级指标间不独立，加和的结果是造成信息重复。

（2）建筑市场绩效评价方法

从绩效评价指标的内容来看，建筑市场绩效评价中定性指标占的比重较大，导致指标权重确定以及评价方法选择的模糊性，主要体现在以下方面：

1）外界环境影响的不确定性

建筑市场既受到经济、政治、文化等社会环境的影响，其市场内的各个要素也会受到地质、气候、生态等自然因素的影响，这些因素都对绩效有间接的、不确定的影响。

2）绩效评价的复杂性

建筑市场绩效评价，不仅要考虑市场整体结构方面，也要考虑社会责任方面；不仅有定量指标，也有定性指标。而且，由于建筑市场特点和所处阶段各不相同，对其绩效评价的重点也有所差异，其评价指标和评价标准十分复杂。

3）认识的模糊性

建筑市场一些要素和指标难以用金额，或者其他数字量化表示，有必要借助问卷调查、打分等形式，引入专家智慧对那些较难量化的指标予以定量描述。由于人们对事物的认识都带有一定的模糊性和局限性，绩效评价必然受到评价主体的性格、偏好、价值观、经验、知识和技术水平等诸多因素的影响。

因此，建筑市场绩效评价方法应根据实际情况选择采用，例如，线性加权综合评价法、德尔菲法、层次分析法等，是比较适用的评价方法。

4. 建筑市场绩效改进

通过建筑市场绩效评价，当市场绩效水平达不到标准时，说明该市场总体水平落后于期望水平，市场有待改进和完善。

建筑市场绩效持续改进包括绩效评价结果分析、评价结果反馈和改进方案制定与实施等方面的工作。

（1）绩效评价结果分析

对综合评价结果和各单项指标的评价结果进行分析，如果综合绩效水平不理想，分析对综合绩效水平影响大且评价结果不理想的单项评价指标，找出主要影响因素和主要症结之所在。对于评价结果比较好的单项指标或子项，进一步总结经验，巩固成绩。

（2）绩效评价结果反馈

以会议或网络的形式，将评价结果反馈给各市场主体，包括政府各职能部门、业主、承包商、中介服务机构以及社会媒体等。

（3）改进方案制定与实施

采用鱼刺图等方法，从结果不理想单项指标的影响因素着手，找出关键影响因素和主要症结，有针对性地采取措施。由建设行政主管部门牵头，协商各方共同制定合理的绩效改进方案，并有计划地组织实施。

目前来看，建筑市场绩效改进的重点在于：提高建筑市场进入壁垒，优化退出机制；加快市场结构调整，提高市场集中度；加强产业政策引导，完善总分包生产体系；加快政府职能转变，提高市场监管效能与效率。

建筑市场交易与交易制度

?

问题与讨论

1. 交易的本质与内涵是什么?

2. 思考新中国成立以来我国建筑市场的制度变迁及其对我国建筑市场交易的影响,试举例分析。

3. 什么是交易成本?与交易模式、合同形式选择的关系?

4. 在建筑市场交易过程中,政府的角色与定位?如何看待政府干预不足或过度干预的问题?论述在建筑市场交易中政府职能的转变。

5. 中西方文化的不同对交易制度的影响?

6. 为什么要进行招标投标制度的绩效评价研究?评价指标和方法有哪些?如何完善招标投标制度?

7. 讨论工程招标投标制度、合同管理制度和工程担保制度的内在联系。

8. 如何看待制度创新?建筑市场交易制度的创新成本有哪些?怎样理解"制度创新都是从违规甚至违法开始的"这句话?

6.1 市场交易理论基础

6.1.1 产权理论

产权是使自己或他人收益或受损的权利，是"由物的存在而产生，与这些物的利用相联系的，人们之间的一组被认可的行为性关系"（菲吕博腾，配杰威齐，1972）。把产权理解为一种行为权利或行为性关系，其实质在于将之理解为在以人对物的关系为前提下的人与人的关系。产权包括：（1）财产的所有者在不违反法律的范围内，自由处分其财产，并排除他人对财产的一切干涉的权利，即所有权，它是其他物权的源泉；（2）在权利所允许的范围内以各种方式使用权利，即使用权；（3）在不损害他人的情况下可以享受从事物中所获得的各种利益，即收益权；（4）改变事物的形状和内容，即决策权；（5）通过出租可以把使用权转让给别人或把所有权出售给别人，即让渡权。

1. 科斯的产权理论

科斯是产权理论的创始人，其产权理论是关于产权界定及交易成本对议定契约的影响的理论，由"科斯定理"和"科斯第二定理"构成。

在《联邦通讯委员会》（科斯，1959）中，科斯选择无线电频率作为对产权进行经济分析的主题。他的结论是：面对人们争相广播引起的相互干扰，应通过在频率中划分产权，让市场来解决这一问题。只要对产权作明确的划分，减少社会总产出损失的目标可通过市场本身轻而易举地达到，而且还会更有效。在这篇论文中，他阐述了后来被称为"科斯定理"的基本思想。《社会成本问题》（科斯，1960）一文主要是探讨"外部性"问题。一个工厂A污染周围的农场B，就是A对B产生"负的外部性"的例子。科斯反对庇古关于解决相互损害问题的理论，即导致损害的一方必然受到限制。科斯把损人利己的权利看作是损人利己者可以得到也可以得不到的权利。所谓"科斯定理"就是说：只要交易成本为零，无论法律上要求A补偿B还是B补偿A，都不影响最终的资源配置。因为A和B可以私下交易谈判，达成对双方最优的协议。科斯的推理是：如果污染工厂A生产后有足够的利润，使得在补偿解决污染问题的成本后还有利可图，即使农场B有法律权利要求A补偿，污染工厂还是会生产下去。反之，如果A有权排放污染，而B不愿出更大的钱"收买"A不去生产，则污染工厂还是照样生产。总之，最终资源配置（污染工厂生产与否），在交易成本为零的假设下，与最初始的法律界定（或财产权）无关。

科斯承认零交易成本是"很不现实的假定"。在引入交易成本后，对外部侵害的权利调整只有在经过这种调整后的产值增长要多于它所带来的成本时方能进行。因此，"合法权利的初始界定会对经济制度运行的效率产生影响，权利的一种安排会比其他安排带来更多的产值，亦可能有更高的成本"。市场交易成本影响着资源配置的效果，这就是所谓的"科斯第二定理"。在科斯看来，任何一种权利安排都需要成本，问题的实质只在于选择一种成本较低的权利安排方式。根据成本最低原则，市场、企业、政府都有其资源配置功能上的最优边界。动态来看，三者的最优边界会由于某一配置方式的成本变化而变化，从而社会的经济运转、资源的配置过程就是一个以交易成本最低为原则，不断地重新安排权利、不断地调整权利结构的过程。

2. 德姆塞茨的产权理论

德姆塞茨在《关于产权理论》中列举了北美印第安人的狩猎边界和皮毛贸易的关系来说明产权的起源及其与经济发展的联系。当皮毛贸易没有发展起来的时候，印第安人的狩猎只是为了自给自足，所以狩猎野兽的数量并不很大，也就无须划分他们之间的狩猎边界，但皮毛贸易发展起来以后，狩猎野兽的目的就是为了出售，因而猎捕数量剧增，印第安人之间的冲突就会增加，这时划分他们之间的狩猎边界就是一件值得做的事情了。进而，土地私有权制度的建立和发展，又会反过来影响人与人之间合作的交易成本，在某一块土地产权没有归属的情况下，一个猎手若要利用这一块土地的好处，就必须与这一块土地的所有可能的使用者谈判，而当这一块土地有了确定的归属以后，谈判对象就会大大减少，从而大大地降低交易成本，并且由于明确了产权边界，使人们的计算变得简单了，因此，产权制度的建立和发展又推动了经济的发展。

德姆塞茨把产权看成是社会的工具。产权的作用在于"规定了人们怎样受益或受损，从而规定了谁必须给谁补偿以改变人们的行动"。这事实上是把产权和外部性联系在一起了。德姆塞茨是以外部性为中心来研究产权的作用、起源、组合等问题。他认为"产权的主要功能是引导人们尽可能地把外部性内在化"。与科斯等人一样，他把交易成本放在十分重要的位置。"产权重新配置的过大的交易成本可能使之不能进行，从而使外部性不能内在化"（德姆塞茨，1967）。

德姆塞茨在对土地所有权和股份公司形成的分析中，得出的主要结论是：一方面，所有权趋向成为个人的所有权；另一方面，个人所有权的程度和范围趋于和总成本（交易成本加生产成本）的最小化相一致。在德姆塞茨的分析中，产权配置、外部性、交易成本、规模经济四个因素的交互作用决定着产权格局的演变。

3. 张五常的产权理论

张五常的产权理论从"人都是自私的"这一论断出发，论证私有产权是发展经济的"独步单方"。他把界定权利的办法分为三种：第一种是没有私产，也没有等级特权，人们使用资源的竞争行为由法规管制；第二种是共产制度，竞争者没有私产，但不同的人有不同的等级产权；最后一种就是私产制度，在这种制度下，人的权利是以资产来界定的，私有产权是指资产的主人可以独自决定资产的使用。张五常认为，以上的三种权利界定的办法，都是为了减少在没有任何规则和约束的情况下资源使用的巨大浪费。不同的产权制度有不同的交易成本，张五常把一个国家的富裕或贫穷完全归咎于该国产权制度的"交易成本的比重是较低还是较高"。

他举出五个理由，来说明资产界定权利的制度即私有产权制度的优越性。（1）以资产界定权利来约束竞争，资产的界定大都是基于可以量度的实物，比以等级或法规管制的办法更加清楚明确，所以比较容易处理，但是资产实物的明确界定并不容易。（2）私有产权的转让允许自由选择合约，使资产的拥有者能采用交易成本较低的合约形式来组织生产。（3）私产的自由转让减少交易成本。（4）每个私产的拥有者，为了适者生存会用自己的信息来做生产的决策。（5）私产市场有市场价格，市场价格包含多种信息的传达。在私产制度下，不管一个人怎样隐藏自己所知的信息，只要他在市场上进行买卖，就不可避免地将自己所知的信息传达到市场上。

6.1.2　交易基础理论

1. 康芒斯的"交易"：交易的一般化

在《制度经济学》（康芒斯，1934）一书中，旧制度经济学代表人物康芒斯，把交易作为比较严格的经济学范畴建立起来并作了明确界定和分类，提出了有关交易的重要论点：

（1）交易是人类经济活动的基本单位，也是制度经济学的基本分析单位。

（2）交易是人与人之间的关系，是所有权的转移，是个人与个人之间对物的所有权的让渡和取得，而不是人类与自然的关系。在康芒斯看来，生产是人与自然的关系，交易是人与人之间的关系，生产活动和交易活动共同构成了人类的全部经济活动。

（3）交易与古典经济学和新古典经济学中的交换不同，交换是一种移交与接收物品的劳动过程，是一种物品的供给与需求的平衡或伸缩关系，传统经济学就是对这种供求平衡关系的描述；交易不以实际物质为对象，而以财产权利为对象，是人与人之间对自然物的权利的让渡和取得关系。

（4）交易可分为三种类型：①"头卖的"交易，即法律上平等的人们之间自愿的交换关系，主要表现为市场上人们之间平等的竞争性买卖关系；②"管理的"交易，长期合约规定的上下级之间的不平等交易，主要表现为企业内上下级之间的命令与服从关系；③"配额的"交易，又称为限额的交易，指的是"一个集体的上级或者它的正式代表人"的交易——政府交易。由于这种交易是政府与公众之间进行的。每一个公民个人只能得到相同数量的产品，所以叫配额或限额的交易。这也是一种上级对下级的关系，主要表现为政府对个人的关系。

2. 科斯的"交易"：交易的可计量化

以科斯为代表的新制度经济学家们是从资源配置效率的角度来认识交易的内涵，并以经济学的方法分析制度及其运行的规律。科斯的"交易"含义及其研究的思路与康芒斯有较大的不同，其关于交易的理论思想是从对企业性质的研究当中展开分析的。科斯的"交易"，在多数场合是指较狭义的市场交换或市场交易。例如，科斯认为，在企业之外，价格变动决定生产，这是通过一系列市场交易来协调的；在企业之内，企业家指挥生产，市场交易被取消，交易的复杂市场结构被企业家所替代。科斯提出了交易的可计量化的观点，依据此观点，交易的成本和收益也是可以计量和比较的，因而可以运用新古典经济学方法对交易进行分析并将其纳入正统经济学的分析框架。

3. 威廉姆森的"交易"：交易的细化

威廉姆森进一步分析了交易的特性，对交易进行了细化和一般化，使交易的经济分析更具有可操作性。威廉姆森认为，交易相异的主要维度是资产专用性、不确定性程度和交易频率（威廉姆森，1979）。

（1）资产专用性

资产专用性实际上是测量某一资产对交易的依赖性，资产的专用性越强，越需要交易双方建立一种稳定的、持久的契约关系。由专用性投资支持的交易既不是匿名进行的，也不是在瞬间就能完成的，因此，交易的发生需要各种合同和组织措施。

（2）交易的不确定性

在交易过程中，交易双方既要面临来自环境的不确定性，还要面临来自交易双方行为的不确定性。在不同的交易中，不确定性所产生的作用和约束交易的程度也是不同的，一般来说，在短期交易中，不确定性的影响相对较小，而在长期交易中，不确定性的影响则较大。交易不确定性的存在意味着交易决策必须是适应性的、连续性的，并且决定弱化这种不确定性影响的相应规制结构的存在。

（3）交易的频率

交易发生的频率是影响交易的成本和收益的一个重要因素，因而它对组织制度的选择也有重要影响。主要体现在设立某种交易的规制结构的成本能否得到补偿，频率越高，交易的规制结构的成本越能得到补偿。

6.1.3　交易成本理论

1. 交易成本理论的产生与发展

（1）交易成本理论的产生

新古典经济学将完全竞争的自由市场经济作为研究背景，价格理论是其理论核心，价格机制能够保证各种资源的配置自动达到帕累托最优状态。这意味着市场价格机制的运转是无成本的、无摩擦的，对于市场交易来说，不存在了解市场信息的困难，不存在交易的障碍。也就是说，交易是不需要任何成本的。

这个理念在新古典经济学的教科书里存在了相当长的时间，直到《企业的性质》（科斯，1937）首次提出了交易成本的思想，这是人类认识史上的重大飞跃，被认为是新制度经济学的开山之作。科斯指出，市场并不是万能的，它的运行也是有成本的，或者说"使用价格机制是有代价的"。《社会的成本》（科斯，1960）将交易成本进一步具体化，"为了进行市场交易，有必要发现谁希望交易，有必要告诉人们交易的意愿及交易模式，以及通过讨价还价的谈判缔结契约的签订，监督契约条款的严格履行等。这些工作通常是花费成本的，而任何一定比率的成本都足以使许多无需成本的定价制度中可以进行的交易化为泡影"。

（2）交易成本理论的发展

1）威廉姆森的"交易成本"

威廉姆森在《市场与等级结构》（威廉姆森，1975）和《资本主义经济制度》

（威廉姆森，1985）中对交易成本理论做了进一步阐述。他认为，因为交易的当事人是信息不对称、动机离散、相互警惕的不同个体，而资源的花费能降低信息的不对称和保护不被交易对方所侵害，在这种情况下，交易成本自然就会产生了。交易是经济分析的基本单位，而交易是通过契约进行的，从契约的角度出发，交易成本可分为"事前的"和"事后的"两类。事前交易成本是指起草、谈判、保证落实某种契约的成本，也就是达成合同的成本；事后交易成本是指契约签订之后发生的成本，可以有许多表现形式：①当事人想退出某种契约关系所必须付出的代价；②交易者发现事前确定的价格等合同条款有误而做出改变所必须付出的费用；③交易当事人为解决他们之间的冲突所付出的费用；④为确保交易关系的长期化和持续性所必须付出的费用等。

2）其他经济学家的"交易成本"

除了科斯和威廉姆森以外，还有大批的新制度学派经济学家对交易成本的概念进行了界定。马修斯将交易成本定义为包括事前准备合同和事后监督及维护合同执行的费用，与生产成本不同，交易成本是履行一个合同的费用。交易成本与经济理论中的其他成本一样是一种机会成本，它也可分为可变成本与不变成本两部分（马修斯，1986）。

张五常在《经济组织与交易成本》（张五常，1992）一文中，将交易成本的概念扩展为"是一系列制度成本，其中包括信息费用、谈判费用、起草和实施合约的费用，界定和实施产权的费用，监督管理的费用和改变制度安排的费用"。

诺贝尔经济学奖得主诺斯从组织生产的角度来说明交易成本，他将交易成本界定为："交易成本是规定和实施构成交易基础的契约的成本，因而包含了那些允许经济从贸易中获取收益的政治和经济组织的所有成本"（诺斯，1994）。诺斯认为人类的社会活动可分为执行交易和物质转型两种功能，其中花费于执行物质转型功能的资源耗费成为转化成本或古典的生产成本，花费于执行交易活动的资源损耗为交易成本。

巴泽尔把交易成本定义为与转让、获取和保护产权有关的成本。一般地说，交易成本是个人交换他们对于经济资产的所有权和确立他们的排他性权利的费用（巴泽尔，1997）。

交易成本理论经过大批经济学家的研究，越来越受到社会的重视，交易成本的概念也逐步深入到经济社会的各个领域。

2. 交易成本的组成与分类

"有限理性"是新制度经济学的基本假定之一，是指人类通常不可能想象出决策所面临的全部备选方案，也不可能具备关于未来的各种可能性及其后果的完备知识。为尽可能做出科学的决策，人们必须在以下方面进行努力：（1）搜集、加工和处理相关的交易信息，向交易对象提供自己的供给或需求信息；（2）明确交易主体的产权身份；（3）了解和验证交易客体的品质以及其他特征信息；（4）在反复的讨价还价中形成交易契约；（5）对交易的结果做出约束性的责任安排。

除了威廉姆森事前事后交易成本划分方法，交易成本的分类还有以下形式：

（1）外生交易成本和内生交易成本

外生交易成本是指因人类的"有限理性"、克服交易不确定性而需支出的成本。它是在交易决策前可以预测的、在交易过程中实际发生的各种直接和间接的费用，而不是由于决策者的利益冲突导致经济扭曲的结果。

内生交易成本指由于逆向选择、道德风险等机会主义行为的存在，产生的需要用概率和期望值来测度的潜在的损失。"经济人"追求自身利益最大化有两条途径：一是参与财富创造，然后分得属于自己的那一部分；二是争夺已有的社会财富，而这些财富有可能属于他人或公共领域，后者就是机会主义行为。现实人的"有限理性"导致存在着"不完全信息"和"非对称信息"，为机会主义行为的出现创造了条件。机会主义行为是内生交易成本产生的根源，内生交易成本是人们机会主义自利决策之间交往的结果。

（2）必要交易成本和不必要交易成本

必要的交易成本是指在给定的科技发展水平下，对应于给定的分工水平所必需的最低交易成本。而不必要的交易成本是由制度、行为或个人失误造成的，原本可以节约的交易成本。

3. 交易成本的影响因素

（1）产权制度

产权制度与交易成本是对立统一的两个方面。一方面，交易双方权、责、利关系越模糊，外部性和社会成本无人承担的问题就越大，为界定和维护产权的制度安排所需要的成本就越多；另一方面，产权制度与交易成本又是相互联系的，明晰地界定产权可以降低交易成本。现代产权制度是权责利高度统一的制度，其基本特征是归属清晰、权责明确、保护严格、流转顺畅。我国目前正处在全面的体制转型时期，产权制度多元化改革将影响转型时期中国交易成本变动。

（2）市场化

市场化是指经济资源由计划配置到由市场配置的根本性转变，以及由此所引起的企业行为、政府职能等一系列经济关系与上述转变相适应的过程。市场化程度主要体现在市场配置资源功能在整个社会范围内发挥作用的程度，随着市场化发展的深入及市场机制的形成，市场配置资源的功能日益强化，主要表现在：价格信号开始发挥市场导向作用，成为生产与投资决策的重要依据，市场价格根据供求情况自由涨跌，市场主体对价格的变动做出灵敏反应，而竞争性的市场价格形成，对于节约交易成本至关重要。

（3）信用

信用是指参与经济活动的当事人之间建立起来的以诚实守信为基础的能力，是交易活动中最重要的资源。在高信用社会中，自然人之间、组织之间的自发性交易活动发达，它可以无须借助政府力量而由民间自发发展出向心力高的大规模组织。而在低信用社会中，自然人之间、组织之间的自发交易活动少，交易活动范围小，形式单一，次数有限，常常需要借助政府力量，于是非生产性寻利规模会增大，提高了交易成本。诚信的市场环境决定着市场经济发展质量，也影响着建筑市场的交易成本。

（4）政府监管

在许多发展中国家，政府会跨越界限取代市场发挥作用，特别是很容易在约束不力条件下出现"设租"和"寻租"现象。因此，政府职能的错位也是导致发展中国家交易成本高的一个因素，主要体现在：一方面，繁杂的政府审批程序以及"政出多头"等情况增加许多制度化成本，进而衍生出额外的时间成本、货币成本等；另一方面，当对经济的干预过多而对政府官员又缺乏有效的约束时，极易形成"寻租"与"被寻租"等非制度化成本，非制度化交易虽然降低了单个交易者的交易成本，但却造成市场的无序竞争和资源的浪费，增加整个社会的交易成本。

6.1.4 制度变迁理论

制度一直被认为是外生变量而没有被纳入到正统的经济学分析框架之中，然而关于制度的矛盾无处不在，理性人追逐自身利益的强大动力既是经济增长、社会繁荣的主要动因，也是经济衰退的主要源泉，这种理性人的"非理性结局"，正是由于人为的社会制度造成的，这就使西方学者不再囿于新古典经济学的分析框架，或是去争论市场与政府干预的协调机制，而是将组织和制度纳入经济学的分析范围。

1. 旧制度学派的制度变迁理论

制度经济学的主要研究对象是经济制度的产生、发展及其作用。凡勃伦是旧制度学派的主要代表人物，他认为经济学研究的对象是人类经济生活借以实现的各种制度，他把社会经济的发展看作是人类经济生活中各种制度形态持续演进的历史过程，社会经济的发展根源于各种经济制度的发展。

（1）制度的定义

"制度实质上就是个人或社会对有关的某些关系或某些作用的一般思想习惯；

而构成生活方式的，是在某一时期或社会发展的某一阶段通行的制度的综合，从心理学角度来说，可以概括地把它说成是一种流行的精神态度或一种流行的生活理论。如果就其一般特征来说，则这种精神态度或生活理论，说到底可以归纳为性格上的一种流行的类型"（凡勃伦，1964）。可见，凡勃伦把社会经济制度看作是一种流行的精神态度，把制度归结为在人们本能心理的基础上产生的思想习惯。

（2）制度的形成及变迁

凡勃伦认为，制度是由人们的思想习惯形成的，而思想习惯又是从人类本能对生活环境产生的心理反应产生的，所以制度归根结底受本能支配。在凡勃伦看来，惯例和规范最初产生于群体的生活习惯，产生于思想和行为模式，而思想和行为模式又主要来源于当时流行的生活方式。物质和技术环境塑造生活模式，后者又转而变成了常规。凡勃伦认为制度基本上是个社会惯例问题，社会惯例来自制度系统首次出现时，受实际生活方式磨练或约束性影响的人们最终所得的一种意见一致。随着时间的推移，这些惯例最后就获得了规范性意义。

凡勃伦在分析制度和制度变迁时应用的是一种"累积因果论"，即制度演进的每一步由以往的制度状况所决定，他把制度的变迁或演进视为累积因果过程。凡勃伦认为制度变迁，包括习惯、规范和法律，其发生最初是个人行为模式变化的无意结果，但它们最终将推动审慎的、主要是政府的法律修改和重组过程。凡勃伦承认这些过程可能是缓慢的、迟疑不决的，当这种制度重组面临既定的古代原则和令人尊敬的规范以及顽固的既得利益者时尤其如此。在凡勃伦的讨论中，通行的制度可能对技术变迁有着深刻的影响。这是因为，像其他所有活动一样，技术活动是从文化上嵌入的，进而又受到制度框架中的成见和目标的影响。

2. 新制度学派的制度变迁理论

以加尔布雷斯为代表的新制度学派承袭了凡勃伦的基本思想，更多地从制度方面或结构方面来分析资本主义社会。他们研究的制度，不仅包括各类组织（公司、工会、国家、企业主协会等），还包括社会集团的行为准则、社会意识类型。加尔布雷思自称他的研究是"结构改革",而不是"量的增减"。他不考虑经济增长,认为对结构的研究比对增长率的研究更符合实际,制度方面的目标比增长率的目标更为重要。加尔布雷斯认为应当把重心转移到"质"的方面来,应当主要采取制度分析和结构分析的方法(加尔布雷思,1973)。

(1)对制度的解释

在新制度学派看来制度只是人类本能和外在客观因素相互制约所形成的和广泛存在的习惯现实的经济制度,只不过是心理现象的反映和体现,起决定作用的是法律关系、人们的心理以及其他非经济因素。加尔布雷斯甚至"把人当作习惯和遗传下来的思想、态度的奴隶,这种习惯和遗传下来的思想、态度的合理性只是偶尔表现出来"。

(2)研究对象与方法

新制度学派力图建立能说明整个文明变化的理论,把注意力集中于社会制度和社会进程的演进,企图系统地和全面地分析社会发展的经济因素和政治因素,把现代资本主义经济的、社会文化的和政治的各种制度作为研究对象。

加尔布雷斯认为,新古典学派模式脱离实际生活的基本原因在于,它把经济现实看作是静止的,凝固不变的。因此,新制度学派主张从根本上刷新现代经济理论的方法论基础。他们认为,由于技术的不断变革,资本主义经济制度和社会结构处于不断演变的过程中。资本主义制度是一种"因果动态过程",所以经济学必须研究变化和过程,而不是研究静止的横断面,也就是说,对经济问题的研究要用演进的方法。新制度学派的演进方法,是同所谓整体方法互相联系着的。他们认为在经济研究中,应该把注意力从作为选择者的个人和企业,转移到作为演进过程的整个社会。他们强调经济学所讲的整体,要大于经济的各个组成部分的总和。所以研究问题不能遵循相反的道路,即先研究各个组成部分然后再来加总起来。加尔布雷斯指出:"把现代经济生活当作一个整体观察时,才能更清楚地了解它","专门化固然是方便的,但这是错误的根源"。

（3）制度的变迁

加尔布雷斯论证得出，在不同历史阶段上有不同的生产要素成为最难获得、最难替代从而是最重要的生产要素。谁掌握了这种生产要素谁就拥有了权力。他指出，土地、资本等曾先后成为这样的生产要素，所以曾存在过地主掌握权利和资本家掌握权力的时代。而当今时代，科学知识和技术已成为最重要的生产要素，于是权利转移到技术结构阶层手中。

在他看来，现代资本主义社会的矛盾，已不是穷人和富人之间的矛盾，而是有专门知识的"技术结构阶层"同"无知识的粗俗人"之间的矛盾，国家也变成了"技术结构阶层"的执行委员会。为把个人和国家从"技术结构阶层"控制下解放出来，必须进行社会革新，即"结构改革"。主要办法是加强国家对经济的管理，由国家实行管制、调节、计划，以实现社会公共目标。

3. 新制度经济学派的制度变迁理论

以科斯和诺斯为代表的新制度经济学的制度变迁理论是一种关于制度的替代、转换和交易过程的理论，认为制度变迁是一个过程，是由效益更高的新制度替代效益低的旧制度的过程，强调人口、知识、技术的变化对制度变迁的作用。至于制度变迁的动力，新制度经济学与传统制度经济学在认识上有明显不同，凡勃伦强调人的本能心理的作用，而诺斯等人则强调人的理智心理的作用。诺斯等人是把制度变迁的动力归结于理性人对制度变迁所带来的"成本-收益"的比较计算，认为制度需求与制度供给的约束条件是制度的边际转换成本等于制度转换的边际收益（诺斯，1990）。

新制度经济学派有以下几个方面的创新：（1）坚持逻辑实证主义方法论，把传统微观经济学的边际均衡分析方法与制度分析方法结合起来；（2）以资源配置为主题，改变了其他制度经济学主题变幻不定的状况；（3）创立了"交易成本"范畴，并使之成为核心范畴。

一般认为，新制度经济学在原来新古典经济学的生产成本这一种约束条件的基础上，引入了另一种约束条件——交易成本。依托交易成本概念，新制度经济学将主流经济学的"成本–收益"框架延续到制度领域，既具有制度主义的一定批判性，也为主流经济学所接纳，从而得到迅速发展并引人瞩目。从深层次上看，其基本方法论和理论假设与主流经济学的趋同才是新制度经济学兴起的真实原因。

6.2　建筑市场交易

6.2.1　建筑市场交易特点及分类

1. 建筑市场交易特点

建筑市场交易是指以一系列的交易规则和制度为约束，由建筑市场多个主体参与，以合同形式确立交易关系的经济行为。由于建筑市场交易的多样性和复杂性，为了分析方便，假定交易主体只有业主和承包商两方，来讨论建筑市场交易和交易制度。

建筑市场交易不同于一般商品交易，具有显著的特点：（1）建筑市场交易与生产具有交叉性，即从生产开始前、生产过程中以及生产结束后都交织着交易活动；（2）建筑市场交易不是即时交易，而是延时交易，即建筑市场的交易活动并非"一手交钱一手交货"，而是需要延续一段较长的时间；（3）建筑市场交易过程复杂，交易方式独特，导致交易具有较大的不确定性；（4）建筑市场交易还具有承发包方式的特殊性、产品价格形成的特殊性等特点。

2. 建筑市场交易分类

（1）按交易环节的聚合程度分类

建设项目生命期包括前期策划、设计、施工、运营等阶段，按交易环节的聚合程度不同，建筑市场交易可以分为：

1）完全分离交易

完全分离交易是指业主自行组织前期策划，立项后分别委托设计单位设计、施工单位施工，竣工后交还给业主运营的模式，项目全寿命期的各个阶段是处于分离的状态，DBB模式（设计-招标-施工）就是这种方式。

完全分离交易是一种专业体制，明确规定了建筑市场中参与各方的责任、权力和利益，有利于保证工程质量。但是，这种交易过分强调市场参与方各自的责任，很少考虑相互之间的影响和协作，例如，设计方有时对施工过程和运营维护的实际可操作性考虑不够，而施工方有时也缺乏对设计方的设计意图的透彻理解，因此，一旦遇到问题往往形成相互推卸责任而不是共担风险的局面。虽然业主可以自行择优选择设计单位和施工单位，便于控制设计和施工的质量，但业主需要与设计方和施工方分别签订合同，签约成本较高；同时，在合同履行过程中，业主还需要对各方进行严格的监督，监督成本较高。因此，采用完全分离交易方式的工程质量容易得到保证，但交易成本也高。

2）部分结合交易

①DB方式

DB方式是指承包商承担了设计和施工的任务，使设计和施工成为一个有机整体，业主负责筹集资金和运营。

DB方式是把建设过程中的设计和施工统一起来，由一个总承包公司来负责。因此，业主只需要与一个DB总承包商签订合同，大大节约了交易成本。同时，由于总承包商可以统筹考虑设计和施工方案，可以减少施工过程中的由于设计不合理或错误引起的变更，以及对设计文件解释引发的争议，从而减少设计和施工之间相互冲突和相互推脱责任的问题。然而，这种方式对总承包商的专业要求较高，我国传统施工承包商未必有很强的设计能力，而传统的设计单位也缺乏施工管理的能力；而业主单位无法直接参与对设计人员和施工人员的选择和监督，对最终设计和细节控制能力下降，可能会影响设计和施工的质量。

②EPC/T（设计-采购-施工/交钥匙）方式

EPC/T方式属于更大程度的一种结合交易。在EPC/T合同中，由EPC总承包商向业主提供包括设计、设备采购、施工、安装和调试直至竣工移交的全套服务，有时还包括融资。在这种模式下，业主也只需要与一个EPC总承包商签订合同，而业主管理简单，交易成本较低。而总承包商可以更好地实现设计、采购、施工各阶段工作合理交叉与紧密融合，有利于缩短工期、降低投资、保证工程质量。然而，这种方式对总承包商的要求更高，目前我国能够承担EPC/T模式的总承包商太少，难以形成有效的竞争，而且承包商承担的风险较大，可能会影响工程投资。

3）完全结合交易

完全结合交易是指承包商参与前期策划、设计、施工和运营的所有阶段，为业主提供全过程的承包和服务。例如，DBO（设计 建造-运营）和BOT（建造-运营-移交）就属于这种方式。

完全结合交易方式的工程质量高，交易成本最低，但是前期谈判成本相对较高。以BOT方式为例，首先承包商负责融资，解决了许多大型项目尤其是基础设施项目需要投入大量资金，而业主（多为政府）很难筹集到足够资金的矛盾；其次承包商还要负责工程竣工后一段时间的运营维护以收回投资，而工程的质量好坏对日后的运营有着很大的影响，因此承包商为了盈利目标会对投资、质量进行很好的管理和控制，有利于减少业主的监管费用，节约工程投资，提高工程质量。然而，BOT方式的前期谈判工作量较大，特别是特许权协议的谈判和签订，由于要涉及项目最终所有者（一般是政府）、BOT总承包商以及项目最终使用者（一般是社会公众）的利益，交织着各方利益的博弈，因此，合同签订的交易成本相对较高。

（2）按交易方式不同分类

业主选择一个承包商来完成满足其要求的工程，一般来说有以下几种选择：

1）直接签订合同

对于曾经有过合作关系并且可以信任的承包商，业主就可以直接选择该承包商签订合同。这一种方式交易成本最低，但需要双方建立一种长期的合作关系，且能互相信任，而这种合作关系和信任基础短期内是不容易形成的。同时，由于缺乏竞争，合同签订过程中容易产生不规范行为和腐败行为，而且对新进入的企业承揽工程造成了很大的障碍，不利于公平竞争。通常情况下，对于非常紧急的工程或者是小型工程这种方式比较适用。

2）有限比选

业主利用各种方式自行搜集承包商的信息，了解承包商的能力，并通过对承包商的能力进行比选，选出相对最好的承包商，作为工程的承揽者。此种方式交易成本较高，业主需花费大量的人力、财力来搜集承包商的信息，还可能造成腐败的滋生和竞争机制的失灵。因为建筑市场是买方市场，这就使得业主权力很大，如果让业主选择和指定承包商的话，承包商就会想方设法拉拢业主的相关负责人员来获取工程，这就使得一系列行贿受贿、权钱交易、"寻租"等腐败现象层出不穷。同时，对于承包商而言，因为建筑产品价格不是竞争的结果，优质优价难以实现，就会缺乏努力增强自己的技术能力、开发新工艺来降低成本的积极性，使建筑行业的发展进程变慢。

3）公开招标

业主通过发布一个招标信息，让承包商前来投标竞争，通过专家评委的打分，选出最优者承揽工程。这种方式就是通常所说的公开招标。

招标投标制度中虽然有一系列严格、复杂的程序，使得交易成本很高，但它所带来的收益是很大的。首先，建筑市场供过于求的局面为这种制度的有效施行提供了前提，因为承包商任务不足，使得在招标通告发布之后能吸引足够多的承包商前来投标，给业主以充分选择的余地。其次，编制标书也须投入大量的人力和财力，如果承包商没有足够的实力，也不会轻易去投标，这就把资质较差的企业拒之门外，使得业主无须在许多参差不齐的企业中选择，只需"优中选优"。最后，招标投标制度是一种公开、公平、公正的交易制度，能激励承包商努力提高自身的竞争能力，采用新工艺、新技术来降低工程成本。

综上所述，可以看出，不同的交易选择（交易环节的聚合程度的不同以及交易方式选择的不同）对交易各方带来不同的交易成本和不同的工程质量水平，究竟选择哪种交易方式要根据业主的需求、项目情况以及历史文化、价值取向和法律制度等来确定。

6.2.2 建筑市场交易模式

1. 建筑市场交易模式及变迁历程

（1）建筑市场交易模式定义

模式是指从不断重复出现的事件中发现和抽象出的规律，是解决问题的经验总结。在交易过程中，交易模式是指由占主动地位的交易主体确定基本交易要素的方式，包括交易标的物的组织方式、交易过程中所采用的管理方式和交易合同。

将这一概念拓展到建筑市场中，建筑市场交易模式是指被业主经常采用、用以确定基本交易要素的方式或类型的总称，包括工程项目承发包模式和合同模式两个部分。由于合同设计主要是依据工程承发包模式，所以建筑市场交易模式的研究通常是以承发包模式为依托和基础的。

（2）我国建筑市场交易模式的变迁

从新中国成立以来，我国建筑市场交易模式大致经历三个阶段：

1）计划经济体制下建筑市场计划管理交易模式

从新中国成立初期到20世纪80年代初期，我国实行的是计划经济体制，与此相对应的是传统的自建自营的交易模式，实行以甲（建设）、乙（设计）、丙（施工）三方制的苏联模式。工程建设项目大都采用建设指挥部方式，由政府组建建设指挥部负责协调管理，设计、材料采购、施工均按计划、用行政手段下达给相关单位完成，项目建成后移交给生产或管理单位运营。

2）"三项制度"约束下的市场交易模式阶段

20世纪80年代，伴随着我国经济体制改革，工程建设领域开始引进市场机制，并逐步形成了"三项制度"，即工程招标投标制度、建设监理制度和项目法人责任制度。这一阶段的交易模式主要是业主对建设项目进行招标，设计单位和施工单位各自投标，建成后交付业主的平行发包模式，这种模式在建筑市场刚刚推行市场化改革的过程中扮演了重要的作用。但是随着时间的推移，平行发包模式已不能满足建筑市场交易的需求。

3）多种交易模式的融合应用阶段

随着我国建筑市场与国际接轨，交易模式也开始多样化，进入了多种交易模式融合应用的阶段。近几年，我国大力提倡EPC/T模式、DBO模式、BOT/PPP模式、CM模式等，倡导交易环节从完全分离走向部分结合，并且也开始尝试着完全结合。

我国开展总承包管理较晚，受投资体制的制约，还没有形成实施工程总承包的市场环境，多数实施的是施工总承包管理，只有少量工程采用了工程总承包管理。

2. 建筑市场交易模式比较

（1）建筑市场交易模式类型

建筑市场交易模式可以分为三大类：传统交易模式、总承包交易模式和管理承包交易模式。其中，传统交易模式指DBB模式，一般签订单价合同；总承包交易模式包括DB模式、EPC/交钥匙模式等，一般签订总价合同；管理承包交易模式包括PMC模式、CM模式等，一般签订成本补偿合同。

（2）建筑市场交易模式比较

针对建筑市场三类交易模式，从业主的视角下，对交易模式的适用范围、业主同各参与方的关系、业主参与管理的程度、承包商工作责任明确程度等方面进行比较。

1）交易模式的适用范围不同

①传统交易模式在设计工作完成之后才进行施工招标投标工作，项目工作内容比较简单，一般适用于比较简单的工程建设项目。

②总承包交易模式比较适用于大型工程建设项目。大型工程建设项目规模庞

大，标段众多，采用传统交易模式，容易产生协调困难和管理混乱。而在总承包交易模式下，组织结构相对简明，管理职责明确，方便业主对项目进行管理和监控。

③管理承包交易模式适合于大型复杂工程建设项目。由于项目规模较大，工艺技术复杂，业主很难凭借自身的资源和能力管理和监控项目的建设，需要寻找有经验的专业的项目管理公司对项目进行管理。建筑市场中，项目的投资额越高、规模越大、技术越复杂，就越需要选择管理承包交易模式。

2）业主与交易参与各方的关系不同

①传统交易模式中，业主与多个承包商签订多个合同，对于业主来说，不仅需要对每一个对象进行监督，而且需要协调他们之间的利益关系，才能保证交易的顺利达成。

②在总承包交易模式中，业主只同一个项目总承包商签订合同，由总承包商负责项目的实施和建设，并同时对项目各个方面全权负责，因此业主只需要对一个对象进行管理监督，减少了大量的协调工作。

③在管理承包交易模式中，管理承包商一般并不负责项目的具体实施建设工作，业主通过管理承包商对施工单位进行间接管理，管理承包商不仅是管理咨询角色，而且承担项目管理的风险。

3）业主参与项目管理的程度不同

①传统交易模式下，业主成立项目管理机构，负责项目的前期策划，并对设计、施工、采购等分别进行招标，同时还要负责项目建设过程中各个参与方之间的协调工作。因此，在传统交易模式中，业主需要负责几乎全部的项目管理工作。

②总承包交易模式中，总承包商负责项目的分包招标工作，同时也负责各个分包商之间的协调工作，既减少了业主负责招标的次数，也减少了与业主有直接联系的项目参与方的个数，大大减少了业主的管理协调工作，业主参与项目管理的程度降低了。

③管理承包交易模式中，业主专门雇佣一个项目管理公司对项目进行管理，在

该模式下，业主参与项目管理的程度最低。

4）项目承包商的工作责任明确程度不同

①传统交易模式下，由设计方负责设计，供应商负责材料供应，施工方负责按图纸施工。一旦出现纠纷，需要多方面入手查找原因，划分责任范围，参与各方互相推脱责任的事情时有发生。

②总承包交易模式下，业主只同一个总承包商签订合同，因此具有最明确的责任划分。

③管理承包交易模式下，责任划分比较明确，业主并不直接负责项目的管理工作，一旦出现问题，由管理承包商出面解决，由于管理承包商是专业的项目管理公司，经验丰富，可以更好地协调各参与方的关系，帮助业主处理纠纷。

6.2.3 建筑市场交易成本分析

1. 建筑市场交易成本概述

建筑市场交易成本分析可以依据三维模型框架进行，如图6-1所示，其中横坐标代表建设项目的生命周期，这里将其分为五个阶段，即前期策划、设计阶段、采购阶段、施工阶段和运营阶段。纵坐标代表的是建设项目的交易阶段，一般包括招标投标阶段、合同谈判阶段、合同签订阶段和合同履行阶段等，竖坐标代表交易主体，主要指业主、总承包商、专业承包商以及中介服务机构等，其中专业承包商包括设计单位、施工单位、材料设备供应商、运营单位以及相应的专业分包商、劳务分包商。

从合同签订前后来分，交易成本可分为事前交易成本和事后交易成本，如图6-2所示。事前交易成本是指从招标投标阶段开始、经合同谈判到合同签订完成的过程中，企业花费的时间和资金等费用，主要包括：

（1）招标投标成本：业主组织招标、开标、评标、定标等工作，投标人为响应招标而组织相关投标工作等发生的费用。

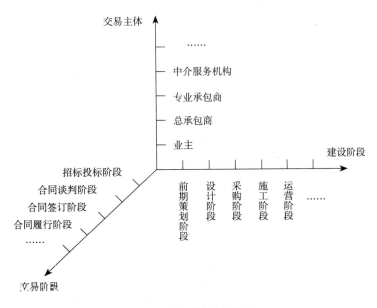

图6-1 交易成本分析框架

（2）谈判成本：业主与各承包商之间在合同谈判阶段的费用，是为谈判投入的人力、物力、财力和时间的经济折算之和。

（3）签约成本：业主与各承包商之间在合同签订阶段的费用，包括缔约成本和缔约失败成本。

事后交易成本多发生在合同签订之后的履约阶段，这一阶段，工程发生的状况比较多，事后交易成本相对事前交易成本要大得多，主要包括：

（1）监督成本：为防止交易主体的机会主义行为而进行监督所产生的成本；

（2）协调成本：为维护契约正常运行对各个交易主体交易过程中的行为进行协调所产生的成本；

（3）保证成本：因各方不信任而需要一定的保证措施所产生的交易成本；

（4）第三方成本：双方需要诉诸第三方来解决争议时所产生的各种成本；

（5）再签约成本：与先前的合作方契约终止后，寻找其他合作人就同一交易重新签约发生的成本。

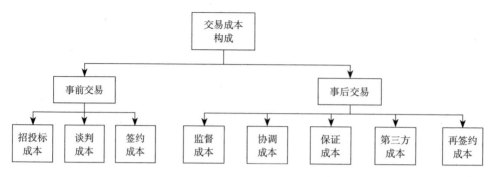

图6-2　建筑市场交易成本构成

2. 不同交易模式下的交易成本

从项目建设阶段来看，由于交易过程与生产过程交织在一起，因此，在每一个建设阶段都存在交易，从而产生交易成本；而不同交易模式下，根据建设阶段的聚合程度不同，交易成本也不同。因此，对于建筑市场不同交易模式的交易成本必须加以分析，在交易的过程中严格控制。

（1）传统交易模式下的交易成本

在传统交易模式中，业主自行组织或委托咨询服务机构进行前期策划，项目立项后，在项目建设的不同阶段，分别与设计单位、材料设备供应商和施工单位，通过招标、谈判、签订合同，并在合同履行过程中予以监督和协调。由于设计和施工是传统交易模式下项目建设最主要的两个阶段，下面分别从这两方面来分析其交易成本。

1）设计阶段交易成本

设计阶段分为初步设计和施工图设计两个阶段，设计管理对后续工作的成本有非常重大的影响，设计单位对规范标准和业主意图的理解，会影响交易活动的进行。该阶段交易成本主要包括：

①事前交易成本：招标选择设计单位、谈判、签约等费用；

②事后交易成本：设计阶段业主对设计单位监督、协调的费用；由于设计不合理或错误导致的设计变更等。

2）施工阶段交易成本

施工阶段是设计图纸、原材料、半成品及设备等转变为工程实体的过程，是实现建设项目价值和使用价值的主要阶段。该阶段交易成本主要包括：

①事前交易成本：招标选择施工单位、谈判、签约等费用；

②事后交易成本：业主对施工单位进行监督的费用；业主对设计单位、施工单位、材料设备供应商、监理单位进行协调的费用；双方由违约、索赔行为引发的争议，可能上升到仲裁，甚至诉讼所导致的违约或协调费用。

（2）EPC模式下的交易成本

EPC模式（Engineering-Procurement-Construction）下，业主只需要与EPC总承包商签订合同，由工程总承包商按照合同约定，承担工程项目的设计、采购、施工、试运行一体化服务。

与传统的DBB模式相比，EPC总承包模式交易成本主要体现在以下几个方面：

1）从业主角度看，由于只需与一家EPC总承包商签订合同，招标、谈判、签约的工作量大为减少，从而减少了事前交易成本；同时，在项目建设阶段，业主只需对总承包商进行监督管理，减少对设计、采购、施工之间的协调工作，从而降低了事后交易成本。当然，总承包商在投标报价时，会把对分包商的交易成本计入合同价格，最终由业主承担，因此，选择一家具有专业水准的EPC总承包商是业主节约总成本的重要措施。

2）从总承包商的角度看，其专业的工程建设和管理水平使得其能够将设计、采购、施工整个过程以及各个分包商协同起来，将工程本来分开独立环节进行聚合，通过专业、权威的协调管理，有效降低交易成本。而作为与业主签订合约的另一方，交易成本的节约表现为投标报价的下降，是总承包商竞争优势的体现，也是其节约交易成本的最大动力。

3）从各个分包商的角度看，各个分包商面对的交易对象是具有专业水准的总承包商，并且在EPC模式下，分包商与总承包商及各个分包商之间的联系更加紧密，协调沟通更多，从而降低了各自的交易成本。

可以看出，由于EPC总承包商专业的建设项目管理水平及EPC项目设计、采购及施工合理、有序和深度交叉的特点，使EPC总承包模式下面的项目交易成本得到节约。

（3）BOT模式下的交易成本

BOT模式是指政府通过特许经营协议，授权项目主办人联合其他公司/股东为某个项目成立专门的项目公司，负责该项目的融资、设计、建造、运营和维护。

传统（DBB）模式相比，BOT模式下的交易成本具有以下特点：

1）降低项目的融资成本。参与BOT项目融资及建设的，一般都是信用卓著、业绩突出的公司，他们在与贷款银行、各级政府机构的沟通方面有丰富的经验。因此，银行可以提供可靠的信誉保障，减少资金筹集过程中的交易成本。

2）减少招标投标费用。承包商作为项目股东之一，对项目各方面情况更加了解，熟悉该项目招标投标细则，能够提高中标概率，避免不必要的交易成本。

3）减少承包商的投机成本，实现项目利润最大化。作为项目股东之一的承包商直接参与BOT项目建设承包，投机成本相对减少，且能够充分利用企业在技术、知识和管理等方面的优势，节约建设成本，提高项目的综合效益。

4）减少政府的协调和管理成本。BOT项目建设的工期长，涉及很多过程、环节、部门。由BOT项目公司负责融资、建设和运营，充分利用其自身组织优势及管理能力对项目进行管理，进而减少政府的协调和管理成本。

（4）Partnering模式下的交易成本

按照CII（美国建筑业协会）的观点，Partnering模式是"在两个或两个以上的组织之间为了获取特定的商业利益，最大化地利用各组织的资源而做出的一种长期承诺"。这一承诺要求使传统组织间孤立的关系转变成一种不受组织边界约束，能够共享组织资源、利益的融洽关系。这种关系建立在信任、追求共同目标和理解各组织的期望和价值观的基础之上。期望获取的利益包括提高工作效率、降低成本、增加创新机遇和不断提高产品和服务的质量。

与DBB模式相比，由于彼此之间的长期了解和信任，Partnering模式下能够有效地减少信息搜寻成本、监督成本、担保成本和违约成本，但是同时也会增加咨询顾问的代理成本、争端处理成本、评价系统的建立成本及参与人员培训的成本、Partning小组的沟通协调成本，这部分费用贯穿项目实施的整个过程。

Partnering模式下交易成本的变化如表6-1所示。

Partnering模式下的交易成本变化表　　　　　表6-1

阶段	交易成本构成	变化（与DBB相比）
招投标阶段	能力和信用考察费用（资格预审文件费、银行信用证明费用等）	减少
	确定交易对象费用（编制招标文件费用、招标广告费用、制定资格预审文件的费用、评审费用以及评标费用）	减少
	咨询顾问的代理费用	增加
合同谈判阶段	合同谈判的成本	减少
	合同所要求的各项担保费用	减少
	伙伴模式下争端处理机制、评价系统的建立及参与人员培训的费用	增加
设计阶段	设计审查费用	减少
	协调设计衔接的费用	减少
	监督设计分包商的合同执行情况和进程的费用	减少
	处理设计返工的费用	大大减少
	Partnering小组沟通协调的费用	增加
采购阶段	总承包商对设备、材料制造的监制和检验费用	减少
	监督采购分包商的材料供应情况和进程	减少
	材料和设备的运输费用	基本不变
	Partnering小组沟通协调的费用	增加
施工阶段	总承包商对施工进度、质量和安全等进行监督产生的费用	减少
	总承包商处理分包商的索赔产生的费用	大大减少
	Partnering小组沟通协调的费用	增加

3. 建筑市场交易模式选择

建筑市场交易模式随着建筑市场的发展不断出现新的形式，基于经济学"理性人"的假设，业主应依据交易成本最低的原则，根据交易主体、交易客体和交易环境等影响因素，选择合适的交易模式。

（1）交易主体对交易模式选择的影响

1）业主对交易模式选择的影响

业主的管理能力和经验对交易成本有重要的影响。建设工程交易与其他物品交易最大的区别在于工程交易过程与工程实施过程相交织，对于通过交易获得建筑产品的业主而言，交易中的管理不可缺失。建设工程实施过程专业性较强，对业主的交易管理能力有一定的要求。如果业主具有丰富的管理经验，能有效把控各建设阶段和交易阶段的交易成本，那么交易模式的选择范围更大。而如果业主自身的管理能力不足，在各建设阶段的交易过程中对交易成本的控制力不足，就需要更依赖有经验的EPC承包商来帮助其降低交易成本。因而，业主选择交易模式时应充分考虑自身能力和经验，对比不同模式下产生的交易成本，合理地选择交易模式。

2）承包商对交易模式选择的影响

建筑市场属于买方市场，虽然承包商只是被动地接受业主提出的要求，但是可以通过提升自身实力来改变被动的地位，特别是总承包商的管理能力和经验对于业主交易模式的选择具有较大的影响。与传统DBB模式相比，EPC模式能有效降低业主的交易成本，但总承包商承担的交易成本最终也会反映在投标报价中由业主承担。因此，管理能力强、经验丰富的总承包商，能够更有效率地降低自身的交易成本，从而降低建设项目总的交易成本，从而影响业主交易模式的选择。

（2）交易客体对交易模式选择的影响

1）工程经济属性的影响

根据建设工程项目投产或运营后能否产生经济效益，分为经营性项目、公益性项目，以及介于两者之间的准公益性项目。公益性项目和准公益性项目一般由政府投资，业主缺位或角色不明确，为了降低交易成本，适合采用Partnering模式；经营性项目为了盈利最大化的目标，可对传统交易模式、EPC交易模式或是BOT模式的交易成本进行对比分析，选择交易成本最低的模式。

2）工程复杂程度的影响

对于业主而言，工程复杂程度包括工程技术难度、工程的不确定性等方面。当工程较为复杂时，工程设计与施工联系紧密，实施过程设计施工的协调管理工作明显增加，实行EPC模式，可促进工程的整体优化，降低交易成本。反之，对于较为简单的工程，宜采用传统交易模式。

（3）交易环境对交易模式选择的影响

1）工程所在地的政策法规的影响

建筑市场交易是一种特殊的交易，关系到公共利益和公共安全，国家和工程所在地政府均有政策法规对工程交易进行限制或规范交易双方的行为。这种制度的安排会对交易成本产生影响，进而影响交易模式的选择。

2）建筑市场发育程度的影响

业主根据交易成本最低的原则选择交易模式，而建筑市场能提供的承包商的数量和能力与建筑市场的发育程度有关。我国建筑市场发展仅30多年的历史，受计划经济体制和传统惯性的影响下，EPC模式、BOT模式和Partnering模式还不成熟，相比传统承包模式而言，交易成本节约不明显，甚至有时交易成本还更高，因此也会给交易模式选择带来困难。

3）工程实施现场条件的影响

工程实施现场条件包括施工场地占用、施工道路占用和施工临时设施布置等条件。由于工程交易与工程实施相交织，工程实施条件对交易过程中交易成本产生影响，进而影响业主交易模式的选择。

EPC模式、BOT模式以及Partnering模式逐步应用于工程建设，对于建筑市场交易模式的多样化以及交易成本的节约具有十分重要的意义。

对于业主而言，交易成本是选择交易模式的重要参考标准。但交易环节的聚合程度并不是越高越好，在带来规模经济效益和某些交易成本降低的同时，业主对项目的质量、安全等控制力下降，协调成本也会迅速增长，这将成为制约项目成功、增加交易成本的主要因素。因此，在充分考虑交易成本、交易客体以及交易环境等因素的影响的情况下，综合权衡，才能选择出最合适的交易模式。

6.3　建筑市场交易制度

6.3.1　建筑市场交易制度的内涵

交易制度是指在各经济主体之间进行的市场交易活动中所采取或遵循的一系列为达成交易而制定的活动规则或方式。众多的交易活动都是在特定的交易制度下完成的，交易制度的发展与创新实际上就是市场交易规则的重新设立，使市场经济的运行最大限度地减少交易成本。

狭义上讲，建筑市场交易制度是指招标投标制度；广义情况下，建筑市场交易制度包括建筑市场交易各方必须遵循的规则和制度。由于建筑市场的交易与生产的交叉性特点以及交易的长期性和多次性，建筑市场交易必然涉及合同管理和工程担保等，因此广义的交易制度包括招标投标制度、合同管理制度、工程担保制度等。

建筑市场交易涉及面广、环节多、交易金额巨大、影响因素多，因此建筑市场交易制度的建设任务十分繁重。发达国家建筑市场交易制度建立的时间很早，经过长时间的发展已十分完善，我国建筑市场交易制度的建设，可以借鉴发达国家的经验，加快建设步伐。但是由于历史文化、价值取向、伦理规范、法律制度等各方面的差异，不同国家的交易制度相差很大，我们在从其他国家的经验及模式中获得启发的同时，更重要的是深入研究我国的建筑市场交易的特点，建立科学完善的建筑市场交易制度。

6.3.2　国外建筑市场交易制度

1. 国外建筑市场交易制度的变革

分析国外建筑市场交易制度的变革，目的是寻求一种适合我国新形势下的交易制度，减少交易成本，提高交易效率。如何改革和完善建筑市场交易制度，可以从欧盟四国和美国的建筑市场交易制度的变革中看出一些端倪，借鉴一些成功的经验。

（1）交易制度从"专业体制"到合伙制与私人融资的变革

由于专业人士及其组织在传统的英国建筑市场中发挥着举足轻重的作用，所以英国传统的交易制度被认为是一种"专业体制"。"专业体制"明确规定了建筑市场中各种参与人的权利、义务和责任，因而可以有效地保证工程质量。但是，这种制度在实践中也暴露出交易成本高、效率低下的弊端。它过分强调市场参与各方之间的对手关系，往往形成相互推卸责任而不是共担风险的局面。英国建筑市场交易制度变革的重点是实行合伙制（Partnering）与私人融资（PFI）。

合伙制可分为单项目合伙制和多项目合伙制，可以有效地降低交易成本。合伙制的实施不仅改善了建设项目参与各方的关系，还带来组织结构的变化。英国国防部的两个项目采用合伙制，在组织设计时就改变了传统的做法，没有按照工作性质，而是按照施工工艺进行组织设计。

作为私人融资的一种形式，公共项目的特许委托经营被认为是英国建筑业最具根本性的变革。1994年，"设计–建设–融资–经营"（DBFO，Design Build Finance Operate）模式开始在公路建设项目中使用，1996年公私合伙制计划公司（Public Private Partnership Program Ltd）的成立，加快了PFI在地方政府建设项目中的普及。这些方法可以大规模动员私人投资，同时把设计、施工、经营、维护等各方面组合成为一个有机整体，最终取得缩短工期、减少交易成本的效果。

（2）专业人士与建筑企业之间在建筑市场中寻求利益平衡

20世纪80年代初，法国的经济衰退导致了建筑市场交易制度的变革。从1981~1991年的10年间，法国的大型建筑企业在建筑市场中的作用显著增强，法国的公共工程管理法LMOP正是在这种背景下制定的。LMOP明确规定了"设计-施工"的承包方式，鼓励大型建筑企业参与工程项目的设计工作。建筑市场交易制度变革所引发的有关各方的利益冲突，集中体现在大型建筑企业与专业人士之间的争论与抗衡，以建筑师为主的专业人士对LMOP做出强烈反应。由于在专业人士、建筑企业和业主之间没有形成共识，1985年7月制定的LMOP迟迟不能颁布实施。1992年以来，法国的许多大型建筑企业在房地产危机中蒙受重大损失，开始重新思考自己的战略定位。在这种情况下，LMOP对"设计-施工"方式的应用做出了严格限制，几经修改的LMOP在1993年12月才得以颁布实施。虽然专业人士与建筑企业之间的利益平衡还要一直进行下去，法国的大型建筑企业通过20多年的变革，在建筑市场中的作用已经是不可同日而语了。

（3）建筑市场交易制度从面向业主需求到面向过程变化

建筑承发包条例（VOB）是德国建筑市场交易制度的主要文件，已有80年的历史。根据德国法律，公款投资建设项目以及政府投资额超过50%的私人建筑项目必须按照VOB的规则进行招标投标工作。VOB不仅着眼于工程的质量、成本和效益，而且强调中小型企业平等参与竞争的机会。

在传统的交易制度中，业主及其代表建筑师占据了支配性地位，而承包商在建设工程项目中处于从属、被动地位，不能有效地控制和避免风险。德国的建筑市场交易制度改革的动力主要来自承包商，变革的特点是承包商在决策链中的位置前移。承包商在决策链中的位置越靠前，其在建设项目中能够发挥的作用就越大。根据承包商在决策链中的位置，可分为总承包、承担设计任务的总承包和项目开发商等不同方式。在第一种方式中，承包商在详细设计完成后介入建设项目，在第二种方式中，承包商要承担起传统方式中建筑师的作用，而在最后一种方式中，承包商的位置移到了决策链的最前端。这种"从面向业主需求到面向过程"的变革引起德国建筑业的重组并形成新的格局。

（4）建筑市场交易制度增加透明度和竞争

由于缺乏透明度和严格的建设程序，改革前的意大利公款投资建设项目的管理体制已经退化为产生腐败和丑闻的温床。意大利建筑市场交易制度的变革从加强立法入手，政府先后颁布了1994年109号法、1995年215号法和1998年415号法三项法令，这些法令以增加透明度和竞争为出发点，充分考虑了欧盟的有关规定，重新规范了公款投资项目的招标问题。

为强化公款投资项目的管理，新的法令规定大型公款投资项目必须按照"可行性研究-三年计划-分年度计划"的建设程序进行，每一步都要有相应的工程概（预）算及融资措施，建设程序一旦确定就不能随意变动。新法令还明确规定了工程设计的三个阶段，即初步设计、技术设计和详细设计阶段，设计任务不能分包，在施工过程中不得随意改动设计内容；30万欧元以上的新建项目必须通过招标进行等内容，来规范建筑市场交易制度。

（5）公开招标和ABS项目融资方式并行

美国政府立法规定所有超过10万美元的政府工程，必须采用最低价中标法进行公开招标。业主用定量标准来筛选投标者，工程担保保函金额是衡量投标人资格的主要标准，所有工程招标前均不设标底，投标最低者中标。确定中标者之后，招标方必须对中标的最低标价进行复核，复核工作通常由2～3名预算员同时分别进行，目的在于检查中标者有无漏项或者计算错误，确保最低价已经包括所有工程内容，每项工程确实都能够完成。在与中标者核对发现错误时，报价不得修改。中标者要么选择明知亏损也要坚持完成，要么选择放弃签约，用投标保函赔偿招标方的损失，最多可达到投标报价的5%，这种情况发生后，次低报价成为新的中标者，重复上述过程。

20世纪70年代末，在美国兴起一种新的项目融资方式，称为ABS项目融资方式，即资产证券化融资，它是一种以项目所拥有的资产为基础，以项目资产可以带来的预期收益为保证，通过在资本市场发行债券来募集资金的一种项目融资方式。随着国际建筑市场一体化的发展，ABS融资方式在20世纪90年代开始迅速向全球扩展，很多国家和地区将ABS融资方式重点用于大型公共设施和基础设施项目上。

2. 国内外建筑市场交易制度的差异分析

（1）交易主体的差异

国外大型工程承包公司同国内的工程公司相比，很多是纯粹的管理型企业，专门从事项目管理工作，管理人员素质和比例较高；而中小型的专业分包公司专业划分详细而全面，公司规模小，易于管理，人员专业素质高，专业设备齐全，项目建设效率高。另外，为了防止过多的分包层次，国外也要求承包商在项目管理中，自己负责施工和分包管理相结合的形式。自己负责的施工内容，往往是承包商最有施工实力的一部分，业主在资质审查中着重要求的部分。而在我国，建筑企业规模较大，这就使得市场准入管理不能像国外那样易于管理，容易产生"劣币驱逐良币"的现象，而专业的分包公司十分缺乏，层次及比例不合理。

（2）交易客体的差异

工程项目作为建筑市场交易的主要客体，如何保证工程质量，并使建成工程项目能够长久发挥作用是很值得研究的问题。

欧洲各国住宅的平均寿命一般都在80年以上，许多建造年代远至18、19世纪的住宅至今仍在使用。在美国，纽约曼哈顿街头的老式住宅和教堂已有上百年的历史，至今仍屹然矗立，这主要得益于美国建筑行业长期以来形成的质量监管体系，注重建造过程严格控制，建筑材料严格把关，严查建筑业安全。

但在我国，由于工程施工质量问题、规划短视、设计缺陷等因素，导致没有达到设计使用年限就"中道崩殂"的建筑数不胜数。根据调查结果显示，我国住宅的平均使用寿命不到30年。

（3）交易环境的差异

1）立法上的差异

与发达国家的立法情况来看，我国地方立法存在较大的差距。地方立法是国家立法的有机组成部分，是国家立法体系中上位法的具体化，以及以立法的形式创制性地解决应由地方自己解决的问题。我国的地方立法体系由于民族自治区、经济特区等特色而呈现出更为复杂的体系，但就普通行政区而言，主要指地方人大制定地方性法规和地方政府制定政府规章。目前存在的主要问题是二者的权限尚有不清，立法质量也有待提高。从发达国家地方立法概况来看，地方立法的触角不断深入民众生活实处将是历史和社会发展的必然，我们要学习的除了制度层面的理念以外，立法技术及相关规则的引入也应加快步伐。

2）招标投标制度管理的差异

招标投标制度在西方发达国家已有100多年的实践，招标投标法律体系已经相当成熟，市场比较规范，监管和服务机构已相当健全。

目前，我国经济体制正处丁转型之中，缺乏统一的招标投标技术标准，评标、定标缺乏合理性和公正性，还有些业主以"招标"为名，行压价之实，没有形成重视信誉和竞争力培养的良性机制。

3）交易模式的差异

交易制度是交易模式的载体，多样的交易模式有助于活跃建筑市场，促进交易制度的创新。长期以来，国内建筑市场盛行的施工总包模式形式单一，而且多年的运作经验表明，有设计的可施工性较差以及当建筑物出现重大缺陷时，设计方和施工方互相推卸责任等诸多缺点，这些最终都会导致业主的经济利益蒙受损失。而国外建筑市场的交易模式形式多样，传统模式、总承包交易模式、管理承包模式都相对成熟而且相互融合，交易模式的选择空间较大。多样的交易模式的应用，对于简化交易程序、降低交易成本具有重要的作用。

4）管理文化的差异

国内外交易制度的差异从根源上分析，可归因于管理文化上的差异。从性质上分，中国文化属于人文文化，西方文化属于科学文化。人文文化重人性，轻器物，其价值取向以道德为本位，崇尚群体意识、强调同一性，追求人与自然的和谐，把人与自然看成浑然一体。而科学文化重物质，轻人伦，其价值取向以功利为本位，强调人权，主张个人至上，强调人对自然的索取。中西方管理文化的差异如表6-2所示。

中西方管理文化差异   表6-2

	西方	中国
人性假设	自私自利	人性本善
管理思维	逻辑思维	辩证思维
价值观	个人主义	集体主义
管理目的	利益最大化	人、事、物和谐
管理手段	法治	人治

建筑市场改革过程实际上是制度变迁过程，有效的制度安排有利于降低建筑市场交易成本，从而把经济中潜在的收益转化为现实的收益。现代建筑市场交易制度的形成和发展是一个路径依赖的过程，不同的国家具有不同的文化背景，处于不同的经济发展阶段，因而具有适合自己的建筑市场交易制度。建筑市场交易制度不是千篇一律、一成不变的，而是丰富多彩、形式多样的，我们应该有选择地吸取和借鉴。他山之石，可以攻玉，通过国内外建筑市场交易制度的比较研究，可以为我国建设市场改革提供有益的借鉴。

6.3.3 我国建筑市场交易制度

我国建筑市场交易制度虽然形成的时间比较短，但是经过几十年的发展，已经形成了基本的框架，包括招标投标制度、合同管理制度以及工程担保制度在内的一系列制度。建筑市场交易制度的建立，为我国建筑市场的飞速发展奠定了良好的基础，但是，在发展的过程中，制度本身的一些问题也逐渐浮现出来，反过来制约了建筑市场的健康发展，值得我们深入研究。

1. 建筑市场招标投标制度

招标投标制度作为我国建筑市场管理体制改革的突破口，是在政府的强制推动下建立起来的。从1981年开始，经历试点、推行和逐步完善三个阶段，目前已经成为建筑市场的主要交易制度。

（1）招标投标制度内涵

招标投标制度的实质是引入竞争机制的一种交易制度。建筑工程的发包人作为招标方，依照规定拟定招标公告，投标方自主选择参加竞争，发包方通过对投标人的报价和其他条件进行审查比较后，从中选择符合条件的投标人作为中标者，并与之签订建筑合同的制度。

竞争是市场经济的基本特征，是提高社会经济运行效率的关键所在。招标投标制度通过竞争，使市场机制发挥作用。根据市场供求关系，招标人是买方，而投标人则是卖方。

从买方的角度看，招标是一项特定的采购活动，须通过公开的方式提出交易条件，以征得卖方的响应。买方须着重分析采购方案，确定招标程序与组织方法，对所需物品的质量、技术标准及规格提出详尽要求，对招标活动中所涉及的法律问题及相关规定进行研究并具体实施。

从卖方的角度看，投标是利用特定的商业机会进行一种竞卖活动，是对招标行为的一种响应，是卖方为获得较多物品供应权和建设项目承包权而响应招标人提出的交易条件，并以响应这些条件为前提而确定投标方案、价格、技术标准、投标策略及竞争手段。

招标投标的结果受投标人在质量、价格、服务等方面形成的综合实力以及投标策略的影响，而最终表现在资源利用率的竞争上，能够高效率地利用资源的投标人能在竞争中获胜。这种优胜劣汰的选择，是招标投标制度与市场发生联系的触角。合理有效的招标投标制度可以通过竞争机制选择出优秀承包商，降低建筑市场的交易成本。

（2）招标投标制度的经济学分析

招标投标制度映射到的经济学原理中，跨越了新古典经济学理论和交易成本理论，可以依据经济学的成本收益原理对其进行分析。

1）招标投标制度成本分析

有关制度成本的概念，没有形成统一的认识。经典文献中习惯使用的术语是"交易费用"或"交易成本"。一般认为：交易费用是经济制度的实施与运行成本。由于制度是稀缺性资源，需要人们不断尝试和创新。选择一种制度意味着必须放弃另外一种可能的制度。因此，对制度的任何选择都有机会成本。

招标投标制度成本的支付方不仅仅是招标人和投标人这两个最重要的行为主体，还涉及与工程招标投标有关的其他社会各方成员。招标投标制度成本的一部分由招标投标交易主体双方支付，而更多的则由社会来承担或分摊。招标投标制度的制度成本包括以下内容：

①招标投标制度法律成本

新古典经济学认为，成本是以产品总加工的形式表现出来的、投入社会生产活动中的全部生产要素的耗费，而法律作为社会生活的保障产品，其生产、制造与实施也需要投入成本。招标投标制度法律成本主要包括招标投标立法成本、守法成本与违法成本、执法成本与司法成本。立法成本有两方面含义：一是由于制订各级工程招标投标法律法规而支出的成本；二是由于法律法规间冲突而造成的成本支出。招标投标守法成本是指法律和法规是带有强制性的制度，作为建设工程招标投标行为中的各参与方，都必须严格遵照执行。在工程招标投标过程中，当出现自身利益因守法而将受到损失时，即产生了守法成本。对于工程招标投标双方，在招标投标全过程中的任何一个环节中都有可能涉及选择守法或者违法，违法成本是招标投标全过程各环节可能会出现的违法行为的惩罚。工程招标投标的执法与司法，除去对那些情节特别严重的违法犯罪行为将启动严格的司法程序执行外，从广义上讲更多地是体现在平时对工程招标投标行为依法实施监管，因此，多数执法与司法成本体现为监督成本。

②招标投标制度监督成本

新制度经济学理论认为，在公共政策领域，制度制定和执行的关系属于委托代理模式。制定者制定了公共制度后不会亲自去实施，大多数情况下是委托相应的机关执行，这就必然涉及监督成本支出。招标投标制度正式确立后，已初步形成了较完备的招标投标法律规范体系，与该法律体系相配套，我国也建立了相应的招标投标监督机制。工程招标投标监督成本主要包括以下两个方面：一是建设行政主管部门设立招标投标管理机构，需要投入一定人力、财力、物力资源，这部分成本属于事前预防成本；二是为处理工程招标投标过程中发生的违规但尚不必由司法机构介入的行为而付出的成本，这部分成本属于事后矫治成本。

③招标投标制度"寻租"成本

"寻租"作为一个经济学概念，产生至今已有40年的历史，其理论影响力遍及经济学的各个分支，甚至涉及社会学、政治学、行政管理学等其他社会科学。它既是政府失灵的典型表现之一，也是政府低效率的重要原因。而工程招标投标领域成为腐败高发区，主要是因为政府行政权力过于集中和制度缺失、监管缺位与管理体制混乱等造成的。"寻租"严重干扰了招标投标市场，引发交易秩序混乱、信用体系崩溃、工程质量低劣，由此造成的经济损失和社会成本增加更是无法估量。招标投标制度"寻租"成本主要包括三个方面：

一是在缺乏公开、透明机制的条件下，政府或行业主管部门通过在招标投标过程中设置各种形式的地区或行业进入壁垒限制参与竞争的投标人，或者通过选择有利的招标方式进行创租与抽租，在交易中形成经济租金，并导致建筑企业投标人的"寻租"活动，使工程招标投标机制低效率运行，交易成本增加。

二是由于政府管制与市场化进程不一致，导致交易价格与实际价格不一致，从而产生"寻租"行为，并在建筑市场产品交易过程中产生"寻租"成本。

三是公有制为主体的经济中，政府作为公有制经济的所有者、社会公众的代理人及公有制组织的委托人，其行为受内部性的影响，在招标投标过程中，这种委托代理关系往往偏离其应有的效率目标，从而为政府部门的创租行为与抽租活动创造条件，形成"寻租"成本。

④有形建筑市场建立成本

为了深化工程建设管理体制改革，住房和城乡建设部在总结一些地方成功经验的基础上，要求有一定建设规模并具备相应条件的中心城市逐步建立建设工程交易中心，以强化对工程建设的集中统一管理，规范市场主体行为，建立公开、公平、公正的市场竞争环境，促进工程建设水平的提高。其成本主要是指建设工程交易中心的建立和运行成本，包括硬件投入成本和软件投入成本。

硬件投入成本是指要建造一个现代化且具有一定规模的交易中心建筑实体，才能保证为招标投标交易双方办理各项建设工程报建、审批、备案手续提供场所，为投标、开标、评标等交易行为提供场地安排，即所谓的有形建筑市场。建造和运行这样一个交易中心，需要投入可观的建造和维护费用。

软件投入成本是指有了物质实体，还需要对交易中心的工作人员进行培训，制定工作规程和操作流程，建立并维护评标专家库等，使建设工程交易中心有效运转，也需要支付相关费用。

⑤招标投标制度其他成本

招标投标制度其他成本包括工程招标投标信用成本、时间成本等。信用和人力、技术、资金、信息等一样，也是一种可以投入生产和经营过程的资源，使用这一资源的成本称之为信用成本，由于建筑市场"期货"交易的特点，使得招标投标制度存在信用成本。时间成本很难准确地用金钱来度量，某种程度上，它可以理解为由于必要的招标投标时间耗费使工期推迟或延误，而带来工程收益上的损失。

2）招标投标制度效益分析

制度能够产生收益，是因为人们在社会经济活动中认识到了只有共同遵守法律的、经济的和伦理的规则或原理，才能够在不影响他人收益的前提下提高自身或团体的利益。这种收益是人们共同遵守规则自主选择的结果。

制度变迁理论认为，外部利润内在化的过程，实质上是制度变迁和创新的过程。与招标投标制度成本一样，招标投标制度效益同样具有外部性特征，也就是说，不仅是招标投标交易双方收益，而是整个社会都会因此收益。招标投标制度的制度效益包括以下内容：

①降低交易价格，节省投资

招标投标制度之所以能成为当前我国建筑市场中最主要的交易制度，是因为它能够有效降低工程交易价格，节省建设资金。在招标过程中，不论是采用经评审后的最低价中标法或次低价中标法，还是综合评分法进行评标确定中标候选人，投标报价较低对于中标总是有利的。招标人（业主）通过招标投标制度的充分竞争，降低了工程合同价格，从而达到控制建设投资的目的，对于我国现阶段如此大规模的基础建设投资，其投资节省效益是相当可观的，这也集中体现了工程招标投标制度的经济效益。

②保证工程质量

除了降低交易价格，节省投资这个明显的经济效益外，实行工程招标投标制度还可以提高工程质量。由于有多个投标方参与投标活动，各投标方为了中标，会充分利用企业自身的技术优势，提出切实可行的实施方案，如果投标或工程实施过程中存在欺诈行为，投标方会面临索赔的风险，因此，实行工程招标投标制度能促使投标方保证工程质量，提升工程的品质。

③促进资源合理配置、技术进步与管理水平提高

经济问题就其本质来说，是一个为使有限资源尽可能满足社会需求而进行资源配置及调节机制的选择问题。招标投标制度是不断发现和实现要素替代与组合的过

程，通过要素的选择、替代及其转换，不断促进要素流转、技术创新和管理水平提高，使要素在选择中流动，技术在选择中发展，市场体系在选择中发育，资源在选择中发掘并得到合理配置。招标投标制度越完善，选择与竞争的机制越成熟，就越能促进市场经济的发展。

④防止和杜绝腐败行为

建筑领域中的"寻租"腐败，由于其具有隐蔽性、长期性等特点，对工程利益和社会风气的危害十分巨大，是完全意义上的无效社会成本。通过实行工程招标投标制度，增加信息公开透明度，加强监督力度，从社会诚信及法律约束体系上进行综合整治，能够使建筑市场交易在阳光下进行，可以有效遏制工程领域的腐败行为。

⑤保护国家和社会公共利益

对于一些公共项目，由于业主地位的缺失或不称职，使得国家和社会公众的利益受到损失。在招标投标过程中，市场机制起着重要的调节作用，推广和完善招标投标制度，对于建立和完善社会主义市场交易制度，防止和避免不正当竞争和不正当交易，保护国家和社会公共利益，促进统一、高效、有序的市场建设具有积极作用。

综上所述，招标投标制度既存在制度成本也存在制度收益，而招标投标的最终目的是追求最佳的投资效益。因此，当制度成本小于因择优竞争而降低的成本时，那么这种交易制度是有效的，对节约投资，保证质量，提高社会经济效益有积极的作用；当制度成本大于因择优竞争而降低的成本时，招标投标这种交易制度不能发挥其优越性，其结果是造成人力、物力、财力的浪费和整个社会成本的提高，完全违背了制度的初衷。

（3）我国招标投标制度现状分析

推行工程招标投标制度，对我国建筑市场的发展具有重要作用。但由于外部环境的限制和实际操作中的走样，招标投标制度的优点没有完全发挥，其局限性与不足反而暴露出来，同国外成熟的招标投标制度相比，还存在以下问题。

1）招标投标方式与范围混淆

招标投标是一种交易制度，但并不是任何工程项目都适宜采取这种交易方式，而且招标投标具有不同的形式，如公开招标、邀请招标、协商议标等多种方式，每种形式也有一定的适用范围。在实际操作中，一些业主错误地认为，只有公开招标才是最科学合理的，议标就有问题，因此无论项目大小都实行公开招标。但是，公开招标也存在周期长、交易成本高的问题，如果不论公款项目还是私款项目，不管项目投资额的多少，一律强调公开招标，明显加大了无谓的开支，使招标投标的社会成本增大。这样，招标投标制度成本往往很大，可能超过招标投标制度收益，以至适得其反。因此，应区分项目性质和大小规模，采取灵活的招标方式，不能盲目强求一致。

2）招标投标过程中交易主体行为问题

由于国有资产的所有者缺位，虽然推行业主责任制、项目法人负责制，但业主不规范行为时有发生。究其原因，是因为公款投资项目对项目管理层来说只是象征性的拥有，不会从关心项目最终效益的角度来选择承包商，在经济利益的驱使下，他们甚至会为谋取私利而不惜违法。

对于承包商来说，一些实力雄厚的大公司靠低报价将工程抢到手，再将工程转包给一些没有或不具备资质等级的单位或工程队，仅起一个"二传手"的作用，大公司收取一定比例的"挂靠费"，一些责任人甚至从中得到数额不小的回扣。

3）《中华人民共和国招标投标法》执行过程中的问题

①招标文件和评分办法不统一，为招标投标不公正留下隐患。由于目前各地无统一的招标规范文本，定量评分弹性较大，使法律法规执行起来很困难，令场外幕后交易、权钱交易、暗箱操作成为可能。

②利益相关方影响评标的公正性。《中华人民共和国招标投标法》规定，评标委员会由招标人的代表和有关技术、经济等方面的专家组成，与投标人有利害

关系的人不得进入相关项目的评标委员会，已经进入的应当更换。但在实际操作中却难以做到，评审委员多为当地人，很难避免利益相关者的介入，从而造成不公正的定标。

③评标打分受人为因素影响大。从现阶段招标投标的实施情况看，各地的招标投标评分方法虽然不同，但基本由下列几方面组成：一是投标报价分；二是工期、质量和安全分；三是信誉、服务和保修分。中标的关键是既要报价准确，又要信誉评分高，而标底设置和信誉加分往往受人为因素影响较大。

（4）我国工程招标投标制度的完善

针对招标投标制度存在的问题，从降低制度成本、提高制度收益的角度出发，可以采取以下措施以不断完善招标投标制度。

1）构筑一体化监管平台

进一步整合、完善招标投标"一站式"办公系统，实现多方衔接。与招标代理机构的衔接，可以为监督组织对招标代理机构的管理提供信息支持；与合同管理的衔接，可以实现项目管理、企业管理、质量安全监管、施工许可等信息的有机串联和互动，确保全部招标投标信息能够最终流入合同管理系统；与工程担保和保险制度的衔接，则可以通过增加承包方实施机会主义行为的成本，有效地遏制机会主义行为，充分保障交易双方的合法权益，同时推动我国的工程保证担保制度逐步走向成熟。这些多方面的衔接，可以实现整个招标投标管理信息系统与建筑市场监管平台的互通，有利于各项工作的顺利进行。

一体化监管平台不仅包括以上几个方面，还应该包括法则、市场、舆论监督等形式。法律法规是规范招标投标制度的手段，只有通过严格有效的执法才能真正规范工程项目招标投标制度。新闻监督是很好的实现知情权的方法，通过新闻报道可将招标投标过程中的营私舞弊的现象曝光，从而规范招标投标过程的公平公正。

2）完善招标投标方式和手段

业主在进行招标时，对于规模较大的工程或者是施工技术较复杂的工程采用资格预审法，对于小型规模的工程可以采用双方议标和随机确定法等，确定中标单位，这样可以节约交易成本。对于采用资格预审的工程，要增大串标成本来限制串标行为，一旦发现有违法投标的行为，要严加惩罚。积极推动资格审查方式的多元化和合理化，加大对资格预审文件的审查力度，以防止造假现象的发生。在报名环节上为防止出现投标人之间串标、围标的行为以及个人信息泄密的情况，通过采取网上报名方式，杜绝此类现象的发生。建立评标专家管理系统，引进先进的电子评标系统进行评标，并积极推行电子评标方法，保障评标过程的客观、公平、公正，切实有效地维护招标投标当事人的合法权益。对开标、评标环节进行全程录像、录音，使其置于阳光监督之下，让所有招标投标人能了解开评标的具体情况，让招标投标行为"阳光运行"。

3）探索分级分类投标制

对于一些政府投资的项目，实行分级分类投标制，对不同资质等级的承包商不仅要进行投标上限的设定，也要进行投标下限的设定。不同级别的承包商只能承建对应范围内的工程，防止同质竞争和过度竞争，促使建筑市场中的大小企业共同发展。

4）开展招标投标制度绩效评价

招标投标制度绩效评价作为招标投标工作中一个不可忽视的重要环节，是对招标投标过程以及结果的评价，要通过充分的调查，全面细致的资料审核，结合建设工程的整体目标，客观实际地进行评定。例如，招标文件制作是否合规、内容是否全面、招标方式的选择是否切合实际、评价办法是否合理、招标工作人员的行为是否规范、招标投标所确定的中标人能否保证建设任务全面完成、工程目标是否全面实现、择优目的是否达到等。只有对招标投标行为和结果进行全面的、客观的评价，才能得知招标投标制度的效益是否显著。同时，通过对招标投标制度绩效的评价，能够积累经验，查找招标投标过程中存在的问题，使我国建设工程招标投标制度更加规范。

2. 建筑市场合同管理制度

（1）建筑市场合同管理内涵

合同管理分为狭义的合同管理和广义的合同管理，狭义的合同管理仅仅是指行政部门对合同的监管，广义的合同管理则包括企业的合同管理和行政部门对合同的监管。企业的合同管理制度，是指企业内部在进行合同管理活动时，相关人员都应遵守的一系列统一的管理规程和行动准则。行政部门对合同的监管制度，是指有关行政主管部门对合同的履行依法实施监督、检查、指导等一系列行政监督管理活动，以及对利用合同从事的违法行为进行监督处理时所遵守的制度。为维护市场秩序和社会公共利益的需要，合同的管理不仅仅是企业内部的问题，政府行政部门的监管也是十分必要的。

1）建筑企业合同管理制度

①合同审查批准制度

为了使合同在签订后合法有效、便于履行，就必须在签订前进行审查，充分征求各方的意见。审查就是指在合同签订之前由建筑企业各职能部门审查会签，再由企业合同主管部门统一审查；批准主要是指由企业法人代表或授权人员签署是否同意对外签订合同的意见。

②合同交底制度

合同签订以后，合同管理人员必须对项目管理人员进行合同交底，组织学习和熟悉合同，对合同的主要内容做出解释和说明，使管理人员熟悉合同的主要内容、各种规定、管理程序，了解承包人的合同责任和工程范围。

③合同管理责任制度

在合同交底的基础上，将合同的责任分解落实到各个部门，使其对各自的工作范围、责任等有详细的了解。合同管理责任制度的建立有利于建筑企业各部门之间的分工与协作，有利于调动管理人员和合同履行中涉及的有关人员的积极性，促进合同管理工作的正常开展。

④合同监督检查制度

合同监督检查制度是对企业合同的订立、履行、纠纷处理等合同管理情况进行管理的一种制度，包括常规性监督检查和对企业合同纠纷的督查处理。常规性监督检查的目的是及时发现和解决合同管理中存在的各种问题，保证企业合同制度正常实施；企业合同纠纷的督查处理是指当订立合同因效力问题或违约问题发生纠纷时，应及时提出解决方案，经企业领导同意后，或进行协商、调解，或依合同约定提起仲裁或诉讼，使企业合同纠纷得到及时妥善的处理。

2）建设行政部门合同管理制度

①合同示范文本推广制度

设置和推广标准合同的示范文本，可以为签订合同的当事人在订立合同时提供参考。合同示范文本制度不仅为合同的制定提供了便利，还可以减少因合同缺陷而导致的合同纠纷的发生。

②合同的批准、登记、备案制度

合同的批准、登记、备案制度是合同行政审查最重要的三大手段，我国政府对合同的审查经历了一个从紧到松的过程，但目前仍保留着这几项合同审查制度。市场主体订立的某些民事合同需要行政主管部门的批准，合同的登记则是将合同进行公示，使相关当事人可以知晓，备案有时和登记的效力混淆，但备案并不完全为了公示合同，主要是为加强建设工程合同管理，规范建设工程合同的签订和履行。简单地说，对合同进行审查主要是为了维护国家利益和维持市场稳定。

③合同争议解决制度

设置有效的争议解决制度，有利于对合同签订和履行过程的争议进行妥善处理，也是行政主管部门对合同进行监管的重要措施。另外，行政主管部门还要对合同缔约过程的各项活动进行全面监督，保证整个签约过程的公平、公正、有序。

（2）我国合同管理制度存在的问题

工程建设的复杂性决定合同管理的艰巨性。目前我国建筑市场发育尚不完善，交易行为尚不够规范，工程合同管理中存在诸多问题，具体体现在：

1）法律意识滞后，合同观念淡薄

合同订立双方对合同与合同法律关系缺乏认识，合同的编写和签订都有很强的主观随意性，缺乏依法订立和履行的意识，订立和履行合同往往偏离合同法律，以致产生了不少问题，造成失误和损失。由于建筑市场绝大多数合同是由发包方制定，部分合同过分强调承包方的义务，对业主的制约条款偏少，造成合同缺乏公正性。另外还存在合同文字不严谨、合同条款不完整等问题，容易产生歧义和误解，导致合同难以履行或引起争议。

2）合同管理手段落后

随着市场的规范运作和市场形势的发展变化，合同管理上会不断产生新的问题，提出新的要求，而我国合同管理的技术和手段明显跟不上建筑市场发展的步伐。例如，工程建设项目合同管理信息的采集、存储加工和维护手段落后，合同管理软件的开发和使用相对滞后，建设项目合同管理的信息化程度偏低。

3）合同管理专业人才缺乏，没有成熟的培养机制

合同管理是一项专业性很强的工作，建设合同涉及内容多，专业面广，对合同管理人员的素质和知识结构要求高，不仅需要有一定的专业技术知识，还需要经济、管理、法律等知识。很多建设项目管理机构没有专业技术人员管理合同，或合同管理人员缺少培训，将合同管理简单地视为一种事务性工作。

4）合同管理体系和制度建设有待完善

合同管理体系的建设不够完善，缺乏一套严谨的合同管理制度，合同管理未能体现规范化、法制化和科学化的要求。合同管理组织机构、管理程序不明确，执行效率较低，缺少必要的审查和评估步骤，缺乏对合同管理的有效监督和控制。

（3）合同管理制度的完善

针对我国建筑市场合同管理存在的问题，需要从以下几个方面完善合同管理制度。

1）科学设计，认真履行

在不同的合同模式下，交易成本是不同的。一般而言，单价合同和成本补偿合同的合同管理交易成本比较高，而总价合同的交易成本比较低。合同管理交易成本与项目最终产品成果的不确定性有很大关系，因此，应做到不同明晰度的项目与合同模式之间的最佳匹配。

由于缺乏法律和合同意识，合同双方对合同条款往往未做认真推敲和详细讨论，即草率签订合同，特别是对违约责任、违约条件未做具体约定，这直接导致了工程合同纠纷的产生。因此，在签订合同过程中，各交易方要对合同合法性、严密性进行认真审查，减少签订合同时产生纠纷的因素，把合同纠纷控制在最低范围内，以保证合同的全面履行。

2）推行适用于市场经济的合同示范文本

随着我国加入WTO（2001年），建筑市场逐渐与国际市场接轨。在合同管理方面，要不断借鉴国际先进经验，加速建立和完善市场经济需求的合同管理模式。新的《建设工程施工合同示范文本（2013）》，很大程度地参考了FIDIC合同范本，较以往合同文本有较大的改进，有利于促进建筑市场的健康、有序发展，应该推广使用和严格执行。

3）提高合同管理人员素质

提高合同管理人员素质是合同管理的首要任务，可以从以下三个方面着手，全面提升合同管理人员的思想水平、法制水平和业务能力。①人员选择。依照合同管理人员应具有的素质条件，选择优秀人才担任合同管理人员。②专业培训。可根据实际情况，通过集中授课、听电视讲座、鼓励参加法律专业或经济管理专业的考试等方式，组织合同管理人员在职学习。③进行职业道德教育。

4）加强合同管理体系和制度建设

项目建设各方要重视合同管理机构设置、合同归口管理工作，做好合同签订、合同审查、合同授权、合同公证、合同履行的监督管理，严格按照合同管理制度规定程序进行操作，以提高合同管理水平。

3. 建筑市场工程担保制度

（1）工程担保制度的内涵

工程担保制度是指在工程建设领域中，为保障合同履行，提高投资效率，规范市场竞争，有效降低交易成本，由担保人应工程合同一方（委托人或被担保人）的要求，向工程合同的另一方（受益人）做出书面承诺，当委托人或被担保人不履行合同责任或义务使受益人遭受损失时，担保人在一定期限内、一定金额内代为履行合同责任或义务的一种工程保障制度。目前工程担保的品种有很多，工程保证担保包括：投标保证、履约保证、业主支付保证、付款保证、预付款保证、维修保证、差额保证、完工保证、分包保证等。

我国《担保法》规定，"具有代为清偿能力的法人，其他组织或者公民，可以作为保证人。"在工程承发包中，工程担保的金额都比较大，业主为了确保自己的权益，往往要求承包商提交业主认可的保证人签发的保证书或保函。在国际上，工程保证担保形式有银行、保险公司担保，专业保证担保公司担保和同业担保等形式。

（2）工程担保制度存在的问题

建筑市场交易活动中，业主根据承包商提供的投标信息无法全面了解各个承包商信誉、实力和报价的真实性，某些承包商为了获得工程甚至会提供虚假信息，难以甄别其真伪。为了能够甄别出合格承包商，保证工程合同的顺利履行，我国目前已在部分地区强制推行了工程担保制度，其中由银行提供保函的承包商履约担保制度尤为重要，虽然该制度已经取得一些成绩，但仍然存在以下不足：

1）法规不完善，缺乏配套措施

推行工程保证担保制度要有配套的法规和政策措施。但是，现行相关法规建设的滞后，已经严重阻碍了推行工程保证担保制度的步伐。在我国，与工程保证担保相关的法律条文屈指可数，且往往存在难以操作的问题。尽管《担保法》为担保交易提供了法律依据，但其所规定的担保方式在工程建设中却得不到广泛的应用。保证、抵押、质押、定金均属于"约定担保方式"，须经当事人事先约定方可成立，承包商在买方市场下处于事实上的不平等地位，很难提出工程担保约定。目前我国工程保证担保配套法规滞后，缺乏强有力的法律支持，也成为阻碍我国工程保证担保制度推行的最重要因素之一。

2）缺乏工程保证担保中介机构和检测机构

工程保证担保涉及许多专业知识，一般被担保人不可能也没有必要去熟悉和掌握，被担保人一般是通过既精通金融业务又能维护其利益的中介机构（如担保经纪人）与担保人签订担保协议的。工程保证担保市场的形成必须拥有相当数量符合资格条件的担保人和经纪人。培育和发展工程保证担保中介机构，是推动工程保证担保制度的重要基础条件。另外，我国现阶段推行工程保证担保制度还缺乏对工程担保中出现的纠纷进行技术鉴定和责任确认的权威机构。

3）专业担保公司发育不足，过度依赖银行担保

工程保证担保市场的建立有赖于相当数量的担保主体，但是目前这些主体相当缺乏。目前我国工程担保市场的保证人主体主要有两类专业机构：银行和担保公司。由于保险公司曾形成巨大的保证赔付风险，中国保险监督管理委员会一直禁止保险公司涉足保证担保，也没有恢复保证保险。银行是我国工程担保市场最大的保证人主体，几乎垄断了我国工程担保市场的全部业务量。但专业性不强是银行开展工程担保业务的最大问题，缺乏保证按合同规定的履约意识和工程风险管理的监管力量，只看保证金交多少，造成了"认钱不认人，存钱开保函"的现象，或者直接将授信额度当作贷款管理。

4）缺乏信用记录，担保风险较高

担保公司的担保工作是基于对被担保人信用状况全面掌握的基础上的。在美国，担保公司不仅自己掌握着大量的客户资料，还有专门的信用调查公司提供的信用等级、信用排名等各种分析报告等，使担保公司可以比较全面地掌握被担保人的

信用状况，从而做出准确的担保风险评判。而在我国，保证担保公司不仅自己没有客户信用资料的积累，也没有社会信用调查机构提供的信息可以参考。同时，道德风险高的问题在建筑市场普遍存在。

（3）工程担保制度的完善

为深化建筑市场改革，需要借鉴国外成功经验，充分考虑中国国情，逐步建立和完善工程担保制度及运作模式。

1）完善法律法规体系和协（学）会指导机制

世界上多数国家的法律法规对工程担保都有明确的规定。以美国为例，国会颁布的《米勒法案》对工程担保的范围和形式做出了明确的规定。此外，美国50个州还根据《米勒法案》制定了州公共建筑工程项目担保的相关法令《小米勒法案》。我国也应借鉴其他国家对工程担保的法律规定，完善法律法规体系，对强制担保的工程规模、范围和金额等做出明确的规定，例如对公共工程强制采取担保，而对非公共工程则推荐使用担保。二者的结合既体现了国家法律对公共利益的保护，又体现了法律上意思自治的原则。另外，应对交易各方的权利和责任作明确的划分，做到责权利平衡，充分保障各方的利益。

针对担保市场缺乏工程保证担保中介机构和鉴定机构的问题，可以采取协/学会管理的模式加以解决。完善的协/学会体系对于行业自律具有重大意义，其对行业的业务指导、对于交易成本的节约效果也十分明显。通过法律法规的强制约束和协（学）会的专业指导，实现工程担保制度的规范化和合理化。

2）优化保证担保的方式

工程保证担保的常用方式有：担保公司担保、银行担保和同业担保。在工程担保发展初期，通常是三种方式结合使用；当工程担保市场发育成熟时，多采用以担保公司担保为主，银行担保和同业担保为辅的方式。由于我国的法律法规、各项配套措施还不健全，而且担保公司的实力和信誉远比不上银行，因此，现阶段应以银行担保为主，以后逐步过渡到以担保公司担保为主的方式。同时，由于建设资金短缺、保证担保市场容量小、担保能力有限等问题的存在，在深入研究建筑企业作为担保主体的条件、具体运作方式的基础上，在局部地区试行建筑企业之间的同业担保。

3）建立完善社会信用制度，强化信息披露

担保公司的担保工作是基于对被担保人信用状况全面掌握，因此建立建筑市场信用制度，将成为一种客观需要。应由建设行政主管部门牵头建立数据库和建立信用管理、评估系统，尽量向各工程保证担保主体提供相关承包商和业主的各种有关资料，使其对承包商和业主的信用状况做出正确判断。

规范和完善工程担保市场的信息披露是担保市场成熟的重要标志。工程担保市场面临的不确定风险因素多、风险程度大，信息披露显得尤为重要。工程保证担保是以向建筑市场提供信用来实现自己的功能目标的，这要求工程保证担保自身具有很高的信用。工程担保市场若想获得工程建设各方的认可，除了加强市场参与主体的自律，还必须接受社会的监督，这样才能更好地控制市场的整体信用风险，因此，强化工程担保市场信息披露对建立和推广工程保证担保制度具有重要意义。

工程担保制度的完善，必须坚持政府推进与行业自律相结合、政策性引导与市场化运作相结合，努力促进成熟规范的担保公司、担保代理和理赔咨询的发展。同时，为了保证工程担保制度的顺利实施，政府监管必须严格执行。另外，工程担保制度的完善还要与工程招标投标制度、合同管理制度相结合，推出适应于我国建筑市场交易制度的新型工程担保模式。

目前，我国在建筑市场交易制度建立上虽然取得一定成绩，但总的来说建筑市场交易机制发育尚不完善，各种制度尚未完全理顺，建筑市场交易秩序比较混乱，交易成本高，并且这种高交易成本的现象还将持续相当长的时期。

建立现代建筑市场交易制度，一方面必须根据建筑市场发展和行政许可法规的要求，优化和完善建筑市场招标投标制度，规范招标投标主体行为；另一方面必须完善和加强合同管理，建立健全工程担保制度，规范建设工程履约机制。除此之外，还需要明晰企业产权，深化建筑企业改革；明确转型过渡时期政府职能的定位，加强政府的有效监管等。建筑市场交易制度的完善是一个系统的工程，也是一个制度变迁的过程，在政府推行强制性制度变迁的同时，应充分发挥建筑市场的主导作用，引导建筑市场的诱致性制度变迁，实现交易制度的完善和创新。我国建筑市场交易制度的建设和完善还有很长的路要走，许多问题值得反思和深入研究。

7 建筑市场信用与信用制度

问题与讨论

1. 建筑市场信用构成复杂，如何结合我国国情和建筑市场特点进行研究？如何建立中国特色的建筑市场信用体系？

2. 建筑市场信用要素有哪些？

3. 从广义角度来说，信用链包含了个人、企业、政府等各个相关环节的信用关系。政府作为信用链中的一个主体，如何看待政府信用在建筑市场信用链中的影响？

4. 在信用评级制度中指标权重极大地影响最终评级结果，结合当前建筑市场现状，如何合理、有效地确定指标权重？

5. 目前我国建筑市场信用制度有哪些？如何建设与完善？

7.1 建筑市场信用

信用是一种历史的、社会的现象，是在人们为了满足自己的需要而进行的交易活动中形成的特定行为。从经济学角度看，信用是一种经济行为，称之为信用行为，表现为显示真实的信息、采取可信的行动。在国内外信用的研究领域，狭义的信用主要集中在经济学的研究领域，而广义的信用则引起了诸如经济学、社会学、政治学、管理学、伦理学、心理学等多个学科的广泛关注。建筑市场信用是广义上的信用，是指建筑市场主体在建筑产品交易活动中遵守诺言，实践成约，从而取得对方信任的行为和规范。

7.1.1 信用与建筑市场信用

1. 信用的概念和本质

信用作为一种历史的、社会的现象和特定行为，有多层次、多侧面涵义，共同的特征是心理上的信任和行为上的按约行事，而在具体经济领域和经济活动中的表现却是多种多样的。

《辞海》中对信用的解释是：（1）信任使用；（2）遵守诺言，实践成约，从而取得别人的信任；（3）价值运动的特殊形式。《中国大百科全书·经济学》中，对信用的定义是："借贷活动，以偿还为条件的价值运动的特殊形式。在商品交换和货币流通存在的条件下，债权人以有条件让渡的形式贷出货币或赊销商品，债务人则按约定的日期偿还借款或偿付货款，并支付利息"。这是一种狭义的信用，强调在信任的基础上，不用立即付款就可以获得资金、物资和服务。如果从广义的角度理解信用，有以下几层涵义：

（1）信用是信任和履行承诺。在经济活动中，信用是对履约能力的信任，是承诺的遵守和实现，以及由此产生的社会信心。

（2）信用是以偿还和付息为条件的借贷行为。信用作为一种借贷行为必须有借有还，无论是存款，还是贷款，都具有直接的返还关系。存款在偿还时，还要按规定支付一定的利息。

（3）信用关系是债权债务关系。信用是商品货币经济中的一种借贷行为，在这种借贷行为中，商品和货币的所有者由于让渡商品和货币的使用权而取得了债权人的地位，商品和货币的需要者则成为债务人，借贷双方具有各自对应的权利和义务。信用关系也就是债权债务关系。

（4）信用是价值运动的特殊形式。信用只是商品或货币的使用权让渡，没有改变所有权。所以，信用只是价值单方面的转移，是价值运动的特殊形式。

信用从一开始就与伦理道德相连，并逐渐发展成为一个特有的经济范畴。正确把握信用的概念与本质，有利于对信用的深入研究。归纳上述经济学研究成果，得出信用的本质特征：

（1）信用是主观的品格素质和客观的偿付能力；

（2）信用体现债权与债务、责任与权利等经济关系；

（3）信用带有对未来经济利益的一种心理预期和要求；

（4）信用体现价值偿付和利益实现原则，具有经济和伦理双重价值；

（5）信用与产权关系密切，产权不明晰或缺乏对产权的明确保障，导致短期行为，信用关系难以建立。

2. 建筑市场信用的界定

建筑市场信用作为行业信用的概念，是指在建筑市场主体之间信用关系建立、维持和发展过程中，形成制度化和规范化的行为过程和行为结果，是人们各种行为规范的实践过程与结果。建筑市场信用实际上是建筑市场各种信用关系状态的综合表现，是市场交易过程中自发形成和通过外力协调与整合的结果。

建筑市场信用是由建筑市场信用主体的行为和表现构成的，是各信用主体信用水平的综合反映。因此，本文研究的建筑市场信用，主要包括建设行政主管部门信用、业主信用、承包商信用、中介服务机构信用等，是从政府及各市场主体履行承诺的信用行为方面进行描述的。而各市场主体的财务信用、经济方面的偿债能力，如借贷偿还能力、偿还意愿等，由金融机构通过信用评级来实现，暂不列入讨论范围。

7.1.2 建筑市场信用的基本要素和特点

1. 建筑市场信用的基本要素

建筑市场信用是社会信用的一部分，内涵十分丰富，其基本要素主要包括信用意识、信用行为、信用关系、信用成本、信用工具、信用机制、信用制度、信用文化等，彼此相关，不可分离。

（1）信用意识

现代心理学认为，意识为人类所独有，是一种高级心理过程。建筑市场信用意识是社会意识的一种特殊形式，是建筑市场主体关于信用现象和信用行为的主流的思想、观点、知识和心理。信用意识指导信用行为。

（2）信用行为

建筑市场信用行为就是建筑市场主体在交易过程中信守诺言和履行承诺的行为，也就是市场主体做出的涉及人们之间利益置换关系的社会性行为，如合同承发包、设备采购、委托咨询等都是一种信用行为。例如，在业主和承包商的合同关系中，就是以企业信用作为保证的，也就是说合同的签订是以业主相信承包商能按照合同要求完成工程，而承包商也相信业主能按期支付工程价款为保证和基础的。从经济学角度看，信用行为并不能归结为行为主体的内在道德信念的外在表现，而应理解为一种以追求利益为目标的理性经济行为。

任何信用行为都是社会现实中的行为，都是在一定的时间、空间和情景条件下以一定方式进行的。建筑市场信用行为涉及信用行为主体、信用行为客体、信用行为后果等要素。

1）信用主体

信用主体是在利益置换中，进行权利和义务交换的主体，是信用行为的当事人双方。其中，转移资产的一方为授信方，接受资产转移的一方为受信方。建筑市场信用主体就是建筑市场交易过程中的行为主体，既包括业主、承包商和中介服务机构，也包括建设行政主管部门、行业协会组织等。

2）信用客体

信用客体是指信用主体的交易对象，可以是有形建筑产品，如设计文件、建设工程等，也可以是无形建筑产品，如中介服务机构提供的咨询、服务等。没有被交易的对象，也就没有信用交易行为的发生。在信用行为发生过程中，授信方取得一种权利，受信方承担着一种义务。所以，权利和义务关系是信用的重要内容。

3）信用后果

信用后果是指信用主体的交易行为的结果及其社会的反应和评价，反映的是一种贯穿交易行为的信用基本价值的存在与缺失，反映的是信用主体所作出的信用行为的信用价值和社会意义，以及这种信用行为对相应的信用主体来说是权利还是义务，反映的是社会对这种信用行为通过认可予以接纳或通过惩罚予以排斥的一种反应。根据动机、情节和社会危害性的不同，社会反应程度是不同的，信用后果自然应当有所区别。由于建筑市场的特殊性，信用主体的失信行为，特别是政府和业主的失信行为往往引发连锁反应，不仅损害建筑市场信用秩序，更败坏了社会风气、影响社会稳定，社会危害性极大，信用后果十分严重。

（3）信用关系

在信用行为实施过程中，出现了与信用相关的特定的经济关系，即信用关系。它是由信用行为引出的信用主体之间的关系，例如业主对承包商做出信用行为，就产生了业主与承包商之间的信用关系。这种信用关系对业主和承包商的经济活动都有影响作用，最终都归结为业主和承包商的成本和收益的相应变动。

信用关系可以归纳为三种基本形式：①单方面信用关系，如业主对承包商做出信用行为，但承包商并没有相应地对业主也做出信用行为；②双方相互信用关系，如业主和承包商之间相互向对方做出信用行为；③中介的信用关系，如业主和承包商因为信用中介机构而产生间接的信用关系。其中，前两种形式称为直接的信用关系，第三种形式称为间接的信用关系。

（4）信用成本

信用作为一种影响经济效益的因素，能给建筑市场信用主体带来收益，从而具有了资本的性质。例如，信用的积累构成了信誉，信誉则构成了商誉、品牌等可以转让的产权。但信誉的建立往往比较艰难，需要长期的努力和付出。为获得信用资本而付出的代价或投入，称为信用成本。信用成本包括建立信用的初始投资和维持信用的各种开销和代价。由于信用成本的存在，使得建筑市场信用主体的信用水平不可能任意地、无限制地提高。

（5）信用工具

在现代经济中，信用工具是信用行为的载体，是信用商品化后进行信用交易的一种凭证，具有偿还性、流动性和收益性的特征，可以扩大信用交易的方式和范围，使信用行为更加丰富多彩。

建筑市场使用的信用工具有许多种类，按性质分，可分为债权债务凭证，如票据、债券、存款单、信用卡等；所有权凭证，如股票等。按发行者分，可分为直接信用工具，如商业票据、企业债券、国家债券等；间接信用工具，如银行票据、金融债券、信用卡等。按期限分，可分为短期信用工具和长期信用工具。期限一年以内的称为短期信用工具，期限在一年以上的称为长期信用工具。

（6）信用机制

信用机制是指信用要素的内在有机构成及其运行关系，主要包括信用发生机制和信用执行机制。信用发生机制是内在的，其平稳有效运行，需要信用执行机制作保障；信用执行机制是外在的，需要通过内在机制发挥其作用。在建筑市场活动中，信用通过内在信用机制的实施和外在信用机制的保障来实现，两种机制相辅相成，形成了具有组织功能的信用机制系统。

1）信用发生机制

信用要素彼此之间存在内在的有机联系，多位一体，不可分离。信用意识作用于信用主体，具体化为各种信用行为，伴随信用行为必然产生信用关系，而信用工具又进一步丰富和拓展了信用行为，推动信用交易。这就是内在的信用发生机制。

2）信用执行机制

由于建筑市场交易在时空上相分离，所含的预期利益必须经由某种制度性约束才得以实现。为防止各种可能出现的机会主义行为，需要提供一种比一般信用关系更严格的强制性规则和规范模式，以帮助人们强化信用意识，实施信用行为，这就是信用执行机制。外在的信用执行机制，既可能是法律意义上的，也可能是市场意义上的，有以下几种具体形式。

①双边信用保障机制

交易的持续性是双边信用保障机制的基础，同时需要双边惩罚机制作补充，使信用合作成为集体稳定战略。除长期交易利益中形成的双边信用保障机制外，大量短期交易中，主要依靠担保和抵押等信用机制。

②俱乐部形式的第三方信用保障机制

俱乐部形式（如建筑业协会、建筑业学会等）的第三方信用保障机制，能保持成员之间的信息流通，大大减少信息不对称。如果交易中出现欺诈，能向第三方（如仲裁机构）申请诉讼，被起诉者将受到其他成员的排斥。

③法治保障机制

随着建筑市场发展与国际化，交易范围和交易内容的不断扩大，需要法治保障模式，而俱乐部式的信用保障机制只能限于一个封闭的特定群体，且缺乏强制性，无法满足形势发展的需要。匿名社会的法治信用保障机制，由专家系统（如征信公司）、正式制度（包括法律）和司法系统（强制执行机构）构成，能够适应建筑市场全球化的要求。但强制权力介入后的问题、法律的严肃性问题、专家系统的公正性问题值得重视。因此，政府信用在很大程度上决定了建筑市场信用的高低，而政府的失信，将导致建筑市场信用关系的倒退。

（7）信用制度

信用制度是指交易中反映信用主体的关系、约束信用主体行为的各种规则与约定，其功能在于建立并维护一定程度的信用秩序。如果建筑市场信用秩序混乱，市场主体的经营活动必然代价高昂，信任和合作也趋于瓦解。良好的信用秩序鼓励市场主体相互信任，可以降低交易成本，从而将市场上的交易行为导入可以合理预期的轨道。如果各种相关的规则彼此协调，它就会促进建筑市场主体之间的可靠合作，这样他们就能很好地利用专业化的优越性和企业间的比较优势来推动建筑市场的发展。因此，信用制度对建筑市场主体能在多大程度上实现经济和其他方面的目标有着巨大影响。

信用制度作为信用主体之间在长期博弈基础上形成的相对稳定的行为规则，反映信用主体之间的利益关系，并被市场交易所需求和强调，这是对信用行为和信用关系的规范与保证。信用制度可以是正式的，也可以是非正式的，其好坏只能以能否提高经济效益、带来经济增长并最大限度地实现社会公平为标准。

（8）信用文化

信用文化是指在特定的信用观念下形成的人们处理各种经济关系的行为方式。市场经济本质上就是信用经济和法制经济，各项活动和个体行为都以一定的信用文化为背景。信用文化对于建筑市场主体的约束是"软"的、长效的，实现信用的文化自觉是建筑市场信用建设的最高目标。信用文化既是建筑市场信用的基本要素，又是建筑市场信用发展的方向。

在建筑市场上，应致力于培育以契约关系为基础的信用文化和"诚实守信，遵守诺言"的信用伦理。只有良好的信用文化才能使建筑市场主体具有丰富的信用知识和信用意识，才能形成正确的舆论导向，使守信成为建筑市场主体共同认可的价值观和行为准则，形成"守信光荣，失信可耻"的氛围。

（9）信用体系

建筑市场信用体系是社会信用体系的重要组成部分，它以法律、法规、标准和契约为依据，以健全覆盖建筑市场主体的信用记录和信用基础设施网络为基础，以信用信息合规应用和信用服务体系为支撑，以树立诚信文化理念、弘扬诚信传统美德为内在要求，以守信激励和失信约束为奖惩机制，目的是提高建筑市场的诚信意识和信用水平。2014年6月14日，国务院印发《社会信用体系建设规划纲要（2014~2020年）》，部署加快建设社会信用体系、构筑诚实守信的经济社会环境。《纲要》强调，到2020年，实现信用基础性法律法规和标准体系基本建立，以信用信息资源共享为基础的覆盖全社会的征信系统基本建成，信用监管体制基本健全，信用服务市场体系比较完善，守信激励和失信惩戒机制全面发挥作用。

建筑市场信用作为行业信用的概念，其信用体系建设涉及各级建设行政主管部门、行业协会组织、建筑市场行为主体（业主、承包商、中介服务机构等）、信用中介机构以及其他社会信用信息提供机构等，主要包括信用法规、信用行为、信用工具、信用机制、信用制度、信用文化等主要内容，形成一个有机整体，共同承担塑造建筑市场信用的功能。

2. 建筑市场信用的特点

建筑市场信用是社会信用的一部分，也具有鲜明的行业特色，主要表现为：

（1）建筑市场交易本质上就是信用交易

建筑市场的交易是与生产交织在一起的，且交易活动早于生产活动。同时，建筑产品形式多样、生产周期长、交易数额大、涉及面广、风险大等特点都决定了建筑市场中的交易必须是一种信用交易方式，是以市场各方主体的诚实守信为前提条件的。

（2）建筑市场信用是市场主体信用行为的综合反映

建筑市场信用主体的行为和表现构成了整个建筑市场的信用秩序，建筑市场信用水平是各信用主体信用水平的综合反映。因此，要提高建筑市场信用水平，就需要在国家信用法规的规范下，在建筑市场信用制度的约束下，通过广泛的信用教育和信用知识普及，提高各信用主体的信用意识，指导各信用主体的信用行为。

（3）建筑市场信用关系错综复杂

建筑产品从最初的立项到设计施工直至最后竣工验收投入使用的整个过程中，同项目发生关系的单位和部门众多，他们之间都是以合同为基础进行承诺和履约，在这些信用关系中有的是相互之间履行义务承担责任，有的还需跨越式的承担连带责任，而且在项目建设的不同阶段各市场主体的信用关系也不相同。信用关系不断扩展，形成了一个错综复杂的信用关系网络。

（4）建筑市场信用风险大

建筑市场交易十分复杂且充满风险，主要是由于建筑市场的不完全信息和信息不对称造成的。一方面在于交易之前双方都拥有关于自身信用状况的私人信息，另一方面是由于建筑产品具有"单件性"的特征，不可能批量生产，而建筑产品的优劣取决于生产过程中承包商的行为选择，如工程材料的质量、施工方案的优劣以及施工人员的水平，而这些是业主不可能全部了解的。因此，拥有信息更多的一方就可能利用信息优势损害对方的利益，导致信用风险增大。

7.1.3 建筑市场信用现状分析

1. 建筑市场信用关系分析

（1）业主/承包商单方信用关系分析

单方面信用关系最典型的表现形式是委托代理关系，对于政府工程项目而言，业主和承包商之间的信用关系也可归属于这一类。在单方信用关系中，通常是业主并不具备关于承包商是否可信的充分信息，但又需要将项目建设交付给承包商，由承包商来完成项目的建设。在这种情形下，如果假设政府工程项目的业主是守信的，因此双方就涉及一种特定的信用关系形式，即业主单方面向承包商做出授信行为。

（2）业主/承包商相互信用关系

相互的信用关系，又称对称的信用关系。业主和承包商从自身利益出发均可以守信也可以不守信，此时，业主和承包商之间的信用关系属于相互信用关系。在这种情况下，业主和承包商作为交易双方选择守信行为还是欺骗行为，即追求长远利益还是眼前利益，就存在一个双方的博弈过程。业主和承包商在博弈过程中，根据自己的效用函数权衡守信行为与失信行为所产生的效用大小，依据自身行为效用最大化原则来选择自己的战略。

如果业主和承包商之间只进行一次博弈，且双方都是有理性的经济人，总是从自身的角度寻找最优的策略，在一个较坏的信用环境下，信息传递不畅，"对方守信，己方不守信"策略对双方都是占优战略。因为只要给定对方的战略为守信，不守信战略总能给自己带来更大的效用。在信用环境不好的状况下，博弈双方的不守信行为不用付出额外的失信成本，双方均选择不守信无疑是纳什均衡解。

运用重复博弈后，承包商就有了守信的积极性。一般而言，只要失信的短期利益所得小于长期利益损失，他不会失信，这也是建筑市场交易得以正常、顺畅运转的前提。承包商总是在重复博弈中建立起自己的好名声，减少道德风险，降低交易成本，以较低的边际成本获取较高的边际收益。并且，博弈重复即交易的次数越多，承包商建立信誉的积极性就越大，因为信誉的净收益随交易次数的增加而上升，双方博弈的结果则由"不守信，不守信"转为"守信，守信"，实现了帕累托改进。由此可见，只有对长远利益的考虑，才能使承包商有积极性建立信誉。而要使双方重视长远利益，一是需要交易的次数足够多和持续的时间足够长；二是需要经营者有足够的耐心。

（3）第三方介入的信用关系

前面所述的两类信用关系都是局限于两个主体之间的直接的信用关系，第三方充当中介的信用关系则使主体之间的交易模式发生了根本性的变化，使信用关系得以不断扩展。在建筑市场中，业主或承包商都有可能选择一些专业机构作为中介，根据专业机构的身份及在信用关系中所担当的角色和职能的不同，可分为咨询中介和担保中介两种基本形态。

1）咨询人介入的信用关系

在建筑市场的交易中，假设业主A需要与承包商B发生交易关系，但A并不具有关于B信用行为的信息，若第三方C愿意向A提供B的信用行为的有关信息，那么C就成为A与B之间的咨询中介。A可以委托C对B的行为进行监督，也可以向C进行相关的咨询，以获取更多的信息并降低自己的风险。由于咨询人C的介入，使得原本不会发生的信用关系发生了，因而扩展了交易关系的范围。

在建筑市场中，凡是能为交易双方提供信息、咨询和服务的中介服务机构都能充当咨询中介，诸如监理机构、工程造价咨询机构、招标代理机构、检测试验机构、专业学会及协会、律师事务所等。在很多场合，各种专家学者也可充当咨询人的角色。这些组织或个人从充当这种角色中获取报酬，所凭借的就是他们的服务和信誉。因此，当建筑市场的信用制度较为完善时，这些组织或个人就会重视自己的信誉。

2）担保人介入的信用关系

在建筑市场中，假如业主A需要与承包商B发生交易关系，但A若直接对B做出信用行为则意味着单方面承担太大的风险。此时，若第三方C愿意为B的信用行为居中作保，那么C就成为A与B之间的担保中介。由于担保人C的介入，发生了新的信用关系和交易，扩展了交易关系的范围。

表面上看，似乎任何一个市场主体都可以充当担保人，但实际上并非如此。在这种存在担保中介的信用关系中，相当一部分的交易风险是由担保人来分担的，而只有具有信息优势的一方才有可能控制和降低交易风险。为此，担保人就必须更多地掌握关于B的信用行为的信息，必须具有这方面的信息优势。在建筑市场交易的实务中，银行就成为具有这种信息优势的担保人，因为银行拥有客户信用行为的大量信息。从经济学上讲，这种信息优势有助于银行在充当担保人角色时实现风险最小化。在建筑市场的交易中，银行充当担保人体现在许多业务中，如银行为承包商出具投标保函、履约保函，为业主出具支付保函等。

另外，可以作为担保人的除了银行外，还有专门的担保公司，相对银行来说，他们作保的风险更大，因为被担保人往往在银行有账户，一旦其违约，银行可以动用其银行资金，而担保公司则只能自己承担风险。

（4）建筑市场信用链

中介的加入突破了单方信用和双方信用的局限，使建筑市场中的信用关系得以扩展。因为每个市场主体在同一时间可以扮演多个角色，从而进入到多个形态的信用关系之中，而各信用主体通过彼此间的相互作用而形成一种链状的信用关系结构，人们称之为信用链。

著名经济学家吴敬琏指出，由于现代市场经济的大部分交易都是以信用为中介，失去了信用，交易链条就会断裂，市场经济根本无法运转。建筑市场的信用链越稳定，建筑市场的整体信用水平就越高。而根据信用链熵值理论，信用链的稳定程度也就是熵值的高低，取决于处于该链上的每一个信用行为主体的信用度，或者更进一步说，根据信用链的水桶效应，就主要取决于信用度最低的那个信用行为主体。所以对建筑市场而言，如果三大市场主体中任何一方的信用度低下，都会使另外两方的守信变得没有意义，整个建筑市场的信用水平仍然是低下的。

所以我们要特别重视建筑市场信用链上那些信用缺失严重的环节，从那些信用度低下的信用行为主体抓起，将信用链视为一个整体系统，不要头痛医头，脚痛医脚，这样才能有效提高建筑市场整体的信用水平，从而为建筑市场的正常交易提供保障，促进建筑市场健康发育。

（5）建筑市场信用网

如果将这种信用关系链状结构扩展到整个建筑市场，就会形成一个由无数条信用链相互交织而成的错综复杂的信用链关系网。例如：业主A相信中介C的判断，中介C相信承包商B的履约能力，从而A也相信B的能力，而承包商B又相信分包商D的履约能力，因而A也相信D的履约能力，这样再加入勘察设计单位、供应商等，不断扩展下去，可以想象，在建筑市场中，中介信用关系的不断扩展，将形成一个错综复杂的信用关系网络。

在竞争性的建筑市场之中，这一网络可出现两种极端的情形。第一种情形是网络处于正反馈状态，强化了信用关系的纽带，因而整个市场主体之间的交易关系得到极大的便利和发展。所谓正反馈状态，即良性循环，是指由于信用关系网络中守信行为成为公认的规范，使得不守信行为受到排斥，因而微观市场主体的理性选择就趋向于做出守信行为，而信用关系网络则趋向于自我强化。在这种正反馈状态下，建筑市场主体选择守信行为将成为适应竞争的一种客观需要。

第二种情形是网络处于负反馈状态，弱化了信用关系的纽带，甚至使信用关系趋于消失，整个建筑市场交易也因市场主体之间互不相信而变得极为困难。所谓负反馈状态，即恶性循环，是指由于信用关系网络中不守信行为成为普遍现象，使得做出守信行为的市场主体往往要付出额外的经济代价，以至于守信行为反而受到了排斥，因而微观市场主体的理性选择就趋向于做出不守信行为，而信用关系网络则趋向于自我弱化。在这种负反馈状态下，建筑市场主体选择不守信行为也属于适应竞争的一种客观需要，反而属于一种理性选择。

2. 建筑市场信用行为分析

建筑市场信用关系是伴随着信用行为产生的，是建筑市场中信用主体在长期重复博弈过程中强化形成的，也就是说信用行为决定了信用关系。如果建筑市场信用主体选择守信行为，信用关系就会加强，反之，信用关系就会弱化，直至消失。现从信用主体和工程建设周期两个方面分析建筑市场的信用行为。

（1）信用主体的信用行为

1）政府失信

政府作为公共权力的代理人，行使建筑市场监管职能。如果政府职能部门监管不力，执法不严，容易引起制度上、环境上的漏洞和动荡。政府失信行为损坏政府形象，败坏社会风气，引发了工程建设领域大量的腐败案件。全国检察机关近几年查处的重大经济贿赂案件中，涉及建筑业的占60%以上甚至更高。

2）业主失信

业主失信是导致市场秩序混乱的主要根源之一。一些业主盲目投资，擅自开工，规避招标，明招暗定，拖欠工程款及设计、咨询等费用，违规收费，强行压价或要求垫资承包，不办理质量安全监督手续，不认真履行业主责任等。在建筑市场交易过程中业主处于有利地位，业主的失信行为不仅影响了建筑市场正常秩序，影响了工程建设项目目标的实现，而且造成了建设领域庞大的债务链的形成。从业主到总承包商、分包商，再到项目经理、施工队最后到民工，层层拖欠，形成了一个复杂的"债务"连环套。

3）承包商失信

承包商在任务承揽过程中，使用不正当的竞争方式和手段，如越级承包、行贿受贿、层层转包、非法渔利等。承包商在建筑产品的生产过程中居于信息有利位置，承包商的失信行为引发了工程质量低下、安全事故频发现象。

4）中介服务机构失信

中介服务机构的失信行为，干扰了建筑市场正常秩序。例如，招标投标代理机构在招标过程中弄虚作假；监理单位不按合同要求严格监督，与承包商、供应商串通作假；造价咨询机构索贿受贿，违规收费；检测机构出虚假报告以及做假账、出假证明等，这些失信行为，不但严重违背职业道德，更加重了市场的混乱。

（2）工程建设周期各阶段的信用行为

我国正处于经济转轨时期，由于体制等多方面原因，在一定程度上造成个人信用、企业信用乃至政府信用的缺失。导致在工程建设的每一个阶段、每一个环节，都存在着严重的失信行为。

1）项目建设前期

业主违反国家规定的建设程序，没有取得建设用地规划许可证、建设工程规划许可证、建设项目选址意见书，未按规定办理报建手续，未取得开工许可证，致使大量建设项目条件不成熟，资金不到位。有的地方政府和领导热衷于"形象工程"、"政绩工程"，造成投资效益低下，建设规模膨胀、失控。

2）招标投标阶段

发包单位不依法组织招标或委托招标，在招标过程中，暗箱操作，弄虚作假，索取回扣和其他好处。有的利用建筑市场供过于求的现状，任意压价，提出带资垫资等不合理的要求。投标单位（包括勘察、设计、施工、监理、材料设备供应商等）不遵守市场准入规则，违规越级承揽任务，在投标过程中，向发包单位、评委行贿，或串标、陪标和以低于成本价报价来谋取中标。

3）履约阶段

在工程建设履约阶段有种种违约失信行为，如业主不能及时提供文件资料和现场开工条件，不按进度支付工程款；设计单位不能按期完成设计任务，提交设计图纸；施工单位不按国家强制性标准和设计文件要求施工，以次充好，质量低下；监理单位和其他中介机构不能严格把关，出现各种虚假和违约行为；业主拖欠工程款，施工单位拖欠民工工资现象严重，成为影响社会稳定的不安定因素。

4）竣工验收阶段

承包商故意拖延工期，不按进度要求完工及提交有关竣工资料。业主没按规定组织竣工验收，参与验收的机构和人员把关不严，致使不合格工程投入使用。业主不及时办理竣工结算、结清工程款及其他有关费用，不依法办理工程备案手续，没有建立回访保修服务及其他投诉解决机制。

3. 建筑市场信用后果分析

建筑市场的信用缺失和失信行为，严重影响了国民经济发展和人民生命财产安全，加大了企业的经营成本与风险，败坏了社会风气，使全社会资源利用率低下。

（1）加剧建筑市场秩序混乱

信用缺失严重阻碍市场化进程，扰乱人们的价值观，加剧了建筑市场秩序混乱。近几年来，国家大张旗鼓地整顿和规范建筑市场秩序，花费了大量的人力、物力和财力，但许多措施只是治标之策，收效于一时，无法从根本上解决信用缺失问题。

（2）增大行业风险

建筑市场信用缺失导致行业形象受损，企业经营风险增大，利润下降，行业发展缓慢。建筑行业对经济周期较为敏感，在当前国家加大基础设施建设的形势下，正是建筑业发展的大好时期。但由于信用缺失、秩序混乱，人为地加大了信用风险和交易费用，使企业丧失了应有的利润空间和发展契机。信用缺失还损害我国建筑企业的国际形象，不利于与国际接轨，参与国际竞争。

（3）影响社会稳定

建筑市场拖欠工程款与我国经济活动中广泛存在的三角债问题类似，但有其特殊性。由于承包商与业主地位不平等，不是平等的市场主体之间的买卖关系，欠款追讨起来困难重重，而对于政府投资建设项目，收回工程款的难度更大。建筑行业使用民工的数量最大，庞大的债务链和巨额工资拖欠款，损害了民工的利益，影响社会稳定。

（4）工程质量问题

由于政府管理体制和市场体制不完善，给有关单位和人员可乘之机，导致一些行为、作法的不规范。如不及时加以遏止，在市场无序竞争和趋利机制下，质量问题愈演愈烈，留下严重隐患。为解决工程质量问题，既要规范市场主体行为，更要建立完善制度，加强制度的硬约束作用。

（5）腐败问题

建筑市场交易具有特殊性，容易滋生大量寻租和腐败问题，在近年来政府立案查处的腐败案件中，大部分都与建筑市场交易有关。腐败问题的出现，一方面有政府官员设租和创租问题，另一方面也有承包商的主动寻租问题。因此，需要完善法律法规和市场机制，减少寻租，加强监督，杜绝腐败，以维护政府的良好形象。

（6）增大交易成本

建筑市场涉及面广，交易金额大，需要政府及有关部门加强监管，许多规定、程序、手续是必要的，但如果流于形式，不但起不到应有的作用，反而加大了交易成本，陷入恶性循环。监管、约束等非生产性开支增大，导致社会资源浪费，市场效率低。业主多花了投资，没有用在工程实体上，承包商多花了隐形开支，使得成本超支，工程质量受损，导致效益低下。

7.2 建筑市场信用制度

建筑市场交易双方的信息是不对称的，"个人理性"与"集体理性"发生矛盾，人们相互的机会主义行为往往导致"两败俱伤"。因此，需要建立一系列规则和制度来约束建筑市场交易中的机会主义行为。制度经济学告诉我们，一个交易成本低、激励相容的制度是合理有效的。因此，为使我国建筑市场走上一条交易成本低、信息灵敏、激励相容的健康发展之路，需要构建一整套有效的信用制度，包括信用评级制度、信用公示制度、信用担保制度、联合征信制度、信用管理制度等。

7.2.1 建筑市场信用评级制度

1. 建筑市场信用评级制度的内涵与特点

建筑市场信用评级是通过制定统一的评价标准、指标、方法、模型和等级，运用科学的手段，从资本能力和信用行为等方面对建筑市场主体的信用水平进行等级评价并做出结论。通过信用等级这种简单符号，促使市场主体对自身和交易伙伴信用的重视，形成"守信"的良好氛围，从而规范整个建筑市场。

建筑市场信用评级制度需对建筑企业信用信息的记录与移交、管理与评级、披露与使用、评级机构与被评者的责任和权益做出制度安排，以约束相关信用信息的公布及保证信息的权威性与公正性。建筑市场评级制度具有以下特点：

（1）综合性

信用评级的内容比较广泛，它是对评级客体信用状况的一次全面评价，具有综合性。建筑市场信用评级要对信用主体的资本能力、信用行为等作出判断，并要承担调查失误和评估失实的责任。建筑市场信用评级必须基于对企业的全面调查和综合分析，不仅要考察企业综合素质、领导者素质、企业经济实力、资金结构、履约情况、市场竞争力、管理水平、经营效益和发展前景等因素，还要考察企业在市场交易过程中的信用表现和信用行为。

（2）时效性

信用评级和证券评估不一样，证券评估通常是在发行前进行评估的，叫"一债一评"或"一票一评"，目的是为投资人或债权人提供信息，要以证券有效期为准。而建筑市场信用评级则不同，信用等级的评定往往是基于信用主体经营的历史数据、失信行为记录、违约诉讼记录等，在信用等级评出以后，一般有效期为两年，两年以后要根据实际情况重新进行评级，它具有一定的时效性。

（3）复杂性

由于评级的客体性质不同，有业主单位、承包商、中介机构等，不同的评级客体有着不同的行业特点和资金结构，信用评级的重点和要求都不相同，因而建筑市场信用评级要比证券信用评级复杂得多。

（4）权威性

由于信用评级内容全面，方法科学，而且评估人员多为专业人才，因而评估结论具有相当的权威性，不仅可为建筑市场主体选择交易对象时提供参考，也可为实施有效的建筑市场监管提供有力的证据和支持。

（5）公正性

建筑市场信用评级由独立的专业信用评级机构作出，评级机构秉持客观、独立的原则，较少受外来因素的干扰，能向社会提供客观、公正的信用信息。

（6）基础性

当今社会信用基础较为薄弱，通过建筑市场信用评级，使社会逐步重视作为微观经济主体的企业的信用状况，从而带动个人、其他经济主体和政府的信用价值观的确立，为社会信用的建立打下基础。

2. 建筑市场信用评级指标

构建信用评级指标是进行信用评级的基础和依据，指信用评级机构在对评级对象的信用状况进行客观公正的评价时所采用的评估要素。没有一套科学的评级指标，信用评价工作就无所适从，更谈不上信用评价的客观、公正与科学。

（1）建筑市场信用评级指标的选取原则

1）代表性

为全面刻画评级对象的信用状况，应该尽可能从不同层次、不同角度选取指标，不但要考核评级对象过去的业绩，而且还要预测未来的发展趋势；不但要考虑评级对象本身的情况，而且还要研究周边的环境对其产生的影响；不但要考察评级对象的信用能力，而且还要考察信用行为。只有这样，信用评级才能达到全面评价的要求。但亦不可流于繁琐，应满足充分的信息综合能力。

2）可操作性

信用评级指标的建立，要具有实用性，便于操作和设计电脑运算程序。既要符合我国国情，又需参照国际惯例。

3）针对性

信用评级指标必须具有针对性，不同的评级对象和评级目的，评级指标应该有所区别。根据评级要求的不同，应分别制定各自的信用评级指标要素，由于不同企业具有各自的经营特点，因而有一部分指标要结合企业的经营特点来确定，不能千篇一律。

4）可比性

建筑市场信用评价指标应具有普遍的统计意义。评价指标设置既要考虑到纵向可比，动态的反映评级对象信用的发展过程和内在变化规律；又要考虑到横向对比，能够与其他行业或者其他地区的信用主体进行对比。

5）独立性

各指标变量间应相互独立。如果指标间重复信息过多，不利于指标评价作用的发挥。

（2）建筑市场信用评级指标的构建

这里所构建的信用评级指标是针对微观的建筑市场主体（业主、承包商和中介服务机构）而言。

1）业主信用评价指标的构建

业主信用评价要素包括项目公司素质、资金落实情况、拟建项目信用状况、项目公司以往信用状况等方面。

2）承包商信用评价指标的构建

在我国建筑市场中，承包商包括工程总承包企业（设计施工总承包）、专业分包企业和劳务分包企业等，具有法人资格，是独立的经营实体。承包商的信用评价要素包括企业素质、资产质量、经济效益、信用状况和发展前景等方面。

3）中介服务机构信用评价指标的构建

建筑市场的中介服务机构包括招标代理、监理、造价、检测等机构。近年来，我国大力推行工程监理制，监理公司在建筑市场中扮演着重要的角色，其失信行为直接影响到业主或承包商的利益，对监理单位进行信用评价非常必要。这里主要对监理公司的信用评价指标进行设置，其评价要素包括公司素质、资产质量、信用状况、发展前景等方面。

3. 建筑市场信用评级程序

建筑市场信用评级程序包括评级意向、评级准备、评级执行、评级完成等环节，建筑企业信用评级流程如图7-1所示。

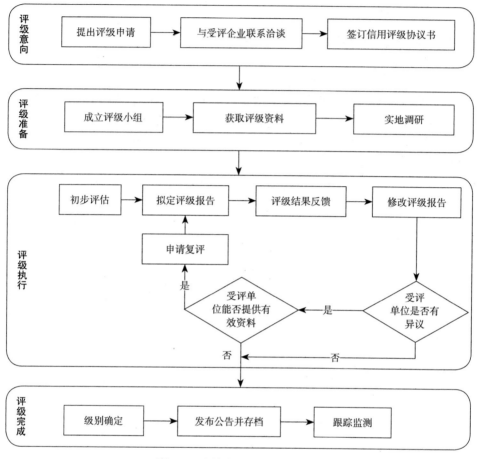

图7-1 建筑企业信用评级流程

（1）评级意向

建筑市场主体向信用评级机构提出评级申请，双方在联系洽谈之后，签订《信用评级协议书》。

（2）评级准备

1）信用评级机构组建评级小组并指定项目负责人，向被评企业发放"企业信用评级所需资料清单"，受评企业按照资料清单向评级小组提交评级材料。在收到受评企业提供的评级资料后，评级小组进行初步分析，将资料中不完整、不明确的部分在访谈提纲中列明，便于在实地调研时重点了解。

2）实地调研

①现场访谈受评企业的各部门负责人，主要了解企业当前的生产、经营、管理和财务状况，决策层的稳定性及主要决策者的情况等；②调查访谈与受评企业有债权债务关系的企业，了解受评企业历史资信情况、当前债务压力以及资金回笼情况等；③评级小组在实地调查和访谈之后，可要求受评企业补充相关资料，并建立完备的工作底稿。

（3）评级执行

1）初步评估

评级小组对受评企业资料进行深入分析，采用合适的分析模型，在定量和定性分析的基础上，拟定《信用评级分析报告》，初步确定受评企业的信用级别；并将分析报告及附表、评级工作底稿整理后，提交给信用评审委员会进行审核。

2）评级结果反馈

信用评审委员会对《信用评级分析报告》进行讨论、质疑、审核，并进行表决。评级结果必须经评审委员会2/3以上的评审委员同意，方才有效；评级小组根据评审委员会评审意见，修改《信用评级分析报告》，并将评审结果告知受评企业。

3）评级争议解决

①若受评企业对评级结果没有异议，评级小组负责向受评企业提交《信用等级通知书》，确定受评企业信用等级；②若受评企业对评级结果有异议，并提供能够影响评级结果的补充资料，则评级小组应向信用评审委员会申请复评，对信用评级的定量、定性评价进行修正，修改《信用评级分析报告》，并将修改后的分析报告、复评调整意见、补充资料一并提交给评审委员会，最终确认复评等级；③若受评企业对评级结果有异议，但不能提供相应的补充资料，信用评级委员会将不受理复评要求。

（4）评级完成

1）信用评级结果确认无异议后，由信用评级机构将通过网络、期刊或其他公开媒体公告评价结果，并将信用评级相关资料存档备查，受评企业提供的全套资料应作为保密文件归档。

2）在信用等级有效期内，评级小组应指定专人负责跟踪监测受评企业经营上的重大事件、内外环境的变化，若对受评企业信用级别有影响，应及时提出受评企业信用级别调整的意见，报信用评审委员会审议确定调整级别，并公布调整结果。

7.2.2 建筑市场信用公示制度

1. 建筑市场信用公示制度的内涵

信用公示是指一定机构根据法律规定的权限和程序，应某市场主体的申请或依其职权，以一定的形式将特定市场主体的信用信息记录予以公开的行为。建筑市场信用公示制度是对建筑市场主体的信用信息的公布与管理做出制度性的安排。通过信用公示，可以向建筑市场传递信息，使建筑市场主体对潜在的交易者的信用信息有比较清楚的了解。政府建设主管部门应向公众公布建筑市场主体的信用记录，特别是不良行为记录；税务部门公布建筑企业按章纳税或偷税漏税情况；工商行政管理部门公布建筑企业年检、被行政处罚或获得荣誉的记载；金融部门公布借款人的信用等级、坏账、呆账等记录；质量监督部门公布其质量检查结果等。这些信息的公布和使用必须遵循一定的规则，而这些规则应由政府部门制定。

2. 建筑市场信用公示模式

在现代市场经济中，典型的信用信息共享模式可分为三种：以政府和中央银行为主体的公共模式（以法、德等国为代表）、以市场化独立运作的征信公司为主的私营模式（以美国为代表）和以银行协会建立的会员制征信机构与商业性征信机构共同组成的会员制模式（以日本为代表）。当然，这三种信用信息共享模式不能简单地互相取代，而是在各自范围内发挥作用，基本形成了相互补充的格局。

在我国建筑市场，大量信用信息和数据掌握在政府部门手里，分散于建设、工商、财政、税务、海关、法院、审计等政府部门以及银行、保险公司、担保公司，且各方的信用信息是孤立的、不完整的。同时，由于目前信用信息服务机构很不健全，靠市场机制建立信用信息数据库需要相当长的时期，因此，建筑市场应采用"公共模式和会员制模式"相结合的信息共享模式。

为提高信用信息的公开和共享，建立的信用公示制度具有鲜明的行业特色，因此，建筑市场应采用以"建设行政主管部门为主导，以建筑行业协会组织为依托"的信用公示模式。

3. 建筑市场信用公示制度的现状

（1）不良行为公示制度

借鉴区域试点的经验做法，2007年1月建设部出台了《建筑市场诚信行为信息管理办法》，发布了《全国建筑市场各方主体不良行为记录认定标准》，要求各省、自治区、直辖市建设行政主管部门按照《建筑市场诚信行为信息管理办法》，建立本地区的建筑市场综合监管信息系统和诚信信息平台，在社会上引起了较大反响。全国80%的省级建设行政主管部门建立了"失信单位名录"，将失信企业信息向社会公开，实现了"一地受罚，处处受制"的市场监控环境。公布内容应与建筑市场监管信息系统中的企业、人员和项目管理数据库相结合，形成信用档案，内部长期保留。对于符合《全国建筑市场各方主体不良行为记录认定标准》的不良行为记录除在当地发布外，还将由建设部统一在全国公布，公布期限与地方确定的公布期限相同。

所谓不良行为记录是指建筑市场各行为主体在工程建设过程中违反有关工程建设的法律、法规、规章或强制性标准和执业行为规范，经县级以上建设行政主管部门或其委托的执法监督机构查实和行政处罚等记录。而良好行为记录指建筑市场各行为主体在工程建设过程中严格遵守有关工程建设的法律、法规、规章或强制性标准、行为规范，诚信经营，自觉维护建筑市场秩序，受到各级建设行政主管部门和相关专业部门的奖励和表彰等记录。其中，不良行为记录信息的公布时间为行政处罚决定做出后7日内，公布期限一般为6个月至3年；良好行为记录信息公布期限一般为3年。

（2）建筑市场诚信信息平台的构建

为促进资源整合和实现信息共享，按照实现"标准、平台、法规、奖惩四个统一"的工作思路，住房和城乡建设部大力推动全国建筑市场诚信信息平台的建设，并于2008年1月7日，在北京举行全国建筑市场诚信信息平台开通启用仪式。标志着建筑市场信息共享机制建设工作迈出了关键的一步，也是全国建筑业加强行业自律、完善诚信建设的一项重要举措。

（3）全国企业信用信息公示系统

全国企业信用信息公示系统于2014年2月上线运行，依据《中华人民共和国政府信息公开条例》、国务院《注册资本登记制度改革方案》进行信息公示，通过链接导航的方式提供全国企业信用信息的免费查询服务，一般可以查询的范围包括企业、农民专业合作社、个体工商户等。信息公示的主要内容：市场主体的注册登记、许可审批、年度报告、行政处罚、抽查结果、经营异常状态等信息。

2014年10月1日开始施行的《企业信息公示暂行条例》，进一步确立了企业信息公示制度，明确规定了工商部门、其他政府部门、企业作为不同的信息公示主体所承担不同的信息公示义务。通过运用信息公示、社会监督等手段保障公平竞争，强化对企业的信用约束，保护交易相对人和债权人利益，保证交易安全，维护市场秩序，并以此来促进企业诚信自律，扩大社会监督，营造公平竞争市场环境。

4. 建筑市场信用公示制度的完善

基于不良行为公示制度、建筑市场诚信信息平台和我国企业信用公示系统的实践，建议从以下几个方面加强和完善建筑市场信用信息平台：

（1）要求相关政府监管部门把对建筑市场主体违法违规行为的日常处罚决定和不良行为记录及时整理，并按照各自权限通过监管综合信息系统自行上网记录，为信用信息平台提供信息保障；

（2）充分发挥现有建筑市场和工程现场业务监管体系的联动作用，并依托有形建筑市场在人员、技术、业务和硬件等方面资源优势，提高政府对建筑市场的监管效率；

（3）要加强信用信息的报送工作，保证信息的采集、整理、报送等工作的公正性和合法性，保证提供信息的真实性和完整性；

（4）各级建设行政主管部门，要在行政许可、市场准入、招标投标、资质管理、工程担保与保险、表彰评优等工作中，充分利用已公布的诚信行为信息，依法对守信行为给予激励，对失信行为进行惩处，逐步健全有效的诚信奖惩机制。

7.2.3 建筑市场信用担保制度

1. 建筑市场信用担保制度内涵

建筑市场信用担保按照担保对象可以分为工程保证担保和建筑企业信用担保两个方面。

（1）工程保证担保

工程保证担保是针对建设工程投资大、建设周期长、技术复杂、涉及面广、风险大等特点，由第三方介入，对建筑市场的行为主体在工程交易全过程提供信用担保的制度。工程担保起源于美国，是保证担保人向权利人保证，如果被担保人无法完成其与权利人签订的合同中规定的应由被担保人履行的承诺、债务或义务，则由担保人代为履约，或付出其他形式的补偿。2004~2006年，建设部先后出台了有关推行工程担保的若干规定、示范文本和指导意见，全国18个省市相继出台了推行工程担保制度的规定或配套措施。目前，工程保证担保重点推行投标担保、履约担保、业主支付担保和保修担保。

工程担保对缔约双方，尤其是对双方的信誉，都有着约束作用。通过工程担保，既较好地解决了承包商的逆向选择问题，同时又较好地解决了承包商的道德风险问题。作为一种信号传递，提高委托人的信息甄别力。担保机构根据企业的信用等级选择有实力和信誉优势的承包商进行担保，而业主通过工程担保来甄别承包商综合实力的优劣，找到真正有实力优势的承包商；作为一种经济惩罚，减少承包商道德风险的收益。由于承包商在购买工程担保保函时被要求对被担保金额进行反担保，因此，当发生违约时，担保公司是名义上的损失承受者，而承包商则是损失的实际承受者。由于承包商对这一损失有正确的理性预期，认识到避免损失的最好办法是严格履约，减少违约事件的发生。

（2）建筑企业信用担保

建筑企业信用担保是一种信用证明的中介服务活动，担保人通过提供担保，向社会传递有关建筑业企业的信用信息，提高被担保人的信用等级。担保机构的介入，使原本在银行与建筑企业两者之间发生的贷款关系变成了银行、建筑企业与担保公司三者之间的关系，分散了银行贷款的风险，增强了银行对中小建筑企业的信心，使建筑企业的贷款渠道变得通畅起来。

信用担保产生于20世纪二三十年代的工业化国家，对象是中小企业，目的是为本国中小企业提供融资担保服务，贯彻实施国家中小企业服务政策，促进本国中小企业的发展。从世界上其他国家开展信用担保的情况来看，越是市场经济发达的国家，其信用担保体系越完善。信用担保业务不是一种短期的过渡性业务，而是一种长期的支持性业务。

信用担保的产生改善了建筑市场交易双方及债权人与债务人之间的信息不对称状态，担保机构产生的根源在于交易费用和信息成本的节约，以及风险的分散，担保机构作为专业化的中介机构，在信息的获取和处理、专门技术人才的利用和培训以及专业技术的研究和开发等方面，具有明显的规模经济效应，从而减少交易费用和信息成本。

2. 建筑市场信用担保机构的功能及组织模式

（1）信用担保机构的宗旨

以国家政策为导向，为建设国家重要项目、建筑市场上需要扶持的特种建设单位和符合担保条件的建筑企业提供担保服务，减轻项目参与方的信用风险，促使建筑企业、信贷银行、国家经济效益的提高。信用担保的着眼点是我国整个建筑市场的健康发展。

（2）信用担保机构的功能

1）政策导向功能

信用担保机构开展担保业务的立足点是为政策范围内的建筑企业提供信用担保，并向整个建筑市场传递政府政策的意图，引导建筑企业走上健康有序的发展道路。

2）信用扩张功能

信用担保机构通过自身的信用为建筑企业提供信用担保，帮助建筑企业顺利承揽业务和获得贷款。

3）桥梁纽带功能

通过信用担保，建筑企业渐渐树立起自身的信用品牌，最终形成建筑市场的守信氛围，并且建筑市场主体之间以及与银行等金融机构之间关系更紧密。

4）风险分散功能

信用担保机构分担了部分信用风险，而且通过控制单个担保对象的担保金额等达到分散担保业务风险的目的。

5）业务扩散功能

信用担保机构以自身特有的信誉将各家金融机构与符合担保条件的建筑企业作为合作对象，从而形成信用担保体系。

（3）信用担保机构的组织模式

我国《担保法》规定：除国家机关、以公益为目的的事业单位、社会团体以及企业法人的分支机构、职能部门外，其他具有代为清偿债务能力的法人、其他组织或者公民都可以作为担保人。事业法人和企业法人都是我国设立建筑企业信用担保机构可以借鉴的组织形式。

鉴于现阶段我国建筑市场信用制度尚不完善，信用担保机构推荐采用事业法人的组织模式。这有利于担保机构和金融机构建立关系，而且容易筹集到足够的资金。待到信用制度建设到一定程度后，可考虑采用企业法人的组织模式。

3. 信用担保机构的运营原则与担保程序

（1）信用担保机构的运营原则

目前建筑市场信用制度建设还不完善，各种信用缺失行为时有发生。信用担保机构在进行担保业务时应把握以下几个基本原则：

1）开放性

信用担保机构应对建筑市场上的各种符合担保条件的企业进行信用担保，且要以各项法律法规和政策为准绳，规范地开展担保业务。

2）稳健性

信用担保机构在业务活动中应尽可能地保持资产、收益、信誉以及所有生存经营发展条件免遭损失或破坏，以确保担保资金的良性运作。建筑市场上的风险是很难预测的，高风险很难避免。在此，信用担保机构必须保证其损失最小、风险最低。

3）流动性原则

信用担保机构尽量使资金的使用速度快起来，以随时应付代偿、支付及其他合理的资金需求。由于受保企业的风险难以预料，尤其是在建筑行业中，使得代偿资金需求具有不确定性，因而必须有足够的流动性予以保证，且流动性是实现稳健性原则的前提。

4）择优担保原则

在选择受保企业时，担保机构必须认真考虑候选企业的情况。

（2）信用担保机构的担保程序

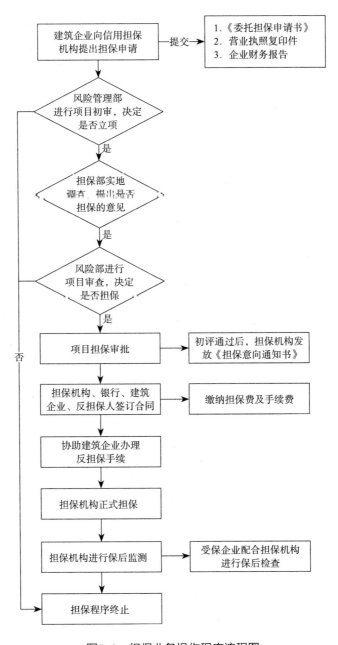

图7-2 担保业务操作程序流程图

如图7-2所示，信用担保机构的担保程序可分为以下几步：

1）建筑企业向信用担保机构发出担保申请。建筑企业须向信用担保机构提交《委托担保申请书》，即合同意向书、企业相关财务报表等。

2）信用担保机构对建筑企业的信用及相应情况进行资信审查、实地调查并做出审批，如果审查不合格，则担保程序终止。

3）签订担保合同。除了在担保合同中规定双方的责任和义务外，还应对可能发生的风险作一定的限定，这是担保活动的重点。

4）合同双方签订合同。一般情况下，只要提供信用担保的机构自身信誉和实力符合要求，交易对方和建筑企业签订合同。

5）信用担保机构正式承保。信用担保机构在建筑企业签订合同后，按担保合同的约定对受保企业正式履行担保行为。

6）担保机构在承保之后，需要对建筑企业的信用行为进行监督，若建筑企业出现失信行为，担保机构应及时采取措施，减少由于建筑企业失信造成的己方损失，在此过程中，受保的建筑企业应予以积极配合。

7.2.4　建筑市场联合征信制度

1. 建筑市场联合征信制度内涵

建筑市场联合征信制度是指建筑市场实行企业联合征信的有关规则，通常由第三方的联合征信机构依法将分散在工商、质检、质监、财政、税务、审计、司法等政府部门以及各金融部门和其他企业的企业信用信息进行采集、保存、整理，建立建筑业企业信息数据库，为银行和建筑行业有关需求者提供相关的信息服务。建筑市场征信服务的基本功能是了解、调查、验证潜在交易对象的信用，使建筑市场交易活动中的授信方能够比较充分地了解受信方的真实资信状况和付款能力，使授信方的风险降低。企业也可以借助征信系统综合诊断自身的信用状况，塑造企业良好的信用管理形象。

从行业分工角度看,征信对应着有关信息产品的加工和生产,而不强调信用管理咨询或服务。联合征信则是指征信机构根据协议,从一家以上的征信数据源单位采集征信数据的形式。联合征信在操作形式上,可以分为直接联合征信和间接联合征信。

(1)直接联合征信

直接联合征信是指各征信数据源单位达成向征信机构提供征信数据的协议,征信机构分别向所有能够提供征信数据的政府或非政府单位直接采集征信数据,其中征信机构是征信的唯一发动方。

(2)间接联合征信

间接联合征信是指由其他政府或非政府机构协调部分或全部征信数据源单位,先将各征信数据源单位掌握的征信数据提供给一个信息服务机构,由这个机构将征信数据从协调来的数据中剥离出来,然后再成套提供给经过筛选的征信机构。在间接联合征信形式下,征信数据源单位提供的原始数据需要通过一个信息服务机构,经过数据处理后再提供给特定的征信机构。协调数据的机构可以是政府部门的数据中心或从事信息服务的事业单位,其服务可以是非营利性的,但它不是征信机构。间接联合征信机构的直接发动方是负责协调数据的信息服务机构,征信机构则成为征信活动的间接发动方。联合征信具有两个特征:一是允许向所有拥有征信数据的单位采集征信数据;二是通过征信机构,提供征信数据的单位之间存在数据资源共享的关系。

2. 建立信息服务机构

考虑到我国国情,在建筑企业与相关从业人员联合征信制度建设之初,应充分发挥政府的作用。在中央由国务院组织并联合相关部委(发改委、住房和城乡建设部、水利部、铁道部、交通部、国土资源部、财政部、商务部、审计署、监察司法部、信息产业部等)参与,由人民银行牵头,组建国家信用服务机构。其主要功能是向各征信数据源收集信用信息,对信用信息统一化,并向筛选后的征信机构发放。在地方建立相类似的机构，其服务范围就在地方一级。

信息服务机构必须保证自身的公平、公正、公开、独立等特点，虽然与政府有关，但绝不能依附于政府，否则将不利于信用信息的公正性。

信息服务机构应当建立完善的规章制度和采取先进的技术手段，确保建筑企业和相关从业人员信用信息安全。当信息服务机构认为有关征信数据源报送的信息可疑时，应当按有关规定的程序及时向该征信数据源单位发出复核通知。征信数据源单位应在某时间段内给予合理解释。

信息服务机构或征信数据源都不得随意更改建筑企业或相关从业人员的信用信息。如需更改时，必须具备相关手续且备注原因。

3. 建立征信数据库

各征信数据源在信息服务机构的指导下，统一管理建筑企业和相关从业人员的编码以及信息，建立征信数据库，保证数据库中的数据每1~3个月更新一次，并且实现各数据库在同一行业内的同业征信。

建筑企业编码可以采用行业分类编码中的标准工业编码（Standard Industry Classification，简称SIC）或邓白氏编码系统（Data Universal Numbering System，简称DUNS），这两种在国际上运用较多，有利于和世界接轨。存储信息必须包括：名称、企业主要管理人员及其相关信用信息的连接、注册资金和拥有资源、地址、资产负债表、业绩、合同履约情况等。

个人编码不同部门可以有不同的编码方式，但是必须要有唯一的代码与个人相对应，例如在注册造价工程师管理协会中就可以用身份证号码和注册号码作为数据中的联合主键。存储信息必须包括：个人情况、履历、银行信用记录和时效内的公开记录、欠税、欠账、破产记录等，也可以加入亲属信息连接。

4. 建立征信机构

征信机构是指依法设立的、独立于信用交易双方的第三方机构，专门从事收集、整理、加工和分析企业和个人信用信息资料工作，出具信用报告，提供多样化征信服务，帮助客户判断和控制信用风险等。征信机构是征信市场的支柱，在现代市场经济条件下扮演着至关重要的角色，是信息不对称情况下扩大市场交易规模的必要前提。没有征信机构承担的社会功能，社会信用很难充分发挥作用。

征信机构按所有权性质的不同，可分为公共征信机构、私营征信机构和混合征信机构；按信息主体的不同，可分为个人征信机构、企业征信机构、信用评级机构以及其他信用信息服务机构。在技术创新和金融市场自由化的激励下，征信机构不断发展，其趋势主要体现在以下四个方面：征信行业集中度迅速提高；产品经营日益多元化；商业化、互惠合作模式的适应性更强；征信立法的重视程度不断提高。

7.2.5 建筑市场企业信用管理制度

1. 建筑市场企业信用管理制度内涵

建筑市场企业信用管理制度就是通过在建筑企业内部建立专门的信用管理机构来管理企业的信用事务，它包括前期信用管理阶段的资信调查和评估机制、中期信用管理阶段的履约保障机制以及后期信用管理的合同款回收管理和违约索赔机制。从企业的管理职能来讲是指通过制定信用管理政策，指导和协调内部各部门的业务活动，对业主、分包商、材料设备供应商的信息进行广泛的收集和评估，对信用额度的授予、合同履约保障、合同违约处理等各个交易环节进行全面监督的管理制度。从管理目的来讲是指对各种规模的建筑企业，力求在达到企业业绩最大化的同时，将信用风险降至最低的管理措施。

信用管理是全过程的管理，是防范风险和控制风险的前提。只有在建筑企业内部建立科学的信用管理制度，才能够防范和控制企业乃至整个建筑行业的信用风险。建筑企业实施信用管理制度具有以下意义：

（1）防范信用风险的发生

企业内部信用组织机构运用信用管理制度，由信用管理部门对业主、分包商、材料设备供应商的资信情况及相关的情况进行调查、分析，对交易的信用风险进行识别、分析、评估；由财会部门对交易事项的成本进行核算；由信用管理部门对企业拟与业主、分包商、材料设备供应商签订的合同进行审查确认；高风险的交易事项、重大风险事项的处理方案应经过企业信用管理决策机构审查批准，使授权批准有了依据和保证，对可能存在的风险予以充分的论证，防范风险于未"燃"之中。

（2）控制信用风险的程度

在建筑企业的信用管理过程中，非常重要的环节就是中期信用管理阶段的履约保障机制以及后期信用管理阶段的合同款回收管理和违约索赔机制。在业务处理程序上，因各企业的组织情况而异，但对合同履约情况进行跟踪、监控均由信用管理部门、合同管理部门和财务部门负责。信用管理部门对合同履约情况采用恰当的方式进行追讨，是企业组织控制风险的有效手段和方法，可使风险发生程度降到最小。

（3）提升企业的综合竞争力

现代意义上的企业竞争已不仅是有形资产、技术熟练程度、企业规模等这些外在物质形态的竞争，竞争在更大的意义上表现为商誉、品牌、信用等无形资产的竞争。这些竞争要素都是内化在企业内部的，代表企业的核心竞争力，而要增强企业的核心竞争力，首先就必须提高企业自身的信用水平。信用管理是建筑企业诸多有效的管理措施之一，同时也是一项立竿见影的管理活动。

（4）规范信用市场秩序

信用管理是一项系统工程。建筑企业通过设立专门进行内部信用管理的机构和人员，形成有效的企业内部信用管理体系，使信用缺失等不良行为受到惩罚，使失信者无法立足。

2. 国内建筑企业信用管理的现状

从信用管理的职能来讲，信用管理应该是一个多部门职能重叠的区域，在管理中常常会涉及几个部门的职能范围，有容易产生"模糊"感的边际区域。因此，我们有充分的理由证明在建筑企业内部建立独立的信用管理部门的正确性。但是，目前我们国内大部分的建筑企业都没有设置独立的信用管理部门，而主要有以下两种结构安排。

（1）由财务部门负责信用管理工作

在传统的建筑企业中，财务部门的权利非常大。它不仅掌管着企业的资金分配和流动，甚至参与制定企业的发展和市场开发战略。企业管理者认为，信用管理，或者更狭义的称为赊销信用管理，其实就是应收账款的管理，而应收账款是企业流动资产管理的主要内容。由于财务部门对流动资金起着举足轻重的作用，并且对企业信用政策的松紧程度极为敏感，作为流动资产组成部分的应收账款被"理所当然"地划归为财务部门管理。

然而，事实证明，财务部门的信用管理往往是失败的。这主要与财务部门的工作性质有关系，财务人员对信用管理知识知之甚少，不能够像专业技术人员一样与业主讨论合同条款的细节或起草正规的索赔信函。显然，这些工作都已经超出了他们的工作范围和知识范围。财务部门负责信用管理的另一个突出问题就是保守，这也是由他们的工作性质所决定的。资金是企业的血液，资金的筹措凝聚了财务人员大量的心血，他们宁愿将资金抓在自己手中，也不愿被别人"无端"地长期占用。正是由于财务人员的"先天缺陷"，当财务部门被委以信用管理的重任后，企业会逐渐呈现出业务量下降、客户减少、利润降低的衰退现象。

（2）由合同部门负责信用管理工作

合同部门主管企业的信用管理工作的做法是目前国内最流行的信用风险管理模式。一般的做法是，对不同的信用限额，由不同的业务主管分级管理。企业由合同部门负责信用管理工作主要从以下两个方面来考虑：

1）信用管理贯穿于业务的始终，从资信调查、评估、履约保障，到合同款回收、违约索赔，无不与合同管理密切相关。合同管理人员比任何人都清楚合同的进展情况和实际的履行状况。

2）合同管理人员处在合同谈判的第一线，直接面对和接触业主、分包商和材料设备供应商，对于业主、分包商和材料设备供应商的品格、经营状况、资金情况、信誉等方面的情况相对更加了解一些或掌握得更加全面。

这是合同部门进行信用管理的优势，但也往往是产生大量合同违约的根源。最为突出的一个问题是，如果把授予业主信用的权利和业务执行的权利集中在合同部门，就缺乏相应的监督和控制。合同管理人员或合同部门为追求签约而降低对业主的信用要求，甚至不考虑信用要求；在买方市场中，合同人员自始至终会受到来自业主的压力，在谋求扩大业务量的心理驱使下，合同人员往往会降低对业主的信用要求，或改变支付条件，或延长进度款支付期限，或降低预付款比例，甚至带资垫资施工。

3. 构建建筑企业全过程的信用管理制度

参照西方企业信用管理模式，结合中国企业的具体情况，构建"3+1"信用管理模式。"3+1"信用管理模式由四项内容组成："3"代表在企业信用管理的过程中，要建立三个不可分割的信用管理机制，包括交易前期的资信调查与评估机制、中期的履约保障机制、后期的合同款回收管理和违约索赔机制。西方管理学界认为，前期信用管理是企业三个管理机制中最重要、最核心的内容。"1"代表独立的信用管理部门或人员，也就是说企业要建立独立的信用管理机构执行信用管理制度。这就和我们国内大多数企业现行的组织结构存在一定的差异。

建筑企业信用管理部门的主要职责包括：调查、分析和评估交易对手（包括业主、分包商、材料设备供应商等）的资信，建立和管理交易对手信用档案，建立、管理企业的信用管理信息系统，制定企业的信用政策，审查业务部门与客户签订的合约，监督业务部门的操作流程，跟踪监控并追收应收账款等。

对于建筑企业，按照企业生产的全过程，可将对业主的信用管理分为事前控制、事中控制、事后控制三个阶段。具体包括：投标阶段对业主进行信用评价、施工过程中基于合同的信用风险管理、竣工后的合同履约管理和违约索赔管理。

（1）投标阶段对业主进行信用评价

投标阶段的信用管理可以按照以下步骤进行：1）信用管理部门通过多种信息

收集渠道收集业主信用信息；2）对所收集到的信息进行调查、核实，从中整理出有用的信息，然后参考相应的信用评价指标体系，对业主进行信用评估，初步评定业主的信用级别；3）根据业主的信用水平，决定本企业是否要投标，如果确定要投标，应该采取什么样的投标策略。

（2）施工过程中基于合同的信用风险管理

建筑产品的生产过程周期长、影响因素多，所面临的风险也随之大增。因此，在施工过程中进行合同的信用管理对建筑企业来说是至关重要的。在施工过程中的信用风险主要来自两个方面：一是由于各种原因引起的索赔和反索赔风险，如业主反复变更设计，引起的工程进度、工程量等方面的变更，此类风险可以通过正常的程序或法律手段解决；另一个是工程进度款按期拨付的风险，这是建筑企业在施工过程中最常见且比较棘手的一类风险，处理这类风险需要施工企业跟业主进行充分的沟通协商，如果业主出现恶意拖欠情形，施工企业应该据理力争，维护自己的利益。

（3）竣工后的合同款回收和违约索赔管理

工程竣工之后，信用管理部门的主要工作是通过分析企业相关的财务指标，掌握合同款的拖欠程度及成为坏账的可能性，并运用商账诊断技术，根据账龄分析，对应收账款进行分类管理，制定合理的讨债方式，如提示、催款或诉诸法律等。同时，根据合同履约情况，对业主提起违约索赔，如进度款支付索赔等。

7.3 建筑市场信用制度建设与完善

信用制度是反映信用主体的关系、约束信用主体行为的各种规则与约定，是以信用为纽带建立的各种制度因素的总称。研究表明，制度作为一种"人工强制"框定了人们的选择空间，影响并决定着当事人选择某一行为的预期收益与成本。有效的制度能够规范人们之间的关系，便于当事人形成比较稳定的收益与成本预期，使机会主义行为成为一种不经济的行为。因此，要改变建筑市场信用缺失状况，完善建筑市场信用体系，必须首先建立起有效的信用制度。

7.3.1 建筑市场信用制度建设的现实条件

改革开放以来，由于经济、社会因素的复杂性以及管理体制不顺等原因，建筑市场秩序十分混乱，特别是在工程承包环节上，问题十分突出，导致腐败现象屡禁不止，违法案件查而不断，质量事故时有发生。2002年6月4日，建设部发布了《关于加快建立建筑市场有关企业和专业技术人员信用档案的通知》，2002年10月22日，建设部发布了《关于抓紧建立并充实建筑市场有关企业和专业技术人员数据库的通知》，为建筑市场监督管理信息化打下了良好基础。2003年6月4日，建设部发布了《建设工程质量责任主体和有关机构不良记录管理办法》（试行）。2007年1月12日，建设部发布了《建筑市场诚信行为管理办法》的通知，进一步规范了市场秩序，健全了建筑市场信用体系。2014年7月，住房和城乡建设部发布了《全国建筑市场监督与诚信信息系统基础数据库数据标准》（试行），部署加快建设建筑市场信用体系，构建诚实守信的经济社会环境。

各地、各级建设行政主管部门高度重视建筑市场信用体系建设工作，抓紧企业和专业技术人员数据库及信用档案的建立工作，明确分管领导和承办机构及人员，并落实责任制。数据库及信用档案的建立，与企业资质审批、年检和专业技术人员执业资格注册工作相结合。湖南省建设厅于2003年2月19日，颁发了《湖南省建筑市场责任主体不良行为记录公示制度》（试行），在网上公示不良行为记录，对建筑市场主体的行为起到了规范与约束作用。

由此可见，建筑市场信用缺失问题已引起社会各界的高度重视，人们呼唤信用，亟待建筑市场信用秩序好转。因此，在已有信用制度的基础上，应结合制度执行过程中出现的新现象、新问题、新挑战，运用制度经济学进行分析，从而进一步推动建筑市场信用制度的完善和优化。

7.3.2　建筑市场信用制度建设的经济学分析

1. 建筑市场信用制度的成本分析

由于制度是稀缺性资源，选择一种制度意味着必须放弃另外一种可能的制度。因此，对制度的任何选择都有机会成本。一般来说，制度成本应包括制度设计与制定的前期费用、制度实施费用、制度运行与摩擦费用。

（1）建筑市场信用制度成本的构成

建筑市场信用制度作为一种制度安排，同样也存在制度成本。建筑市场信用制度的成本包括以下三部分：

1）建筑市场信用制度的设计成本，即制度变迁的直接成本，指建筑市场信用制度制定者为制定各项制度所耗费的各种支出和时间，用字母C_1来表示。它不仅包括为制度制定的前期理论研究支出（包括课题经费及人力、物力、财力的耗费），还包括制度制定过程中所耗费的各种资源，这两部分支出我们分别用C_{11}和C_{12}来表示。

$$C_1 = C_{11} + C_{12} \qquad (7-1)$$

2）实施建筑市场信用制度的预期成本，即制度变迁的间接成本，用字母C_2来表示，是建筑市场信用制度从潜在的制度安排转变为现实安排的关键。主要包括：建立和运行信用制度的费用，监督建筑市场信用制度执行情况的费用，为克服既得利益格局和摩擦而付出的成本，这几部分支出分别用C_{21}、C_{22}和C_{23}来表示。

$$C_2 = C_{21} + C_{22} + C_{23} \qquad (7-2)$$

3）建筑市场信用制度的试错成本，即建筑市场信用制度与实际情况不适应或对制度条款的歪曲所带来的效率损失，用字母C_3来表示。由于信用制度不适用或执行过程中走样，给社会带来的外部负效应可从多方面反映，如政府官员的寻租与腐败；工程款拖欠造成企业的利润损失；工程质量、安全事故对社会造成的损失等。建筑市场信用制度的外部负效应可用下式表示：

$$C_3 = \sum (C_{31}, C_{32}, \cdots\cdots, C_{3i}) \tag{7-3}$$

综上所述，建筑市场信用制度的成本函数为：

$$C = C_1 + C_2 + C_3 \tag{7-4}$$

（2）影响建筑市场信用制度成本的因素

1）知识存量

正如自然科学和工程技术知识的进步，会降低技术变迁的成本一样，社会科学和相关知识的进步，也会降低制度变迁的成本。这是因为先进的社会知识和分析技术可以取代制度创新中昂贵的试错过程，降低了制度创新的试错成本。信用知识的普及和进步，将会增加对信用制度创新的需求，降低制度变迁的阻力，从而推动建筑市场信用制度的修订和信用制度的变迁

知识存量对制度成本的影响，还表现在制度的推行方面。如果一项制度在推行过程中，各执行人员或被约束人员具有与制度要求相同或相近的知识，这必将降低或减少新制度推行的阻力，制度的执行成本也会因此大大降低。

2）建筑市场信用制度的变迁类型

制度变迁类型直接影响建筑市场信用制度的成本。在诱致性制度变迁过程中，需要创新者花时间和精力去组织、谈判，并得到人们的一致性意见。这涉及组织成本和谈判成本，而且谈判成本过高往往使一些制度安排无法产生。因为人是有限理性的，处于不同组织中，具有不同的经验，对制度不均衡程度和原因的认识是不同的，因此很难在谈判中达成一致。此外，经济人还会寻求分割变迁收益的不同方式，使得诱致性制度变迁花费的设计成本较高。

强制性制度变迁主体是国家，作为垄断者，国家可以比其他组织以更低的成本提供一定的制度性服务，并且国家凭借强制力，在制度变迁中可以降低组织成本和实施成本，使整个制度变迁的成本较低。

回顾我国建筑市场二十多年的改革历程，制度变迁的每一步都源于自上而下的政府强制性供给行为。根据我国国情和建筑市场具体情况，在现阶段，建筑市

场信用制度安排与创新宜采用"强制性制度变迁"与"诱致性制度变迁"相结合的模式。

3）建筑市场信用制度制定机构的选择

政府机构便于取得建筑市场信用制度制定所需要的各种人力、物力等资源。发起制度变迁的成本要低于民间组织，可以较容易地将各种制度推行下去。管制权力也是一项十分珍贵的资源，且具有供给刚性，政府机构利用其强制优势，不断扩张其管制性权力，从而增加了政府部门控制的资源和财富。政府机构所发起的制度变迁，大多与各种社会危机或外在压力直接相关，其中，危机的表现最为明显。例如，美国1929~1933年的经济危机为美国政府加强对证券市场的管制提供了一个恰当的机会，1998年的亚洲金融危机使中国政府加强对银行和金融业的管制。当前，我国建筑市场的信用危机同样给政府行政主管部门发起强制性制度变迁带来了压力和机会。

4）建筑市场信用制度制定方式的选择

建筑市场信用制度制定的参与人是否具有代表性，直接影响制度成本。如果建筑市场信用制度的制定参与人只限于政府、银行等几个部门，那么，在此条件下制定的制度实施起来阻力就会很大。反之，就能降低建筑市场信用制度的实施成本。

建筑市场信用制度制定的过程中，是否具有科学的程序，使制度制定过程中能充分地吸收、采纳各方的意见，也直接影响建筑市场信用制度的成本。研究和准备过程的公开性，不仅有利于社会各界较早地关注并参与到建筑市场信用制度的制定中来，也能优化制度安排，使制定的制度最终被社会所认可，降低制度的实施成本和机会成本。

2. 建筑市场信用制度的收益分析

根据诺斯关于制度变迁理论的论述，规模经济、外部性、降低风险和交易费用是四种可能增加社会总收入的途径，相应地，制度收益可归纳为：降低交易费用；影响生产要素的所有者之间配置风险；提供职能组织与个人收入之间的联系；确立公共物品和服务的生产与分配的框架等。

（1）建筑市场信用制度收益的构成

建筑市场信用制度的收益是指信用制度实施后所获得的利益，是建筑市场信用秩序良好所带来的利益。信用制度的直接受益者为建筑市场的主体，间接受益者为全社会。

政府机构获取的建筑市场信用制度收益是政绩和良好的社会评价，而不能获得直接利益。政府机构日常运行耗费的是全社会的资源，进行建筑市场信用制度设计时，应以全社会的福利最大化为宗旨，它所发起制度变迁带来的制度收益应当归全社会所有。

作为建筑市场信用制度的被约束者，建筑市场信用主体是建筑市场信用制度的直接受益者。信用制度的实施，可以提高建筑市场的信用水平，减少建筑市场的交易费用和风险，从而提高经济效率。

建筑市场信用制度确实能够给人们带来收益。但是这种收益要在制度的规范下，通过人们的决策和选择才能得到。当一项新制度投入实施时，人们都遵守规则，接受制度的约束，并做出符合制度要求的选择和决策，制度才能够发挥它应有的效益。

（2）影响建筑市场信用制度收益的因素

1）建筑市场信用制度的全面性

建筑市场信用制度体系越完整，对信用行为的规范越全面，建筑市场主体就越有积极性严格遵守信用制度，制度收益就越能体现出来。完整的建筑市场信用制度至少应由以下几个部分组成：信用法律制度、联合征信制度、信用公示制度、信用评价制度、信用担保制度、建筑企业信用管理制度等。

2）建筑市场信用制度的合理性

建筑市场信用制度是一套全面治理市场交易中的信息不对称现象，约束交易主体的机会主义行为的一系列法律和规则的组合，是一个有机的整体。例如，信用评级制度通过科学、公正地评价建筑市场主体的信用等级，评价结果可以作为信用担保机构发放担保的凭证，也可以作为联合征信的依据之一。信用公示制度和联合征信制度是互相依赖、相互促进的。如果建筑市场信用制度不配套，相互之间产生制度摩擦，就会降低建筑市场信用制度的收益。

3）建筑市场信用制度的监管力度

建筑市场信用制度经过前期的研究、讨论，制定并出台后，制度的监督管理是否有力，直接影响到人们对该制度的遵守程度，进而影响制度收益。建筑市场信用制度出台后，如果监督部门不能按照规定严惩失信行为，制度就可能流于形式，使得建筑市场信用制度收益甚微，达不到预期的效果。

7.3.3 建筑市场信用制度建设总体规划

1. 建设市场信用制度建设目标

制度目标的定位准确与否，直接影响其效率，目标错位将导致制度失效。根据我国建筑市场的具体情况，在目前阶段，建筑市场信用制度建设目标为：

（1）建立建筑市场各主体择优交易的平台，降低交易成本和风险；

（2）约束建筑市场主体行为，使守信者赢得竞争优势，失信者难以生存；

（3）促使企业和从业人员不断强化信用意识，自觉维护自身的信用形象；

（4）政府掌握整个建筑市场的信用状况，科学合理地制定有关政策；

（5）维持市场公平竞争秩序，做好建筑行业的信用管理工作。

2. 建设市场信用制度建设原则

根据建筑市场信用制度成本–效率理论，在信用制度安排和创新过程中，要注意制度变迁的类型和方式，要考虑制度的成本和收益，以提高制度建设的经济性和有效性。据此，提出我国建筑市场信用制度建设的基本原则：

（1）统一规划

在住房和城乡建设部的统一领导下，开展我国建筑市场信用制度的建设工作，避免分散管理、重复建设。要进行全面、科学的规划，制定统一的建设方案，各地方和行业协会步调一致，共同建设。

（2）分步实施

由于制度变迁伴随着社会利益的重新分配，要求社会全体对每一项制度安排达成一致性协议几乎是不可能的，特别在条件不太成熟，采取强制性制度变迁模式的情况下，改革具有波及效应和风险性。因此，建筑市场信用制度的实施应选择信用建设开展较早的省、市进行试点，以积累经验、总结教训，然后有计划、分步骤地在全国建筑行业全面展开。

（3）政府先导，市场运作

建筑市场信用制度安排与创新宜采用"强制性制度变迁"与"诱致性制度变迁"相结合的模式，政府是信用制度的倡导者和推动者，建筑市场信用制度建设应坚持政府先导、市场运作的原则。

（4）协调配套，功能齐全

由于信用制度是一个整体，因此，除了要保证每一项制度创新的效率外，还要注意制度之间的配套协调问题，使得建筑市场信用制度成为一个功能齐全、协调配套的有机系统。

3. 建筑市场信用制度建设主体分工与职责

（1）各级建设行政主管部门及行业协会

各级建设行政主管部门主要是指住房和城乡建设部，各省、市、自治区的建设厅（委、局）等。其主要职责为：

1）推动建筑市场信用制度的建立；

2）制定和完善建筑市场有关法规、规章和制度等；

3）建立政府政务公共披露系统；

4）积极推动信用服务机构的建立和发展；

5）做好信用中介服务机构的备案和监管工作。

行业协会包括建筑业协会、勘察设计协会、装饰协会、监理协会和造价咨询协会等，各协会积极参与信用制度的建设，协助政府采集信用信息、参与信用评价，建立行业内部协调机制和以会员单位为基础的自律维权的信息平台。

（2）建筑市场主体

建筑市场行为主体包括业主、勘察、设计、施工、材料设备供应商、监理、检测、造价咨询、招投标代理机构以及工程建设注册执业人员、项目经理、评标专家等与建筑市场有关的企业和从业人员。这些行为主体既是被征信人，又是信用工具和信用信息的使用人。其主要职责：

1）为政府或各级行政主管部门、行业协会及信用中介服务机构提供真实、可靠的信用信息；

2）加强自身的信用教育，诚实守信，提高信用水平；

3）建立企业信用风险防范机制和信用管理制度；

4）利用信用工具和信用信息进行信用交易。

（3）信用服务机构

信用服务机构（包括征信产品生产类机构和咨询服务类机构）作为独立的第三方，应遵守诚实信用的原则，客观、公平、公正地开展工作。

1）征信产品生产类信用服务机构通过各种渠道采集市场主体的信用信息，建立信用服务信息系统，保证信息的客观、真实和可靠，为各方主体提供便捷的信用信息服务平台。

2）咨询服务类信用服务机构为市场主体提供信用产品和信用咨询服务，借助于信用工具拓展市场主体的信用交易。

（4）相关信用信息提供机构

建筑市场相关信用信息提供机构是指除被征信人之外，向建设行政主管部门或征信机构提供信用信息的各类机构，主要包括：银行、工商、税务、财政、审计、司法、公安、海关、电信等机构。这些机构本身不属于建筑市场，但拥有建筑市场行为主体相关的信用记录，有责任向各级建设行政主管部门或征信机构提供被征信人真实有效的信用信息。

7.3.4　建筑市场信用制度实施保障措施

1. 信用机制的建立和完善

建筑市场信用机制应具有信息传递、激励约束和风险防范等功能，相互依存、共同作用、引导各信用主体的行为，促使建筑市场信用系统均衡协调演进。因此，基于动态"机制完善"观，加强信用机制的建设和完善，是建筑市场信用制度实施的前提和保障。

加强建筑市场信息传递机制和激励约束机制的建设，应采用以征信数据库为纽带的市场联防方式。动员所有授信机构、业主、政府和公共服务机构共同建立起一个市场联防，一方面，通过一系列经济手段、法律手段和道德手段，给市场经济中的失信者以实质性地惩罚，改变建筑市场行为主体的支付矩阵、选择空间和收益函数，增加失信者的失信成本，将有严重经济失信行为的企业和个人从市场主流中剔除出去；另一方面，对守信者进行有效激励，具备对诚实守信者进行奖励的政策倾向性，形成一种向诚实守信企业实施正向激励的政策优惠和社会环境，降低守信企业获取资本和技术的门槛。

2. 信用文化的建立与培育

建筑市场信用文化是在建筑市场信用活动中形成的，反过来又对建筑市场信用活动产生重要影响的价值观念、行为准则，有其物质层面、行为层面、精神层面和制度层面的丰富内涵。建筑市场信用文化的物质层面，是建筑市场经济活动中的产品和各种物质设施等构成的文化，是一种物质形态存在的表层文化；行为层面，是指在建筑市场经济活动中产生的动态文化，是从事建筑经济活动的经营作风、行为方式、人际关系的体现，也是社会公众价值取向的一种折射；精神层面，是指受一定的社会文化背景、意识形态的长期影响而形成的一种精神成果或文化观念；制度层面，主要是指一系列建筑市场规范和准则。

（1）树立市场信用理念，强化主体信用意识

传统观念中，信用主要是个人伦理道德范畴的问题。其实，信用从古至今都兼具经济意义，是商品经济发展内在要求，属于商品货币关系的经济范畴。因此，必须纠正市场经济就是"唯利是图"的错误观念，确立现代市场经济包含信用文化的理念。

在加强建筑市场信用法律基础建设同时，加强信用文化和信用制度的宣传教育，树立建筑市场主体的信用观念和信用意识。通过教育和宣传使市场主体在市场交易中遵纪守法、待人以诚，共同保持和维护建筑市场秩序。

（2）加强信用管理教育，培养企业社会责任

在市场经济发展成熟的国家，市场主体受到几百年商品生产交换运作规律的调节与熏陶，深知信用的经济效应和失信的社会后果，形成了一种习惯性的规范模式。我国建筑市场信用问题的重要原因，是一些企业过度追逐利益而忽视道德和社会责任。企业社会责任包括对环境的责任，对员工的责任，对顾客的责任，对利益相关方的责任，对社区的责任等。加强信用管理，增强企业的社会责任，是培育信用文化的基础。

信用文化的形成，既需要政府积极引导，更需要信用机制和信用制度的长期熏陶和沉淀，并逐渐成为一种长效机制。应加大舆论宣传力度，加强信用教育和培训，引导企业加强信用管理，强化个人特别是各级政府公务员、企业主要经营管理者、专业人士和中介服务机构从业人员的信用观念，重视新闻媒体和社会大众对各市场主体信用行为的监督作用，保证建筑市场信用制度的有效实施和演进优化。

（3）推动政府和市场的有机结合

我国建筑市场信用制度建设遵循"政府推动、市场运作、法律保证、权威发布、资源共享、社会监督"的原则，要摆正政府的地位与作用，厘清政府与市场的边界，推动政府与市场的有机结合。

建设行政主管部门履行建筑市场信用管理的引导、监督和管理职能，启动市场，培育市场，搭建信息平台，授权有关机构开展信用服务等，参与和引导信用管理和信用服务的规范化。在市场运作方面，应将信用服务的具体办法，如信息采集和使用方法、评级指标和模型、信用报告标准文本等，交给信用服务机构来制订。

在美国，全国信用管理协会（NACM）下面的常设委员会——发展建设实践委员会（ICPC）是关注和研究建筑市场信用问题的专门机构，通过下设的州发展建设实践委员会来监控各州的建筑法律和实践信息，并通过在《商业信用杂志》上发表文章、时事快讯以及发给全国信用管理协会的各成员的公告来促进建筑业的相关法律、信用以及财务行为的完善。ICPC与全国信用管理协会领导委员会定期碰面，并与美国保险协会、美国承包商协会、美国担保协会和承包商咨询服务机构保持联络与合作，有计划地提高建筑市场的信用管理水平。随着我国信用管理行业发展和国际交流增多，真正发挥信用管理协会和组织的作用，增强行业自律性，尤为重要。

从建筑市场信用结构来看，建设行政主管部门本身的信用是重要的信用组成部分，整个建筑市场信用都是基于政府信用来推动和发展的。一个强有力的政府必然能有效地推动信用建设进程，制定的制度与规则也更易于被市场主体所认可和遵循。而且，信用制度的完善和实施也有利于维护和提高政府的信用和形象，并推动整个建筑市场的信用水平。

（4）信用信息平台建设与运营

在明确政府地位和作用、完善信用机制的基础上，加强信用信息平台建设和运行。应按不同主体分别建立信用信息系统，建立以各级政府为主体和电子政务为基础的政务信息公共披露系统；以行业协会为主体和会员单位为基础的自律维权信用信息系统；以企业自身为主体和风险管理为基础的内控独立信用信息系统；以信用服务为主体和市场运行为基础的信用服务信息系统。建筑市场信用信息平台是政府、协会、企业、中介服务机构同步发展的信用信息系统，最终形成不同层面、互联互通、信息共享的建筑市场信用信息平台。

近年来，以"全国建筑市场监督管理信息系统"、"建筑业企业信用系统"和"中国房地产信用档案系统"为标志，建筑市场的征信和数据库建设已取得一些成果，但仍需进一步完善信用数据使用和管理的法律法规，加强信息统一管理，改变信用信息分割和孤岛局面，完善信用信息采集、处理、加工的技术标准和服务规范。

在国家加速社会信用体系建设之际，建筑市场信用制度的建设与完善有待加强。建筑市场信用制度的建设与完善，应加强建筑市场信用建设总体规划、以建筑市场信用现状为背景、以建筑市场信用特点为基础、协调各信用制度之间的关系，建立一套高效经济的信用制度，从根本上改变建筑市场信用缺失现状，从而推动我国建筑市场走上一条信息对称、激励相容、竞争有序的健康发展之路，促进我国国民经济持续、健康、稳定的发展。

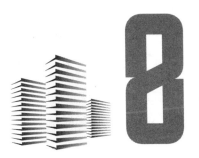

建筑市场监管

8.1 建筑市场监管概述

8.1.1 建筑市场监管的内涵

1. 监管与政府监管

从词源分析，现代意义的"监管"源自英文单词"regulation"。《牛津高阶英汉双解词典》中，regulation有两种释义：①政府或其他权威组织制定的正式规则，一般指章程、规章制度、规则、法则；②运用规则条例对事情进行控制，一般指管理、控制。因此，"监管"是指一种制度或一种行为。国内学术界也将"监管"称作"规制"、"管制"等名称，多采用第二种释义，即"依法进行监督管理的行为"。

许多学者对"监管"有不同的界定。史普博（Spulber）将监管定义为"行政机构制定并执行的干预市场机制，或间接改变企业和消费者供需决策的一般规则或特殊行为"；维斯卡西（Viscusi）等人则认为，监管是政府运用强制性制裁手段，对市场经济主体的自由决策所进行的限制。我国学者也对监管的内涵进行了研究，马英娟认为监管是基于法律制定相关规范标准，对市场主体的经济活动以及伴随其经济活动而产生的社会问题进行微观层面上的干预和控制活动（马英娟，2007）。

一般来说，监管要素包括：监管主体、监管客体、监管方式。诸多学者一致认为监管主体应当是政府机构等具有强制力的权威组织，监管客体是各种经济主体，监管的主要方式是通过法律、制度等对微观经济活动进行干预和控制。因此，监管可定义为具有法律地位的、相对独立的监管者（一般是政府机构），依照一定的法规对被监管者（主要是企业）所采取的一系列行政管理与监督行为。

2. 建筑市场监管

建筑市场监管是指监管主体依据相应规则对建筑市场交易主体及活动进行监督与管理的行为。建筑市场监管是一个非常宽泛的概念，主要体现在监管内容的复杂性和监管主体的多元性。在监管内容方面，不仅需要对建筑市场交易行为、建筑生产行为等一系列建筑活动进行监管，还需要对市场准入退出等行为进行监管；在监管主体方面，不仅仅局限于建设行政主管部门，还包括其他政府相关部门和非政府组织。

建筑市场监管可以从广义与狭义两个方面进行区分。狭义的建筑市场监管就是通常所谓的政府监管，是政府建设行政主管部门及相关部门对建筑市场主体行为及相关建筑活动的依法监管；广义的建筑市场监管则不仅仅是指由政府部门进行监管，还包括由非政府组织，如行业自律组织（行业协会、学会等）进行监管，是政府有关部门和行业自律组织以制定法规、制度、行业标准、技术标准等为主要手段对建筑市场进行的干预和控制。

8.1.2 建筑市场监管的理论依据

1 市场失灵

（1）信息不对称理论

信息不对称理论是由2001年度诺贝尔经济学奖获得者美国经济学家约瑟夫·斯蒂格利茨、乔治·阿尔克罗夫和迈克尔·斯彭斯提出的。信息不对称理论（Asymmetric Information）是指在市场经济活动中，各类人员对有关信息的了解是有差异的，掌握信息比较充分的人员，往往处于比较有利的地位，而信息贫乏的人员，则处于比较不利的地位。该理论认为：市场中卖方比买方更了解有关商品的各种信息，掌握更多信息的一方可以通过向信息贫乏的一方传递可靠信息在市场中获益，买卖双方中拥有信息较少的一方会努力从另一方中获取信息。

（2）公共利益管制理论

公共利益管制理论主张市场失灵是政府管制的前提，即当市场失灵时，由政府制定管制政策以管制市场，维护市场秩序。公共利益管制理论早在亚当·斯密时期就存在，在20世纪30年代出现的资本主义经济危机得到了充分应用，当时个人利益的追逐损害了公共利益，为解决市场失灵问题以及维护公共利益，公共利益管制理论成了当时政府干预经济、管制改革的理论基础。

公共利益管制理论是福利经济学在分析市场缺陷和论证政府干预的研究过程中衍生出的，认为市场这只"看不见的手"并不是万能的，任由市场自由发展，便会不可避免地出现垄断、负外部性、信息不对称等失灵状况。政府作为公共利益的代表者，制止企业实施垄断，纠正市场失灵，解决资源分配低效与分配不公，从而增加社会福利。

2. 政府失灵

（1）寻租理论

寻租来源于政治经济学"经济租金"的概念范畴，可以理解为"对租金的追求"，但是其经济涵义一直存在争议。寻租经济学主要以两大学派为代表，一是以克鲁格、巴格瓦蒂为代表的国际贸易学派，二是以塔洛克、布坎南为代表的公共选择学派（樊一士，2002）。

国际贸易学派认为（卢现祥，1996），"寻租"是为了取得许可证和配额以获得额外收益而进行的疏通活动。如此则限定了寻租的范围，除配额收益以外的其他经济、政治行为所带来的收益不属于寻租范围。公共选择学派则认为（贺卫，1998），"寻租"是一种制度背景下产生的行为，是个人竭尽全力使价值最大化，但是却造成了社会浪费，降低了效率。

经济学研究的是纯交易活动，通过纯交易而获得的利润就是一般所称的利润。当权利因素介入，出现复杂交易时，与权利因素有关的复杂交易会给参与者带来经济租金，寻租活动就是设法取得这种经济租金的行为。通常在不完全竞争的市场中，人们会竞相寻租，通过游说、贿赂等手段疏通以获取收益，并且认为寻租成功后的收益是高于寻租的成本。寻租活动作为一种非生产性活动，导致社会的不公平和低效率。

（2）利益集团管制理论

管制俘虏理论是以管制者追求政治支持最大化为基础进行研究，而利益集团管制理论的研究则基于管制是利益集团之间的竞争，认为管制的目的是用于提高更有影响力的利益集团的福利，该理论的主要代表人物是贝克尔。

利益集团获得的利益、财富转移依赖于施加于管制者的压力以及其他利益集团所施加的压力，施加压力越大，获得的财富转移越大。贝克尔模型的重要结论是：如果管制产生的边际净损失增加，那么管制活动的价值将会减少，管制活动将会减少，因此政府更有可能选择增加福利的管制政策。边际净损失增加是指利益集团1获得财富转移，则集团2蒙受损失，此时集团2会动用更多的压力以施加于管制者对抗集团1施加的压力，这点在垄断行业尤为突出，因此，垄断行业更易产生政府管制。

利益集团管制理论较好地揭示了管制的本质，但是也存在一定的缺陷，其"经济人"假设受到了质疑，对于环境保护、消费者权利保护等社会性管制也无法做出一定解释。

（3）政府管制失灵理论

政府管制失灵的意思是指管制效果与预期目标相反，降低了经济效率，这是由于信息不对称、管制俘虏、利益集团的存在等导致的。如阿弗契（Averch）和约翰逊（Johnson）针对缺乏信息的前提下研究如何以经济效率为准则制定价格的问题，研究结果表明：在投资回报率管制下，由于资本基数的扩大，在规定的投资回报率下，可以获得更多的绝对利润。因此，在利益最大化的驱动下，受管制企业会出现过度投资的倾向，最后由于过多的资本投资替代了其他产品，导致生产效率降低，这种现象称为"A-J"效应。"A-J"效应反映了管制带来了效率的扭曲，间接反映管制带来了企业过度投资和产能过剩。

3. 激励性规制

放松管制并不等于全部取消管制，在实际情况中仍然存在管制的理由，因此有必要对传统管制进行改革，激励性规制应运而生。激励性规制是指在自然垄断和信息不对称领域，为了纠正管制失灵，提高企业生产效率和经营效率，通过激励、引导，给受管制企业以竞争压力的方式，使企业自发地按照政府意图进行经济活动，实现规模经济和竞争活力的兼容。激励性规制理论不同于传统规制经济理论，考虑了管制过程中信息不对称的问题，引入"委托-代理"理论分析框架，将管制理论分为两层分析，一是公共利益范式下的激励性规制理论，二是利益集团范式下的激励性规制理论。

激励性规制承认管制的不完整性，将激励问题引入到管制中，寻求一个次优管制。激励性规制的主要理论有：

（1）特许投标制理论

该理论是1968年德姆塞茨（Demsetz）提出的，是指政府和地方公共团体提供公共服务时，如果认定由特定企业承包比较经济，则给予该企业垄断权，同时又以刺激企业提高内部效率为目的，在一定时间后通过竞争投标决定，将特许权授予那些能够以更低价格提供更优质服务的企业。该理论的优点是提高了垄断市场的可竞争性，缺点是不能保证有效竞争，对于合同履行情况难以监管。

（2）区域间标尺竞争理论

该理论也称为区域间比较竞争理论，由雪理佛（Shleifer）在1985年提出。该理论是指将受规制的全国垄断企业划分为几个地区性厂商，利用其他地区厂商的成本等信息来确定特定地区厂商的价格水平，通过不同地区间垄断厂商的间接竞争来刺激厂商降低成本、提高效率。但是该理论假定各个企业处于完全相同的环境中，这是不现实的。

（3）价格上限规制

该理论由李特查尔德（Littlechild）在1983年提出，最早于1984年英国运用于电信业，进而推广至其他国家，目前已经成为西方最有影响的管制方案。价格上限规制主要是指行业价格上涨不能高于通货膨胀率（用零售价格指数表示，RPI），同时由于技术进步带来的劳动生产率（X）的提高，使得行业价格下降，形成了$RPI-X$价格上限。其意义在于当管制机构与被管制企业之间存在信息不对称时，通过赋予垄断企业更多利润支配权的方式，使其在一定程度上得到信息租金，以换得提高生产效率的激励，同时赋予被管制企业在不超过价格上限的情况下自由调整个别价格的灵活定价权，以提高社会配置效率。

8.2 建筑市场监管现状分析

8.2.1 我国建筑市场监管现状

1. 监管制度

（1）建设法规体系

改革开放以来，随着社会主义市场经济体制的建立，运用法律手段规范建筑市场发展成为必然，建设法规体系逐渐完善。经过多年的努力，已经形成了一套由法律、行政法规、部门规章三部分组成的，符合中国建设事业特点的法律法规体系。

1）相关法律

建设相关法律是指由全国人民代表大会及其常务委员会通过，并以国家主席令形式发布的有关建筑业的各项法律，是建设法规体系的核心。《中华人民共和国建筑法》是建筑业的母法，建设领域的法律、法规、条例、规章都是以该法为依据的。

2）行政法规和技术条例

行政法规和技术条例是指国务院依法制定，并以总理令的形式颁布的有关建筑业的各项法规，是根据《建筑法》中某些条款制定的，是对《建筑法》的某些规定的详细补充，如《建设工程质量管理条例》、《建设工程安全管理条例》等。

3）部门规章

部门规章是指国务院建设主管部门制定，并以部长令的形式发布的各项规章，或由国务院建设主管部门与国务院其他有关部门联合制定并发布的规章。主要包括4大类：管理规定（办法）、暂行规定（办法）、修改（废止）决定和补充规定。这些部门规章进一步细化了《建筑法》及行政法规（条例）的规定，如《建筑工程施工许可管理办法》、《建筑业企业资质管理规定》和《房屋建筑和市政基础设施工程施工招投标管理办法》等。

（2）建筑市场管理制度

经过多年的探索和努力，我国已经形成了一整套建筑市场管理制度，监督和维持正常的市场秩序。这些管理制度包括招标投标制度、合同管理制度、建设监理制度、项目法人责任制、施工发包准许制度、市场准入制度、质量安全责任制度、信用制度等。

2. 监管机构

（1）政府监管机构

目前，属于建设行政主管部门范围内的市场监管主要是由住房和城乡建设部负责，下设省、市、县（区）多级部门，管理机构呈直线职能式（图8-1）。

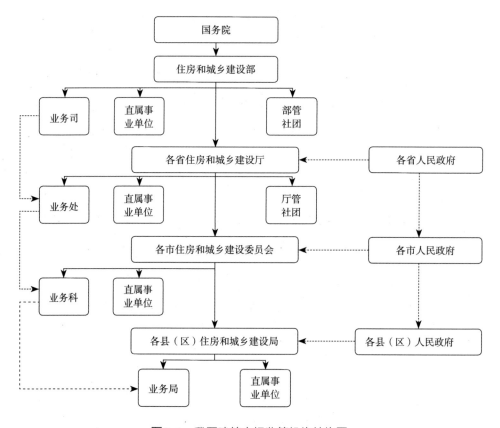

图8-1　我国建筑市场监管机构结构图

住房和城乡建设部的市场监管工作主要由相关业务司和稽查办公室负责。一般来说，省级部门的监管范围是中央在本地的投资工程和省属各类单位投资工程。地市一级部门的监管范围是本级政府投资的建设工程、本地除政府外各类投资主体投资的建设工程、在本地市区内投资的专业工程。地市以下，县（区）建设行政主管部门也有相应的建筑市场监管机构，大体上是根据投资额的大小进行建筑市场监管范围的划分。

1）住房和城乡建设部职能

①法规司

组织起草法律法规草案和部门规章；承担有关规范性文件的合法性审核工作；指导住房和城乡建设普法、行政执法、行政执法监督、行政复议和行政应诉。

②建筑市场监管司

拟定规范建筑市场各方主体行为、房屋和市政工程项目招标投标、施工许可、建设监理、合同管理、工程风险管理的规章制度并监督执行；拟订工程建设、建筑业、勘察设计的行业发展政策、规章制度并监督执行；拟订建筑施工企业、建筑安装企业、建筑装饰装修企业、建筑制品企业、建设监理单位、勘察设计咨询单位资质标准并监督执行；认定从事各类工程建设项目招标代理业务的招标代理机构的资格。

③工程质量安全监管司

拟订建筑工程质量、建筑安全生产和建筑工程竣工验收备案的政策、规章制度并监督执行；组织或参与工程重大质量、安全事故的调查处理；组织拟订建筑业、工程勘察设计咨询业技术政策并监督执行；组织工程建设标准设计的编制、审定和推广；组织编制城乡建设防灾减灾规划并监督实施；拟订各类房屋建筑及其附属设施和城市市政设施的建设工程抗震设计规范。

④标准定额司

组织拟订工程建设国家标准、全国统一定额、建设项目评价方法、经济参数和建设标准、建设工期定额、公共服务设施（不含通信设施）建设标准；拟订工程造价管理的规章制度；拟订部管行业工程标准、经济定额和产品标准，指导产品质量认证工作；指导监督各类工程建设标准定额的实施；拟订工程造价咨询单位的资质标准并监督执行。

⑤建筑节能与科技司

拟订建筑节能的政策和发展规划并监督实施；组织实施重大建筑节能项目；指导房屋墙体材料革新工作；组织拟订住房和城乡建设的科技发展规划和经济政策；组织重大科技项目研究开发；组织国际科技合作项目的实施及引进项目的创新工作，指导科技成果的转化推广。

⑥人事司

承担机关和直属单位的人事及机构编制管理事项；组织制定行业职业标准、执业资格标准、专业技术职称标准；按规定承担组织拟订高等院校建设类专业的教育标准和评估标准。

⑦稽查办公室

组织对建筑市场违法违规行为的专案稽查，提出处理意见；组织或参与对建筑市场违法违规行为的专项稽查，提出改进工作意见；建立并管理建设稽查监督举报系统，受理举报投诉；建立建设稽查统计系统，定期公布建设稽查工作情况；拟订建设稽查规则和稽查特派员管理制度，负责稽查特派员的日常管理工作；指导地方住房和城乡建设行政部门的稽查工作。

2）省住房与城乡建设厅职能（以湖南省为例）

①政策法规处（稽查办）

组织承担有关地方性法规、规章草案的起草工作；负责厅规范性文件的合法性审核工作和涉及法规的信访答复审核工作；负责建设行业法律法规的咨询、清理、汇编工作；承办本厅行政复议和行政应诉工作；指导全省建设系统法制教育宣传培训、行政执法及监督、行政复议、行政应诉、稽查执法等工作；组织对全省住房城乡建设领域违法违规行为的稽查；承办厅领导交办的其他事项。

②建筑管理处

研究提出建筑业中长期规划、年度计划、改革方案、产业政策及相关法规；拟订工程建设、建筑业的行业发展政策、规章制度并监督执行；拟订建筑市场监管、规范建筑市场各方主体行为、建筑安全生产、建筑工程质量、竣工验收备案、施工许可、建设监理、合同管理、建设项目工程风险管理的规章制度并监督执行；指导归口房屋和市政工程招标投标、工程定额和造价管理、工程质量和安全生产监督机构及人员管理等规章制度的制定并监督执行；负责建筑施工企业、建筑安装企业、建筑装饰装修企业、建筑制品企业等单位及人员的资质资格管理；指导归口建设监理、工程招标代理、工程造价咨询、检验检测等单位的资质资格管理及有关执业资格注册管理；负责全省劳保基金统筹管理；组织、参与建筑市场专项整治和执法监察；组织、参与工程重大质量、安全事故的调查处理和应急处理；组织协调建筑企业参与国际工程承包、建筑劳务合作。

③城市建设管理处（园林绿化管理处）

拟定全省城市建设和市政公用事业的发展战略、中长期规划及年度计划、改革措施、管理规章并监督实施；指导和监督城市市政公用事业特许经营工作；指导城市供水、节水、排水、燃气、热力、园林绿化、市容环卫等专业规划的编制工作；指导监督城镇排水及污水处理、生活垃圾处理、供水、节水、供气、热力、城市道路桥梁、照明、园林绿化等市政公用设施建设、运营和应急管理工作；指导城市城建监察工作；指导城市轨道交通、城市轻轨设施建设工作，指导城市规划区内的绿化和地下水的开发利用与保护工作；拟订市政公用设施建设定额标准；负责园林绿化企业资质的监督管理；参与市政工程施工总承包资质和城市及道路照明工程专业承包企业资质的监督管理。

④勘察设计处

研究提出全省工程勘察设计咨询业改革方案、产业政策、规章制度；拟订工程勘察设计咨询业市场规章制度并监督执行；组织全省工程建设标准设计的审定、编制和推广；拟订各类房屋建设及其附属设施和城市市政设施的建设工程抗震设防计划并监督实施；指导城市地下空间的开发利用工作；指导建设工程初步设计、施工图审查及建设工程设计招投标工作；指导勘察设计专业执业资格注册管理工作；负责勘察设计咨询单位资质的监督管理；组织协调勘察设计咨询企业参与国际工程承包。

⑤建筑节能与科技处

拟订全省建筑节能与建设科技及工程建设地方标准化政策并监督实施；组织实施省级及以上建筑节能、科技重点项目和示范工程；拟订住房和城乡建设科技计划；管理行业科技成果，负责科技成果的转化推广；组织拟订工程建设地方标准和省级工程建设工法；指导行业省级企业技术中心建设；指导无障碍建设工作；组织对外科技合作项目的实施及引进项目的创新工作。

⑥人事教育处

负责厅机关和直属单位的机构编制、人事劳资、教育培训、保险福利等有关工作；拟订全省建设行业人才发展规划和工作计划，指导行业人才队伍建设工作；综合指导厅管各行业的专业技术人员执业资格注册管理工作；负责土建工程专业技术职称考评、行业专业技术管理人员岗位资格考核和职业技能岗位资格考核；负责全省建设行业教育培训管理工作；归口管理有关协会、学会等社会团体工作。

此外，设置省建设工程质量安全监督管理总站、省建设工程造价管理总站、省建设工程招标投标管理办公室等直属事业单位，行使建筑市场监管职能。

3）市住房与城乡建设委员会职能（以长沙市为例）

①综合处

组织编制住房和城乡建设综合性行业发展战略、改革方案、中长期发展规划；负责建立完善住房和城乡建设基础数据体系；负责城乡建设经济总体运行情况综合分析；研究提出我市城市住房和城乡建设发展指导性建议。

②建筑行业管理处

研究制订全市建筑行业发展产业政策、中长期规划和行业管理规章并监督实施；引导、推动建筑业产业结构调整和生产方式转型；按规定权限负责建筑业企业的资质管理和建筑业从业人员的培训考核工作；按规定权限负责全市建筑工程监理企业的资质及从业人员的资格审核；负责协调建筑业企业之间的经济关系；负责建筑业农民工的权益保障和管理；负责建筑业行业诚信体系建设；指导委属建筑业企业改制工作；组织力量参与全市工程抢险、房屋安全抢险、防汛抢险等应急活动；参与工程重大质量、安全事故的调查处理。

③建设市场管理处

拟订全市建筑市场管理规章制度并监督执行；牵头负责建设领域专项治理工作；负责建筑工程施工许可证的核发工作；负责监督管理全市建设工程招标投标活动；按规定权限负责全市工程建设的造价管理和建设工程施工合同、监理合同备案管理工作；按规定权限负责建设工程招标代理机构的资质和从业人员资格的审核；指导、协调和监管建设工程交易活动；负责外来、外出建筑企业的备案登记工作。

④工程建设管理处（应急管理办公室）

拟订全市建设工程质量管理、安全生产和文明施工的政策、规章、年度计划并监督执行；负责规范工程建设各方责任主体行为，牵头建立和完善工程建设质量和安全精细化管理体系；负责组织质量、安全检查和质量、安全重大事故的调查处理；指导全市建设工程竣工验收备案工作；按规定权限负责建设工程质量检测机构资质和从业人员资格的审核；指导预拌混凝土（砂浆）、预制构件等质量管理；指导城区桥梁的安全管理工作；牵头管理各类工地现场；承担市住房城乡建设委应急管理办公室的日常工作。

⑤勘察设计处

拟订全市勘察设计咨询业产业政策、发展规划和管理规章制度并监督实施；拟订全市城镇各类房屋建设及其附属设施和城市市政设施的建设工程抗震设防规划并监督实施；指导城市地下空间的开发利用工作；负责勘察设计单位及从业人员的资格审核；负责施工图设计文件审查机构的管理；负责勘察设计行业的诚信建设，规范勘察设计行业的市场行为；负责建设工程初步设计审查、施工图设计文件审查备案；负责监管建设工程设计招标投标活动；负责深基坑、高挡墙及边坡支护工程的设计审批和技术指导；指导城市无障碍建设工作；牵头负责建设工程的联合验收；负责重大设计变更的审查工作。

⑥建筑节能与科学技术处

拟订全市建筑节能、建设科技与绿色低碳建筑推广的相关政策、规章并监督实施；拟订住房和城乡建设科技进步计划并组织实施；组织实施市级建筑节能示范项目、科技重点项目和绿色工程示范项目；管理行业科技成果，负责科技成果的转化推广和新材料、新科技、新工艺的推广应用；牵头会同有关部门制定建筑垃圾资源化再利用的整体规划和政策措施，综合协调建筑垃圾资源化再利用工作；指导全市建筑节能和建筑墙材革新工作。

此外，还设置行政执法局、建设工程质量监督站、建筑工程安全监察站、造价管理站、建设工程招标投标管理办公室等多个直属事业单位，行使建筑市场监管职能。

4）县（区）城乡建设局职能（以长沙市天心区为例）

①建筑行业管理科（建筑市场管理科）

负责建设领域法律、法规、规章、制度的宣传贯彻工作；负责辖区内区属施工企业的资质申请、行业统计、技术培训、技能鉴定等工作；负责建筑业外拓、劳务输出工作；负责管理企业资质档案；负责审查并协助各施工企业办理安全生产许可证；配合组织力量参与全区的工程抢险、房屋安全抢险、防汛抢险等应急工作；负责"两欠"清理查处工作；负责建筑行业信息化管理系统建设；负责建筑企业诚信体系建设；负责职权范围内建设工程项目施工许可的办理；负责建设工程监理、施工、劳务合同审查备案；负责建筑市场准入审核及市场行为监管。

②建设工程管理科（建设工程技术资料审查办公室）

负责全区城乡建设行业的技术管理和服务；牵头组织制定实施城乡建设工作的整体发展战略和中长期规划及年度计划；负责对区城乡建设重大建设项目进行决策前的调查、研究与论证工作以及项目的初步设计审查、施工图审查备案等技术性工作；负责建设工程竣工验收备案管理以及协调处理项目中涉及重大质量和安全隐患的技术性问题；负责区城建特约专家库的建设管理工作；对全区重点工程建设进行统筹管理、协调和服务，组织各单位申报项目建设计划，拟订区重点工程建设项目年度计划，编制建设项目进度报表；负责全区重点工程的定期调度、讲评、协调服务和矛盾处理工作。

此外，设置建设工程质量安全监督站、城乡建设执法队等多个直属事业单位，行使建筑市场监管职能。

（2）行业协会、学会

复杂的建筑市场环境对政府的监管能力提出了更高要求。为改善建筑市场治理现状，必须发挥行业协会、学会的作用，实现行业自律管理。在各级建设行政主管部门的支持下，建筑行业协会、学会由企事业单位、专业人士自愿组织建立起来，并根据开展工作的需要，就某些特定的专业领域设立分支机构。

1）建筑行业协会

住房和城乡建设部主管的全国性建筑行业协会有近20个，包括中国建筑业协会、中国建筑装饰协会、中国勘察设计协会、中国建设监理协会、中国建设工程造价管理协会、中国工程建设标准化协会等。还有以国务院相关部门为主管单位的全国性建筑行业协会，如中国石油工程建设协会、中国水利工程协会、中国公路建设行业协会、中国铁道工程建设协会等。

目前我国各省、自治区、直辖市均成立了建筑业行业协会，多数大中城市和一些建筑业发达的市（县）也成立了建筑业行业协会。按照国务院《社会团体登记管理条例》，社会团体不得成立地域性的分支机构，因此，省级地方建筑业协会和部分大中城市建筑业协会均在当地注册成立，成为独立机构，是中国建筑业协会的团体会员。

2）建筑行业学会

除了行业协会以外，建筑行业学会也将成为行业自律的主力。学会是由专业人士及单位自愿组成的专业性社会学术团体。学会的主要任务是开展理论研究和实践经验交流；组织国际科技合作与交流；推广先进技术；开展继续教育和技术培训工作；举荐和奖励优秀科技成果与人才；为行业发展提供政策与技术咨询。全国性建筑行业学会有中国建筑学会、中国土木工程学会、中国房地产估价师与房地产经纪人学会、中国建设会计学会、中国建设劳动学会、中国公路学会、中国水利学会、中国风景园林学会、中国城市规划学会。各省、自治区、直辖市也成立了地方性建筑行业学会，如北京土木建筑学会、广东省土木建筑协会、上海土木工程学会、湖南省土木建筑学会、湖南省工程管理学会等。

行业协会组织在建筑市场监管中的主要职能包括：参与、协助建筑市场相关的立法工作；基于政府委托，组织制定技术标准、规范及合同标准文本；组织行业专业人士的资格评定、认证工作，并为市场主体提供专业咨询工作，组织专业人士的培训工作；作为纽带传递信息，协调市场主体与政府之间关系。

8.2.2　我国建筑市场监管问题与成因分析

1. 建筑市场监管问题

经过多年的培育和发展，我国建筑市场逐渐发展壮大，但还未达到市场运行的理想状态。从市场监管的角度分析，主要存在以下问题：

（1）监管法治方面

1）法规体系不够健全

部分法规条款针对的市场主体、市场行为不明确，对于禁止行为的规定不具体，缺乏可操作性。例如，各省出台的《建筑市场管理办法》中对施工企业最为重视，环节清晰、处罚明确；对其他建筑市场主体的规制相对宽松，造成市场主体规制不平等。此外，监管法规体系以行政法规和部门规章为主，相互之间欠缺良好的衔接，不能形成合理、有效的法规体系。

2）立法相对滞后

随着工程建设实践的发展和深入，法规空白的问题愈发突出，但法规的立法程序繁琐，涉及面广，工程量大，往往难于推动和出台，造成立法滞后，跟不上建筑市场的发展步伐和需要。

3）法规落实存在真空带

部分法规制定时没有进行广泛的调查，内容脱离实际，难以实施；某些立法触及利益，造成利益集团与政府的博弈，阻碍法规推行，如此种种，造成立法与实际执法中存在真空带，两者大相径庭，没有实现监管效果。

（2）监管机构方面

1）监管能力与职责不相匹配

建筑市场监管层次多、机构庞大，以住房与城乡建设部为例，其下设置1个办公厅，14个司，1个稽查办，2个外驻机构，若干直属事业单位和社团等。机构庞大的同时造成机构人员规模庞大。而一些政府机构人员通过公务员考试选拔，部分专业背景不强，"官本位"价值取向偏颇，机构监管能力与职责不相匹配。

2）监管效率较低

我国建筑市场监管多头管理，以职能划分管理部门，导致权力分割。建设主管部门的各个处室根据自己的任务分工和职能分工，通常只从事特定的重复工作，只对自己的业务范围负责。不同处室之间缺乏沟通协调，导致各个处室的工作目标与整体目标有某种程度上的不一致。长期独立工作造成各个处室之间存在着不透明的"界面"，这使得一个完整的建设过程或者脱节不能顺利搭接，或者重叠导致操作混乱。各部门缺乏有效配合，不能实现对工程建设全过程、全方位的联动式监管。

3）行业中介组织作用未发挥

我国建筑市场监管由政府相关部门主导，非政府组织的多元主体参与监管，行业中介组织发挥的作用较小，政府则占据强势地位。我国发展了许多建筑行业协会和学会，具备专业背景和会员监管能力，但存在机构不健全、认同度低、行业覆盖面不够等问题，同时受到领导体制不顺、经济实力薄弱、社会保障不到位等因素影响，没有发挥应有的行业自律、协调、公共服务职能。

4）监管成本巨大

目前我国建筑市场监管的特点是"统分结合"，即"统一规则、分别监管"，各相关部门根据《建筑法》、《招标投标法》、《建设工程质量管理条例》、《建设工程安全管理条例》等基本制度，分别对各类专业工程进行监督管理，分阶段、分主体监管的特色突出，众多的监管制度和监管主体带来很大的制度执行成本。就房屋建筑工程而言，涉及项目立项审批（核准、备案）、规划审批、施工许可、施工质量监督、消防验收、人防验收、防雷验收、燃气验收、竣工验收备案、竣工资料城建档案验收等10多项审批，增加了执行成本。另外，监管机构存在管理任务繁重，管理幅度过大的问题，只能通过适当地增加管理层次、权力下放、分散决策来解决。但随着管理层次的增加，会出现信息传达速度慢，失真大等缺点，还会使监管成本大大增加。

5）监管边界不明

政府监管存在"缺位"与"越位"并存的现象，其具体表现为：

①关乎公众利益的安全、卫生、环境保护、政府投资工程等必须由政府进行监管，例如，影响公共安全的山体滑坡、危旧房的监测、治理、预报，关系公共卫生的建筑废弃物处理、建筑设计标准等，在上述方面政府监管没有全面覆盖或监管不到位。

②依据现行的规章和文件，建设行政主管部门管理的事务过多，而且不断地随意增加监管内容，导致政府监管越位严重，也使得政府监管任务极为繁重，监管工

作量过大，以至于几乎不可能实现监管到位，进而造成事实上的监管缺位。

③对于一些特殊工程，如政府投资工程、市政项目、各类开发区项目、村镇建设项目等，执法难度很大，存在"不能管、不敢管、管不了"的现象。

2. 我国建筑市场监管问题成因分析

（1）信息化手段的研究与应用滞后

由"信息不对称理论"可知，信息不对称是普遍存在的，且可以使交易双方中的一方受益，另一方受损。因此，监管的目的之一即是消除信息不对称及其影响。解决这一问题的办法是通过信息化手段，建立完备的建筑市场信息系统，使市场机制发挥作用。我国建筑市场信息化管理系统不健全，因缺乏激励导致研究兴趣不高，应用层次低，极大阻碍了信息公布的权威性、更新的及时性、流通性；同时由于缺乏信息管理惩戒措施，导致"内幕消息"产生极大经济效益，引发市场竞争的不公，不能形成健康、积极、权威的信息流转渠道。

（2）大量寻租机会的存在

由"寻租理论"可知，建筑市场的"寻租"行为与建筑市场机制、政府干预是紧密联系的，建筑市场机制的不成熟与政府干预失效导致了租金的创造。在由计划经济体制转变为市场经济体制的经济发展过程中，暴露出了许多经济、社会问题，而建筑市场则由于信息不对称，导致市场运行效率低下。由于市场失灵，市场竞争形同虚设，市场主体开始花费精力与财力进行寻租以谋求不合理的超额利润，寻租成功则可得到政府许可，获得丰厚租金。但是这种寻租行为一旦形成风气，就会导致政府监管失灵。

（3）监管主体是"经济人"

"公共利益管制理论"认为，政府监管的设置初衷是追求社会福利最大化，纠正市场失灵，为公共利益服务，而这在现实市场经济体制中是难以实现的。"公共选择理论"认为监管主体与企业、个人一样，都是"理性经济人"，同样会追求私利，以个人利益最大化，而不是公共利益最大化为目标；同时，"利益集团理论"

认为政府管制是为了满足某些利益集团对市场利益的需求而产生的，在这种现实情况下，制度的制定具有一定的偏向性，同时，缺乏相应针对监管者的监督和约束，由此引发监管部门产生"设租、创租"现象，导致建筑企业"被寻租"。尽管社会监督的存在可以有效地督促监管主体，缩小自身目标与公共利益的差距，但政府较公众、媒体具有一定的信息优势，所以社会监督也难以有效发挥作用。

（4）多头监管、政出多门

中央政府、地方政府之间具有相对独立性，存在监管目标不一致，从而造成多头管理的局面。在实施监管的过程中，不同层次、不同部门的决策层的理念、偏好相互冲突，则会削弱监管效果。同时，任何一项制度都有正负两方面作用，如果不注意消除负作用，就有可能抵消甚至超过正作用，再加上政策不配套，则可能导致政府对市场的监管无效。

（5）监管效益与成本失衡

政府监管产生的效益与投入的成本是不对等的，监管部门的运行、获取信息、政策规章的制定与执行都需要投入成本，但这些监管措施带来的效果并不理想，有时收效甚微，也难以量化。正是由于这种效益与成本的不均等，影响政府监管效率和公信力，造成恶性循环，最后导致监管失效。

可见，我国建筑市场监管存在的问题和成因非常复杂，有待于从市场监管模式的创新和发展入手，进一步深入研究和完善。

8.3　建筑市场监管模式

8.3.1　建筑市场监管模式的国际比较及借鉴

由于我国建筑市场起步晚，市场体系不完善，需要学习和借鉴发达国家的建筑市场监管经验。选取美国、英国、日本、德国等四个国家进行比较分析，为我国建筑市场监管模式的建立和完善提供对照和参考。

1. 发达国家建筑市场监管模式

发达国家建筑市场监管模式主要是由三部分组成，即体制、法制和机制。体制主要是指政府相关部门与市场主体的关系、政府监管建筑市场的部门组织形式，以及建筑市场中其他监管主体的构成等；法制是指国家进行建筑市场监督与管理的法律制度、法规体系等，以维护建筑市场秩序；机制是指在法制和体制的基础上，市场主体在市场竞争作用下形成的相互制约的合同关系与监督管理关系。体制是前提，法制是基础，机制是保证，三者相互依存、相互制约、缺一不可。

（1）美国建筑市场监管模式

美国是移民国家，发展迅速，整体信奉自由主义，是一个典型的市场经济国家，政府较少干预经济，建筑市场监管由实力强大的行业协会主导。而政府通过执法间接监管市场，对市场发挥促进和保护的积极作用。政府及相关部门如法院、政府机构、行业协会、公众和社会舆论等均对建筑市场监管起着制衡作用，其有效运作使得美国建筑市场保持有序发展。见表8-1。

美国建筑市场监管模式　　　　　　　　　　　表8-1

项目	特点
1. 法律法规体系	没有独立的建筑法律体系，通过一般法律综合调整和规范建筑活动，充分显示了美国法律体系的完善性
2. 建筑行业管理体制	政府：执法监督管理、规范市场行为； 行业协会：编制技术规范、资质认定、规范合同文本； 行业协会主导监管，政府保障市场运行
3. 建筑市场运行机制	信用机制：企业自由经营信用服务，政府支持和监管信用体系运转； 合同机制：合同规范化、标准化，组织效率高，合同体系包括AIA合同系列、ACG合同系列、SF23合同系列； 风险机制：工程保险市场发达，险种门类齐全，配套法律完善； 质量安全保证：纳入市场竞争力、ISO9000普及并且政企配套

（2）英国建筑市场监管模式

英国是世界上第一个工业化国家，首先完成工业革命，市场经济繁荣，行业组织发达，历史底蕴深厚；此外，英国政府敢于创新，富有活力，善于借势，如推出PPP、PFI模式。行业组织与政府互通有无，共同促进建筑市场健康发展。见表8-2。

英国建筑市场监管模式　　　　　表8-2

项目	特点
1. 法律法规体系	具有统一的建筑法典，依据法律效力分为法律、实施条例、技术规范与标准等层次；法律由议会制定，具有最高法律效力；实施条例是对法律条款进行更加详细的解释或规定；技术规范与标准由当事人自愿采用，不具备法律效力；法规编制由专门机构进行，专业性强，用词严谨，可行性强
2. 建筑行业管理体制	统一的建筑业行政管理机构：法律管制、从业人员培训、提供建筑生产方法； 行业协会：制定行业规范、协调行业管理、信息服务、咨询服务、企业员工培训、沟通政府与企业； 行业协会为主导，政府宏观调控
3. 建筑市场运行机制	信用机制：采用政府和中央银行为主导的模式； 合同机制：合同体系成熟、严谨、规范，包括JCT、ACA、ICE、皇家政府合同系列； 市场准入与退出机制：通过特许建筑公司（CBC）体系和建筑战线（Construction-line）体系进行资质管理，市场准入门槛高； 建筑市场信息管理：成立了建筑市场情报数据采集办公室； 质量安全保证：工程质量监督管理法规完整、ISO9000强制普及

（3）日本建筑市场监管模式

日本经济体制主要以私营企业为基础，主动指导经济发展是政府管制的基本理念。日本设置了全国统一的建筑市场管理机构，包括中央的国土交通省及其领导的地方政府和建筑市场相关组织。见表8-3。

日本建筑市场监管模式 表8-3

项目	特点
1. 法律法规体系	具有统一的建筑法律体系，体系完备、措施得力、责任严明、可操作性强等，分为国会制定的法律、政府颁布的政令、职能官厅发出的省令三个层次
2. 建筑行业管理体制	建筑市场行政管理机构：制定基本政策、行业政策、规划开发； 行业协会：隶属政府部门，负责制定行业标准、行业自律、资格认定； 政府主导建筑市场监管，行业协会辅助监管
3. 建筑市场运行机制	信用机制：由日本银行协会建立日本企业信息中心、日本个人信用信息中心，由政府建立诚信数据库并指定商业公司进行特许经营； 风险机制：实施强制投保和自愿投保结合的工程保险制度，政府干预评级风险等级评估； 信息管理：将招标投标类信息、企业业绩信息等集中管理，公开透明

（4）德国建筑市场监管模式

德国实行"社会市场经济"模式，以经济自由为主，重视竞争并致力于保护竞争，尽量让市场自行调节经济活动，必要时政府进行干预以建立和维护正常的市场秩序。见表8-4。

德国建筑市场监管模式 表8-4

项目	特点
1. 法律法规体系	建筑法律体系发达，由联邦议会制定的法律、州议会制定的条例和行业协会或学会编制的技术规范与标准三部分构成
2. 建筑行业管理体制	专门的建设主管部门：授权相应机构进行资质审查、质量管理； 行业协会：编制工作条例和职业道德标准，提供行业服务，管理职业资格和市场准入； 政府与行业组织监管力量协调均衡，两者之间存在转移
3. 建筑市场运行机制	审查制度：实施审查工程师制度，并审查企业资质； 合同机制：施行FIDIC和DIN标准合同体系； 风险机制：实施工程保险制度，工伤保险与安全监督相得益彰

2. 对我国建筑市场监管模式的借鉴

比较可知，美、英、德三国非政府组织在建筑市场监管中发挥中流砥柱的作用，政府主要通过完善的法规体系约束建筑市场。美、英、德三国政治环境自由民主，三权分立，个体意识强，市场经济体系发育完善，以自由促进市场经济的繁荣。德国是以德意志民族为主的国家，内部团结，共和形成了社会主义的思想，引导政府主动参与市场监管；日本建筑市场监管形成了政府强势领导，行业协会辅助的特点，主要是因为其长期处于中央集权的独裁统治，人民个体意志不明显，惯于被动接受，而政府对市场的强力干预促进了日本经济的繁荣。

我国法律体系参照大陆法体系建立，源起欧洲，因此，可以通过学习美、英、德等国家法律体系，结合国情逐步完善法制基础。日本与我国同属亚洲国家，国际环境、国家历史上有相似性，两国政府同样处于监管主体地位，可以学习日本政府监管的长处；德国市场经济体系吸收了社会主义的思想，是社会主义国家发展市场经济的榜样。

通过对美国、英国、日本、德国这些发达国家的建筑市场监管模式分析，总结其共同点，对我国建筑市场监管模式的构建具有以下借鉴意义。

（1）政府监管与市场经济并不矛盾

从上述发达国家的建筑市场监管模式来看，或多或少都存在政府监管的身影，即使在市场经济发育最完善的美国，同样需要政府通过制订法律和监督法律执行来间接监管市场，保障市场机制的有效运行。因此，在构建社会主义市场经济的当下，政府监管的作用不应削弱，而应通过明确政府监管范围、转换政府监管职能、提高政府监管手段，更好地为社会主义市场经济服务。

（2）政府主要起市场导向的作用

政府要简政放权，与其他监管主体通过法律手段明晰界限。发达国家均进行了政府机构改革，缩小了政府部门的规模，如美国政府直接进行建筑市场监管的主管部门较少，大多数部门以公益性社会管制为主；英国政府将环境部与交通部合并，内设建设局，然后又调整至社区和地方政府部，管理住房、建筑、城区发展等事项；日本则精简了10个部门，将运输省、建设省、国土厅等合并为国土交通省

（MLIT）。这种精简方式主要是合并和减少政府中进行经济性管制的职能部门，突出政府部门对于安全、环境等社会性管制的职能。

（3）重视行业协会组织的作用

建筑市场监管主体中，政府主要充当宏观调控的角色，而微观管理的任务则是由建筑行业协会组织（包括行业协会和行业学会）承担。建筑行业协会组织直接参与制定条例、标准，减少了政府直接参与工程建设微观管理的工作，对规范市场的正常运作方面有着不可替代的作用。

（4）市场监管范围和重点明确

发达国家对于涉及公众利益的工程和政府投资项目，给了较多重视，政府对于工程建设的监管，集中在关系公众利益的公共环境、公共安全、公共卫生等方面。

（5）建筑市场监管需要完整、严密的法律体系

发达国家的建筑法律体系主要由法律性规范和技术性规范两大部分组成。法律性规范由国家立法机构制定，具有强制约束力，但数量较少，只针对原则性或者基本问题进行了相关规定；技术性规范由民间组织、行业协会或学会制定，由当事人自愿采用，但数量较多，涉及建筑市场活动的各个细节。

（6）重视建筑市场信息化建设

由英国与日本的信息管理系统可知，发达国家建筑市场的信息化程度较高，各种数据、资料、信息容易获得，政府所采集的数据、撰写的报告、发布的文件均可从网络进行下载，体现了信息公开、公正原则。提高信息的流通性与透明性不仅有利于降低交易成本，更有利于市场稳定，有利于市场机制自行发挥良好的资源配置作用。

8.3.2 我国建筑市场监管模式的构建

根据社会主义市场经济体制和建筑市场发展的要求，我国建筑市场监管模式亟需改革和创新。建立以政府建设行政主管部门监管为主，多元主体监管为辅的监管

体制，实现建筑市场的自组织管理。建筑市场监管模式是由建筑市场各管理要素构成的完整体系，包括监管思想和原则、监管范围和内容、监管机制和规则、监管方法和手段等。

1. 建筑市场监管思想和原则

（1）建筑市场监管思想

我国建筑市场是一个复杂的系统，由主体、客体、制度、资源等众多要素构成，具有系统的共性，遵循系统运行的规律。保证建筑市场的有序运行，使其成为开放的自组织系统，是建筑市场监管的目的。系统自组织理论主要研究系统从无序演化到有序，从某一有序态演化到高级层次有序态的演化规律，其主要理论有耗散结构理论、协同学理论等。

建筑市场自组织管理是在明确自组织的涵义和形成机理的基础上，建立科学的管理方式，包括两个方面：（1）建立建筑市场的耗散结构，通过非线性作用机制、涨落机制及反馈机制，保证其开放性和稳定性；（2）根据相似性思想和分形理论，建立建筑市场协同机制，明确监管的目的和目标。

依据系统自组织理论，提出建筑市场监管的指导思想：利用市场机制，建立健全法规，统一综合管理，强化属地职能，发展中介组织，科学严格执法。坚持"政府调控市场、市场引导企业"，促进建筑市场监管与建筑市场自治的均衡状态形成。

（2）建筑市场监管原则

1）合法监管原则

监管机构和监管人员的监管权力必须依法取得，其监管权力的行使必须符合法定的条件并遵循法定的程序，绝不能允许任何未经法定授权或违背法律条件和程序的行为发生。

市场监管往往会涉及国家秘密、被监管人的商业秘密和有关当事人的个人隐私。监管机构及监管人员要正确处理信息披露与保护秘密的关系，对监管过程中涉及的信息进行甄别，充分保护国家秘密、商业秘密和个人隐私。

2）公开、公平、公正监管原则

公开监管就是要公开实施监管，为了有效避免市场监管中"暗箱操作"，节约监管资源和成本，最大限度地提升监管的效能和效率，市场监管者必须公开监管程序、公开实施监管，实现"阳光作业"。监管要始终以信息公开为核心，努力创设一个透明的市场，要求市场主体将信息真实、准确、完整、及时地披露，便于市场其他主体作出正确的判断。

公平监管就是要努力营造市场公平竞争的环境：主体地位平等、交易机会均等、法律规则统一；营造一个公平利用信息、公平竞争、公平交易的环境；市场主体共同负担监管成本，共同防范市场风险，共同享有市场安全稳定和繁荣所产生的利益；要保障市场弱势群体获得均等交易机会和公平的交易价格。

公正监管就是要执法公正：监管者对市场活动主体一视同仁，同样保护、同样制约；监管者依法监管、严肃执法，不滥用权力、也不放弃权力，不搞差别歧视、更不搞权钱交易。

3）审慎监管原则

审慎监管原则应该定位于：市场能解决的问题尽量交由市场机制解决；监管的作用在于尽可能创造条件保障市场机制的顺畅运作；监管本身也要尽可能地避免、减少给市场带来较大的震动。审慎监管要求监管政策的连贯性和前瞻性，使市场参与者形成良好的政策预期，减少监管者与被监管者在政策制定博弈过程中资源的浪费，也使监管体系更科学合理。

4）有效、适度监管原则

有效、适度监管原则是市场监管经济性、合理化的体现。监管不是万能的，不能代替市场本身。监管也要尊重市场机制，不可过分刚性，不是确保万无一失，不可强制扭曲市场规律，而应刚柔并济、顺势利导，矫正背离市场机制的行为。有效适度监管原则就是协调公平与效率的冲突，努力寻找规范与发展的最佳结合点，一方面使两者兼顾与融合，宽严有度地规范与监管，本身对市场有调节作用；另一方面表现为阶段性有所侧重并适时调整。

5）协调监管原则

建筑市场监管者众多，包括有权实施监管的机关、机构、团体，其中以政府机关为主。政府机关下属的一些机构，也因政府机关依法授权而有权监管市场，在国外这类机构与政府机关一样，被称为公共机构。还有一些非官方的社会团体和民间机构，也承担着辅助政府对市场监管的职责，并且是一线监管，这类团体、机构的监管权来源于其他成员的共同约定或普遍认可，实施监管也是履行法定的自律义务的体现。只有行政性监管与自律性监管相结合，才能实施有效监管。由于建筑市场发展程度和监管主体的成熟度都不平衡，为了防止出现监管真空和监管混乱，必须强调协调管理。此外，市场监管还需要国际合作，国内监管要与国际监管相协调，以符合建筑市场日益国际化的需要。

2. 建筑市场监管范围和内容

当前形势下，我国建筑市场的政府监管应与多主体监管相辅相成，仅仅依靠政府监管可能出现监管过度或不够、越位或缺位的情况，仅仅依靠其他多元主体监管则可能出现力度不够、依据不足的情况，同时，也存在着对监管主体的再监管的问题。因此，政府监管与多主体监管的范围和内容是不一样的，各监管主体之间的边界和协调是一个值得重视和深入研究的问题，这里主要针对政府监管来展开讨论。

（1）建筑市场监管范围

基于市场失灵理论，我国建筑市场监管主要应从打破市场垄断、解决信息不对称、维护市场秩序、加强政府投资项目监管等角度考虑，明确监管范围。

1）打破行业和地区垄断

由于历史原因，建筑市场形成条块分割、多头管理的局面，按投资来源和行政隶属关系有不同的归属，导致综合管理部门、专业管理部门与建设行政主管部门之间权力重叠、职能交叉，形成一定的部门保护和地区封锁。为了统一规范建筑市场，应逐步打破行业和地区垄断，鼓励建筑企业及其生产要素在全国范围内、各行业部门内自由流动。建设行政主管部门要与专业管理部门协调管理，合理分工，逐渐淡化条块分割的行政隶属关系，要按项目所在地域进行管理，强化属地职能。对于跨多个行政区域的交通、水利工程等专业性较强的工业项目，可由专业管理部门主管，建设行政主管部门备案。

2）解决信息不对称

建筑市场信息不对称导致经常出现欺诈、不公平、垄断等"市场失灵"现象，如建筑产品的供需失衡、建筑产品价格失真、建筑市场违法行为、建筑市场信用缺失等。然而，信息的获取是需要成本的，而且信息在许多方面具有公共产品的特征，因而完全依靠市场机制往往会造成信息供给不足的现象。因此，政府应成为信息的免费提供者，构建一个公平、公正、公开的信息共享平台和信息交流渠道，从而解决建筑市场信息不对称导致的诸多问题。

3）维护市场秩序

建筑市场体系的有效运行需要遵守一定的市场规则，包括法律规则、竞争规则、进出规则、交易规则以及市场监管规则，而这些规则的制定、出台、运行和完善，离不开政府监管和调控。一方面，政府通过制定市场规则，确保发挥政府"看得见的手"的作用，保障市场运行的程序化、规范化、制度化、法律化；另一方面，政府通过行政执法来维护市场秩序。政府应该对违反市场规则的市场主体进行严格执法、加强行政处罚力度，甚至将其清除出建筑市场，从而产生较强的法律和行政震慑力。

4）加强政府投资项目监管

对政府投资项目，以建设行政主管部门为主，发改、财政、审计、纪检、监察等部门协同配合，依靠经济、法律和行政手段，实施严格监管，提高政府投资项目投资效益和工程质量。对非政府投资项目，政府不干涉属于企业自主经营决策范围的行为，从而减轻行政成本，更专注于工程质量、安全和环境保护等方面的监管。

（2）建筑市场监管内容

1）建筑市场执法管理

为保证各项管理法规的贯彻实施，授权专门机构和人员，负责建筑市场的执法工作，监督、检查、纠正和查处违法、违纪的行为。与司法、工商等有关部门合作，对违法违纪行为予以严肃处理，杜绝有法不依，屡禁不止等现象，保护合法经营者权益。

建筑市场执法管理，要重点抓好十个不准：

①不履行报建手续的工程，不准招标发包，不准开工建设；

②不准工程发包中私下授受，营私舞弊，严禁各种形式的权钱交易；

③不准各级管理部门指定设计施工单位和质次价高的设备、材料生产厂家，不准干预工程招标；

④不准利用职权，设置障碍，封锁市场，以保证建筑市场的统一开放；

⑤不准发包单位及其管理人员强行要求承包企业带资承包，使用无资质或资质不符合要求的设计、施工单位，不准以任何形式索取或收受回扣、佣金和其他好处；

⑥不准任何人员泄露标底；

⑦不准设计、施工单位向发包单位及人员提供回扣、佣金或其他好处；不准互相串通，哄抬标价；不准在工程结算中采取欺骗、伪造证据等手段抬高或降低造价；

⑧不准设计、施工单位超越等级承揽任务；不准出让资质证书、营业执照、设计图纸；

⑨不准建筑市场管理人员向承发包双方索取或收受任何形式的好处；

⑩不准未经竣工验收或质量不合要求的工程强行投入使用，把好工程质量的最后关口，进而规范市场行为。

2）建筑市场行为监管

①交易行为

交易行为主要是指招标投标、工程款拖欠以及市场垄断等行为，通过法律法规和管理制度规范建筑市场的招标投标活动、工程款支付和市场竞争行为。

②生产行为

生产行为主要是指安全生产，安全生产关系到人民的生命财产和社会的安全，必须做好严格监管，主要是制订和贯彻安全生产的有关方针、政策和法律法规，检查监督工程建设安全生产工作情况，纠正和查处违反安全生产的行为，监督检查重大伤亡事故的处理。

③合同行为

合同行为是政府监管市场的一项主要内容，要制订工程建设勘察、设计、施工的合同管理条例和管理办法，制订和推行各种合同示范文本，以及相应的各种分包合同文本，加强合同纠纷的调解和仲裁工作。

3）建筑产品监管

①工程质量安全管理

对工程质量和安全的监督检查是政府的重要职责，主要包括：制订建筑产品的生产工艺规范，规范施工的方法、程序；制订建筑产品质量验收评定的标准，统一对产品的质量的要求；制定建筑产品质量责任的规定，明确工程建设各方对质量问题的责任和要求；监督检查工程建设各方的行为，查处违反质量管理法规的单位和人员。从2014年9月开始，住房和城乡建设部在全国启动了为期两年的工程质量治理行动。2015年，住房和城乡建设部建筑市场监管司的工作重点是继续推进工程质量治理两年行动。由此可以看出，政府对我国现阶段工程质量问题非常重视。

②建筑产品价格管理

在当前市场经济条件下，建筑产品价格需要政府监管，主要是政府提供各种价格信息，行业协会组织制定行业自律价格，作为投资控制、投标报价和标底编制的依据和参考。收集发布材料、设备的价格信息和各类造价指数，逐步形成政府指导价格、市场形成价格的价格机制。

3. 建筑市场监管机制和规则

（1）建筑市场监管机制

建筑市场监管机制是指建筑市场监管要素构成及其运行关系，是监管要素之间相互作用、相互影响、协同合作的内在联系，是保障建筑市场监管效果的关键。

1）建筑市场监管要素

建筑市场监管要素包括监管主体和市场主体。监管主体有政府监管部门和行业协会组织，其中政府监管部门包括政府主管部门、承担政府职能的事业单位和政府授权的监管机构等。行业协会组织是独立于政府之外的第三部门，包括行业协会和专业人士组织（学会）。建筑市场主体包括业主、承包商、中介服务机构，不仅是政府监管部门和行业协会组织的监管对象，也是参与行业协会组织实现自律监管的行为主体。

2）建筑市场监管的运行机制

建筑市场监管的运行机制如图8-2所示。

①政府监管部门

政府是最具强制力、最具权威的监管主体，政府的监管依据主要是法律法规，通过制定和完善市场规则进行市场监管，表现为一种强制性的监管。当然，政府监管部门的活动也要遵循市场监管规则，在一定监管范围内有效、适度、审慎监管。

②行业协会组织

一方面，不同于政府监管，行业协会组织不是依靠强制力进行监管，而是依据行业中各企业自愿遵守的行业规章制度或职业道德，是以自律的形式进行的。行业协会组织通过指导、服务、咨询的方式，来引导市场主体自律，而市场主体从市场自律中得到丰厚的市场回报，如行业运行效率的提高、行业利润水平的增加、技术创新和推广等，因此，也会更积极地参与行业协会组织的活动，培育行业协会组织更好地发展。另一方面，行业协会组织也是政府建设主管部门监管建筑市场的纽带、参谋和助手。建筑市场规则的制定需要遵循建筑市场特有的规律，需要行业协

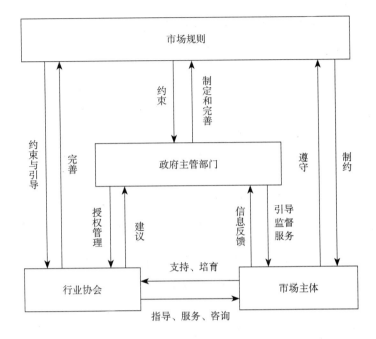

图8-2　建筑市场运行机制

会组织提供专业性的指导和帮助，从而进一步完善政府监管部门制定的市场规则。同样，行业协会组织也需要在市场规则的引导和约束下，开展各种监管工作。

③市场主体

建筑市场主体（包括业主、承包商、中介服务结构）不仅是政府监管的对象，也是参与行业协会组织自律监管的主体。通过自律和他律，引导建筑市场主体自觉遵守市场规则，是建筑市场监管的最终目标；当然，市场主体的行为也会反过来制约市场规则的有效运行，造成"上有政策，下有对策"的不良后果。

总之，政府主管部门以监管、指导和宏观调控为主，遵循市场运行规律，协同市场的其他要素共同促进市场的有效运行。行业协会基于政府的授权，发挥政府主管部门与市场主体之间的桥梁和纽带作用，如市场主体资质评审，对从业人员的资格认证和再培训，以及反馈市场信息给政府主管部门，传达指令给市场主体等；市场主体在法律法规体系的约束下，行业协会的指导下，遵守市场规则，依法从事建筑活动；市场规则由政府主管部门制定，在行业协会的参与下，不断得到完善，作用于市场主体，同时市场主体又反作用于市场规则，促使其进一步健全。

政府主管部门、行业协会、市场主体相互作用，彼此促进，完善建筑市场运行机制，增强市场的自律性，使市场规则不断完善，最终使建筑市场协同机制得以实现，这也是市场自治与市场监管达到均衡状态的一种体现。

3）建筑市场监管的评估机制

建立监管影响评估机制。监管影响评估是对建筑市场监管行为的影响进行系统评估，包括对监管政策预期影响的事前评估、对监管政策已产生的影响进行事后评价。监管影响评估不仅强调监管目标的实现即监管效果，而且强调监管效率，有利于决策者根据评估结果进行决策，促进监管质量和能力的提高。

（2）建筑市场监管规则

建筑市场监管规则是对市场监管行为的制度性约束，是建筑市场监管合法性、合理性和高效性的保证。可从以下几个方面推动建筑市场监管规则的建立和完善。

1）理清政府监管边界

针对政府监管存在"缺位"和"越位"的问题，建筑市场监管规则应理清政府监管的范围和边界。对于政府监管范围内的工作，明确政府监管部门的职责，提高政府监管部门的监管能力，加强政府监管部门的执法权力，使其"必须管、能够管、管得了"；对于不在政府监管范围内的工作，政府监管部门应放手让市场来运作，例如通过行业协会组织来实现行业自律监管。

2）明确行业协会组织的监管职能

行业协会组织在政府监管主体和市场主体之间处于比较特殊的地位，一方面它对市场主体具有自律约束性；另一方面，它比政府监管部门更了解市场，是政府监管必要的补充。因此，建筑市场监管规则应明确行业协会组织在市场监管中的地位和作用，赋予行业协会组织更多的监管职能。

3）确立监管问责制度

建筑市场监管问责制度是指建筑市场监管机构及人员不仅有责任完成法律赋予的职责，还有义务就与建筑市场监管有关的工作绩效及社会影响、效果接受问责主体的质询和监督，这是一种对监管者的再监管制度。由于在建筑市场监管的过程中，监管机构及负责人员可能在工作中未履行或未正确履行职责，影响监管效果、监管效率，给建筑市场带来不良影响，需要通过问责制度进行监督和责任追究。建筑市场监管问责制度主要包括上级监管机构对下级监管机构的问责，社会公众、媒体舆论对监管机构的监督、问责等。

4. 建筑市场监管方法和手段

（1）法制化监管

建设法规体系是建筑市场监管最根本的依据，也是市场监管最重要的方法和手段。通过对法律法规和部门规章的宣传、教育、培训、检查、监督等各项工作，实现对建筑市场的法制化监管。

（2）制度化监管

建筑市场监管主要依靠制度来引导和约束市场主体的行为，因此，需要从以下几个方面来进一步完善市场制度。

1）市场进入和退出制度

政府通过市场进入监管制度限制新企业的进入，避免恶性竞争形成资源浪费，保证市场竞争中企业的利润水平，提升整体建筑市场效率。市场进入监管制度有行政审批制度、企业资质管理制度和执业人员注册制度。

政府通过退出监管制度强制不达要求的建筑企业退出建筑市场。目前建筑市场上退出监管较为薄弱，主要包括吊销执照和降低资质等。在现有制度中应设置"高压线"条款，形成低退出门槛，清出建筑市场中不合格的企业，优化建筑市场结构和资源配置。

2）质量监管制度

我国工程质量监督管理制度经历了从施工企业自检自评、建设单位验收检查，向政府质量监督和社会监理相结合的转变，建立了工程质量责任制、建设监理制、项目法人负责制，以及与质量有关的安全生产管理制度等，制度较为完善。质量与建设费用是息息相关的，质量要求越高，成本费用越大，建筑企业的利润空间越小，这就造成一些建筑企业为了寻求更高的利润而降低质量，因此，合理定价和优质优价是保证质量的前提。

3）许可证制度

许可证是监管机构颁发的一种许可状、证书、批准令、登记、特许状、会员资格、法律豁免书或其他形式的许可证明，如建设工程施工许可证制度，是建筑企业符合各种施工条件、允许开工的批准条件，是建设单位进行工程施工的法律凭证。许可证监管可以有效控制市场主体进入建筑市场进行建筑生产活动，限制没有得到施工许可的市场主体进行建筑生产活动。此外，还有规划许可证、建设许可证、运营许可证等。

（3）信息化监管

建立建筑市场监管信息系统是信息化监管的有力举措。建筑市场监管信息系统是建筑市场信息系统的一部分，以建设行政主管部门的多层级结构为基础，以服务全国建设领域部、省、市三级建设行政主管部门、建筑企业为目标，采用统一的数据格式、统一的编码原则、统一的操作平台，具有完整性、开放性、准确性、适时性和实用性的特点。

1）将企业基本信息（包括勘察、设计、施工、监理）、专业技术人员（包括注册建筑师、结构工程师、监理工程师、造价工程师和建造师等）、工程项目的基本信息、奖罚、工程建设执行程序以及质量安全事故等作为监管信息化对象，强制网络披露与以上对象相关的非企业机密的信息，接受社会的监督。

2）制定建筑市场监管信息系统管理办法，明确责任权限，保证建筑市场监管信息化的实施。近年来，政府部门门户网站的建设日趋完善，各门户网站之间链接完整，信息查询十分方便。各级建设行政主管部门根据各自的管理需要建立相应的信息系统，用来发布信息、接受监督以及网上办事等。住房和城乡建设部门户网站主要包含信息发布和监督的信息系统，如全国建筑市场监管与诚信信息发布平台、建设工程企业资质行政审批专栏、违法违规行为网上举报系统等，同时通过网站公布了信访地址及建筑施工转包挂靠违法行为举报信箱，方便社会舆论监督；地方建设主管部门网站除信息发布、监督系统以外，还包括网上办事系统，以湖南住房和城乡建设网为例，网站链接政务、资质、举报、信用、信息、材料设备、招标投标、质量安全监督等12个信息系统。总的来说，我国建筑市场监管信息系统种类较多，需要进一步整合，达到政务公开的要求，提高电子政务的水平。

3）建立建筑市场监管评估系统。建筑市场监管评估机制的运行，需要大量的数据信息和完整的评估标准，可从建筑市场监管信息系统和其他建筑市场信息系统中获取数据，建立建筑市场监管评估系统，进行评估反馈，实现激励与处罚，从而促进建筑市场监管能力与绩效的提升。

8.3.3 建筑市场监管模式的建设和完善

目前，我国建筑市场监管模式还不够健全，监管过程中还存在不少问题，需要从以下几个方面采取措施，不断推动我国建筑市场监管模式的建立和完善。

1. 加强法制建设

在已有法律、法规的基础上，应进一步细化，制定具体操作细则；对于不合理或有冲突的地方，应及时调整修正；加强法律法规体系的协调性研究，使法律、法规和各部门规章之间形成良性互补的关系，构建合理有效的法律体系。

2. 完善监管机构

建筑市场监管主要依靠监管机构实施与执行，通过完善监管机构的设置，减少职责交叉与重叠，提高监管效能和效率。从机构及职能上改革监管体制，合理设置监管机构的层次和部门，明确相应的职能和分工。

3. 改进监管机制

建筑市场监管是通过不同层次、不同专业的管理来实现的，各层次、各专业管理部门应在不同的管理领域目标一致、紧密配合、协同联动，建立建筑市场协同机制，做到统一规划、信息共享、简捷高效、迅速有力。

4. 创新监管手段和方法

随着信息时代和"互联网+"时代的到来，建筑市场监管的方法和手段也应与时俱进，不断发展，以适应新时代建筑市场发展的客观需求。

参考文献

[1] Coase R. H. Ronald Harry. 财产权利与制度变迁: 产权学派与新制度学派译文集[M]. 上海: 上海三联书店, 1991.

[2] Dawood N. Development of 4D-based performance indicators in construction industry[J]. Engineering Construction & Architectural Management, 2009, volume 17 (2): 210-230.

[3] Furubotn Eirik Grundtvig, Richter Rudolf, 姜建强, 等. 新制度经济学: 一个交易费用分析范式[M]. 上海: 上海人民出版社, 2006.

[4] Habermas Jürgen, 曹卫东, 王晓珏, 等. 公共领域的结构转型[M]. 上海: 学林出版社, 1999.

[5] Myerson R B. Game Theory: Analysis of Conflict[M]. Harvard University Press, 1991.

[6] Phua F T T. Predicting construction firm performance: an empirical assessment of the differential impact between industry and firmspecific factors[J]. Construction Management & Economics, 2006, 24 (3): 309-320.

[7] Spulber Daniel F., 余晖, 何帆, 等. 管制与市场[M]. 上海: 格致出版社, 2008.

[8] 埃瑞克 ·g· 菲吕博顿, 鲁道夫 · 瑞切特. 新制度经济学[M]. 上海: 上海财经大学出版社, 1998.

[9] 奥斯特罗姆. 制度分析与发展的反思[M]. 北京: 商务印书馆, 1992.

[10] 保罗 · 萨缪尔森, 威廉 · 诺德豪斯. 经济学[M]. 北京: 人民邮电出版社, 2008.

[11] 蔡伟光. 中国建筑能耗影响因素分析模型与实证研究[D]. 重庆大学, 2011.

[12] 曹阳. 区域产业分工与合作模式研究[D]. 吉林大学, 2008.

[13] 曹永栋, 陆跃祥. 西方激励性规制理论研究综述[J]. 中国流通经济, 2010 (01): 33-36.

[14] 曾进. 以不断完善的法规体系促进建筑市场发展[J]. 法制与社会, 2007 (10): 534-536.

[15] 陈宏伟. 中国建筑企业价值提升机理研究[D]. 北京交通大学, 2010.

［16］陈宇红. 建筑业结构性过剩阶段企业竞争行为分析[J]. 建筑经济，2001（10）：15-17.

［17］丛立东. 建筑市场结构特征及运行机制[J]. 才智，2012（18）：13.

［18］杜朝晖. 产业组织理论[M]. 北京：中国人民大学出版社，2010.

［19］段宗志，周健生. 论我国建筑业市场结构[J]. 基建优化，2007（05）：56-59.

［20］范建双. 中国上市建筑企业规模有效性研究[D]. 哈尔滨工业大学，2010.

［21］范建亭. 我国建筑业市场进入壁垒为何失效[J]. 财经科学，2010（02）：83-91.

［22］范建亭. 中国建筑业的市场结构、绩效与竞争政策[M]. 上海：上海财经大学出版社，2010.

［23］范建亭. 中国建筑业发展轨迹与产业组织演化[M]. 上海：上海财经大学出版社，2008.

［24］高冠才. 市场经济体制下建筑经济成本管理分析[J]. 中国市场，2015（13）：156-157.

［25］宫孟飞，冯婧，王永军. 国际工程项目管理模式的比较及发展趋势预测[J]. 建筑设计管理，2008（5）：17-20.

［26］谷婷洋. 建筑工程项目施工阶段隐性成本影响因素及控制对策研究[D]. 西安建筑科技大学，2011.

［27］郭薇. 政府监管与行业自律[M]. 北京：中国社会科学出版社，2011.

［28］郭颖. 中国国际承包商的市场分析及发展对策研究[D]. 长安大学，2013.

［29］韩豫，毛龙泉，成虎. 我国建筑市场信用现状的调查与分析[J]. 建筑经济，2010（03）：5-9.

［30］贺卫. 寻租经济学[M]. 北京：中国发展出版社，1999.

［31］胡培兆. 有效供给论[M]. 北京：经济科学出版社，2004.

［32］华瑶，吴洁，宋媛媛. 建筑工程项目信息化绩效评价研究[J]. 长春大学学报，2011（03）：27-30.

［33］黄如宝. 建筑经济学[M]. 上海：同济大学出版社，1993.

［34］黄武军，杨继君，吴启迪. 基于指派博弈的房地产市场运行机制研究[J]. 管理学报，2011（07）：1093-1096.

［35］黄晓珑，陈露. 基于建筑市场均衡下的建筑产品价格调控[J]. 硅谷，2008（15）：183.

［36］黄永军. 自组织管理原理[M]. 北京：新华出版社，2006.

［37］贾洪. 我国建筑业市场结构及其优化研究[D]. 北京交通大学，2010.

［38］贾佳. 工程项目交易模式影响因素及决策研究[D]. 重庆大学，2013.

［39］建设部. 中国建筑业改革与发展研究报告[M]. 北京：中国建筑工业出版社，2005.

［40］蒋其发. 建筑业政府管制[M]. 北京：经济科学出版社，2011.

［41］金敏求. 建筑经济原理与改革实践[M]. 北京：中国建筑工业出版社，2001.

［42］金维兴，姚宽一，宁文泽. 中国建筑业的适度规模与就业问题研究[J]. 建筑经济，2005（06）：21-27.

［43］柯武刚，史漫飞. 制度经济学：社会秩序与公共政策[M]. 北京：商务印书馆，2000.

［44］柯永建，赵新博，王盈盈，等. 民营企业发展基础设施项目的SWOT分析[J]. 商业研究，2008（12）：7-11.

［45］科斯. 制度、契约与组织[M]. 北京：经济科学出版社，2003.

［46］克劳奈维根. 交易成本经济学及其超越[M]. 上海：上海财经大学出版社，2002.

［47］冷静. 建筑市场交易制度的优化研究[D]. 华侨大学，2009.

［48］李百吉，郭正权. 中国建筑业市场发展现状与优化措施研究——基于SCP范式视角的中国市场建筑业发展现状与优化措施研究[J]. 前沿，2010（19）：81-85.

［49］李莉. 完善我国建筑市场信用体系的探讨[J]. 中国住宅设施，2011（07）：27-29.

［50］李顺国. 我国建筑企业信息化管理理论与方法研究[D]. 武汉理工大学，2008.

［51］李曦. 中国房地产市场监管研究[M]. 北京：科学出版社，2011.

［52］李小冬. 中国建筑业组织及其合理化研究[M]. 北京：中国水利水电出版社，2006.

［53］李义平. 体制选择分析[M]. 济南：山东人民出版社，1994.

［54］李幼琴. 建设工程合同管理探析[J]. 企业技术开发，2007（06）：117-119.

［55］李跃平. 全球市场一体化与我国建筑业的兼并重组[M]. 北京：中国经济出版社，2009.

［56］李忠富，范建双，王一越. 中国建筑业产业结构调整的研究[J]. 建筑管理现代化，2008（05）：1-4.

［57］厉以宁. 转型发展中的社会信任问题[J]. 科技与企业，2003（01）：24-25.

［58］廖玉平. 基于SCP的转轨时期建筑业组织研究[D]. 北京交通大学，2011.

［59］刘富勤. 工程量清单的编制与投标报价[M]. 北京：北京大学出版社，2006.

［60］刘红. 中国房地产企业价格行为的经济学逻辑[J]. 中央财经大学学报，2010（07）：71-76.

［61］刘华涛. 政府激励性规制理论述评[J]. 行政论坛，2007（02）：11-13.

［62］刘桦，臧倪亮. 技术创新管理行为对创新绩效的影响——以建筑企业为例[J]. 技术经济与管理研究，2011（06）：44-47.

[63] 刘少兵，张建平，王孟钧. 基于制度经济学的工程总承包模式探讨[J]. 宏观经济研究，2005（02）：38-39.

[64] 刘伟. 西方经济学[M]. 成都：电子科技大学出版社，2009.

[65] 刘伊生，王小龙，陈忠林. 国外工程担保制度及其启示[J]. 工程管理学报，2010（01）：13-17.

[66] 卢现祥. 西方新制度经济学[M]. 北京：中国发展出版社，2003.

[67] 卢现祥. 寻租经济学导论[M]. 北京：中国财政经济出版社，2000.

[68] 卢有杰. 新建筑经济学[M]. 北京：中国水利水电出版社，2005.

[69] 陆秋虹. 中国建筑产品的价格问题及建筑企业高附加值化的EPC研究[D]. 西安建筑科技大学，2010.

[70] 陆秋虹，张静晓，金维兴. 中国建筑业产品价格问题的解决途径和方法[J]. 建筑经济，2010（04）：15-18.

[71] 罗伟，王孟钧. 机制设计理论与中国建筑市场[J]. 统计与决策，2008（07）：78-81.

[72] 马英娟. 政府监管机构研究[M]. 北京：北京大学出版社，2007.

[73] 宁方勇. 规制经济学的理论综述[J]. 北方经济，2007（02）：8-9.

[74] 宁素莹. 建设工程价格管理[M]. 北京：中国建材工业出版社，2005.

[75] 诺思. 经济史中的结构与变迁[M]. 上海：上海人民出版社，1994.

[76] 潘金生. 中国信用制度建设[M]. 北京：经济科学出版社，2003.

[77] 邱博群. 武汉市建筑市场管理信息化建设研究[D]. 华中科技大学，2013.

[78] 邱万军. 中国建筑业产业集中度与市场绩效关系研究[D]. 湘潭大学，2010.

[79] 施蒂格勒. 施蒂格勒论文精粹[M]. 北京：商务印书馆，1999.

[80] 陶韬. 基于信息不对称理论的业主对承包商激励机制研究[D]. 同济大学中德学院；同济大学，2007.

[81] 王健. 中国政府规制理论与政策[M]. 北京：经济科学出版社，2008.

[82] 王珏. 我国低碳建筑市场体系构建及对策研究[D]. 重庆大学，2011.

[83] 王俊豪. 政府管制经济学导论[M]. 北京：商务印书馆，2001.

[84] 王立红. 我国建筑市场供给分析[J]. 神州，2012（29）：231.

[85] 王孟钧. 建筑市场信用机制与制度建设研究[D]. 中南大学，2004.

[86] 王孟钧. 现代建筑企业管理理论与实践[M]. 北京：中国建材工业出版社，2001.

[87] 王孟钧. 建筑市场信用机制与制度建设[M]. 北京: 中国建筑工业出版社, 2006.

[88] 戴若林. 基于复杂系统理论的建筑市场信用起制研究[D]. 中南大学, 2009

[89] 戴若林, 赵海成. 建筑市场信用链演化机理与演进路径分析[J]. 科技进步与对策, 2013 (23): 48-50

[90] 王孟钧. WTO与中国建筑业[M]. 北京: 中国建材工业出版社, 2002.

[91] 王孟钧. 建设法规[M]. 武汉: 武汉理工大学出版社, 2008.

[92] 王孟钧, 陈辉华, 王喜军. BOT项目运作与管理实务[M]. 北京: 中国建筑工业出版社, 2008.

[93] 王孟钧, 邓铁军. 建筑业发展与建筑经济研究的理性思考[J]. 建筑经济, 2001 (8): 1-4.

[94] 王孟钧, 彭彪. 招标投标制度的经济学反思[J]. 宏观经济研究, 2003 (05): 25-27.

[95] 工艳娜. 工程项目管理Partnering模式的理论和应用研究[D]. 重庆大学, 2006.

[96] 威廉森. 治理机制[M]. 北京: 中国社会科学出版社, 2001.

[97] 维斯库西. 反垄断与管制经济学[M]. 北京: 中国人民大学出版社, 2010.

[98] 肖洪, 王孟钧. 工程项目管理与建设法规[M]. 长沙: 湖南大学出版社, 1998.

[99] 肖伦斌. 供需关系对建筑产品市场价格形成的影响分析[J]. 建筑经济, 2009 (S1): 29-32.

[100] 谢名家. 信用: 现代化的生命线[M]. 北京: 人民出版社, 2002.

[101] 徐斌. 规模经济、范围经济与企业一体化选择——基于新古典经济学的解释[J]. 云南财经大学学报, 2010 (02): 73-79.

[102] 杨桦. 建筑市场监管研究[D]. 上海交通大学, 2007.

[103] 杨建文. 政府规制[M]. 上海: 学林出版社, 2007.

[104] 杨艳, 周庆柱. 基于供应链合作伙伴关系的项目交易成本分析[J]. 价值工程, 2009 (07): 64-67.

[105] 杨扬. 基于交易费用理论的总承包项目伙伴关系管理的研究[D]. 天津大学, 2007.

[106] 姚兵. 建筑经济学研究[M]. 北京: 北京交通大学出版社, 2009.

[107] 叶洋. 北京市建筑市场结构及规制研究[D]. 首都经济贸易大学, 2010.

[108] 于建政. 建筑施工项目知识共享与项目绩效间关系研究[D]. 大连理工大学, 2011.

[109] 张建平, 王孟钧, 黄飞. 建筑市场信用机理的经济学分析与制度建设[J]. 建筑, 2004 (03): 8-11.

[110] 张静晓, 金维兴. 中国建筑业价值创新的基点[J]. 建筑经济, 2008 (04): 9-12.

[111] 张庆霖，苏启林. 政府规制失灵：原因与治理[J]. 经济学动态，2009（04）：38-41.

[112] 张维迎. 博弈论与信息经济学[M]. 上海：上海人民出版社，2004.

[113] 张维迎. 市场的逻辑[M]. 上海：上海人民出版社，2012.

[114] 张向达. 公共经济学[M]. 大连：东北财经大学出版社，2006.

[115] 张雪芹. 基于市场主导的建筑业产业结构调整研究[D]. 重庆大学，2007.

[116] 张玉清. 我国建筑市场的均衡分析[J]. 商业时代，2011（08）：119-120.

[117] 张镇森，王孟钧，陆洋，等. 建筑招投标价格博弈与市场均衡[J]. 铁道科学与工程学报，2012（03）：88-92.

[118] 赵卓，肖利平. 激励性规制理论与实践研究新进展[J]. 学术交流，2010（04）：89-92.

[119] 中国建筑业协会. 中国建筑业发展战略与产业政策研究报告[M]. 北京：中国建筑工业出版社，2011.

[120] 中华人民共和国住房和城乡建设部. 住房城乡建设部关于印发《全国建筑市场监管与诚信信息系统基础数据库数据标准（试行）》和《全国建筑市场监管与诚信信息系统基础数据库管理办法（试行）》的通知[J]. 建筑市场与招标投标，2015（5）：15.

[121] 钟宏武. 中国企业社会责任报告白皮书[M]. 北京：经济管理出版社，2011.

[122] 朱登凯. 国内外招投标方法比较初探[Z]. 太原：2010212-215.

[123] 朱嬿. 我国房地产市场需求预测模型研究[J]. 哈尔滨商业大学学报（社会科学版），2011（02）：15-22.